河北省社会科学院创新工程学术出版资助项目

Research on the Logic and Innovation Development of
Rural Collective Property Rights System

REFORM IN CHINA

农村集体产权制度改革
逻辑与创新发展研究

张瑞涛　◎著

中国财经出版传媒集团

经济科学出版社

Economic Science Press

目录

第1章

绪 论

1.1 研究背景

农村集体产权制度改革是我国农村地区再次涉及产权制度的创新，是实现共同富裕和乡村振兴的时代选择。20 世纪八九十年代股份合作制改革（现为农村集体产权制度改革）在沿海地区悄然发生。随着股份合作制改革解决农村问题的作用显现，国家于 2015 年在全国范围内开展农村集体产权制度改革试点。2016 年出台的《中共中央 国务院关于稳步推进农村集体产权制度改革的意见》（以下简称《意见》）指出，全面部署农村集体产权制度改革工作标志着自上而下的农村集体产权制度改革正式拉开序幕。农村集体产权制度改革原创性明显，因此采用"先试点，后推广"的渐进式改革方式，可有效降低不确定性，减少交易费用，以及提高村民和村干部的认知程度和参与度。同时，产权制度改革后新形成的股份合作制，是以股份形式将农村集体资产权利分配到集体成员，并以按股分红形式共享集体经济发展，有效解决了集体收益分配失衡问题，实现共同富裕。自 2015 年以来，中央农村工作领导小组办公室（以下简称"中央农办"）、农业农村部联合其他有关部门共组织开展了五批农村集体产权制度改革试点，截至 2020 年底，全国共有 59.5 万个单位完成农村集体产权制度改革，全国无集体经济经营收入村由 2014 年的 32.3 万个减少到 2019 年

的 16.0 万个。村均收入超过 102.52 万元，股东人均分红 364 元。① 2020
年 3 月农业农村部提出全面推开农村集体产权制度改革试点。截至 2019 年
底，全国清产核资工作已基本完成，共清查核实账面资产总额 6.5 万亿元，
其中经营性资产 3.1 万亿元，资源性资产总面积为 66.5 亿亩。② 因此，根
据产权制度改革已取得的丰硕成效，全面推开产权制度改革是必然要求，
也是解决我国农村集体发展面临的多重问题的重要选择。

从新制度经济学视角分析农村集体产权制度改革，为深化产权制度改
革提供理论支撑和拓宽集体经济发展制度红利。（1）分析整个产权制度改
革过程可以发现，其实践经验远超理论指导。产权制度改革在农村试点地
区先行开展实践探索，取得成效后总结经验，将经验升华为政策或文件，
指导后续农村集体产权制度改革的开展。但仅将经验总结提升为政策文件
高度可能仍与理论存在一定的差距。（2）现有文献研究多聚焦在各地试点
经验的总结，理论研究较少。（3）农村集体产权制度改革的本质是制度变
迁形成股份合作制，且涉及农村集体资产产权归属问题，属于产权理论。
因此，用新制度经济学研究农村集体产权制度改革符合其自身固有的规
律。综上所述，本书力图从新制度经济学视角分析农村集体产权制度改
革，不仅为深化农村集体产权制度改革提供了理论依据，也丰富了农村集
体产权理论在我国农村地区的应用。

深入剖析农村集体产权制度改革的改革逻辑及创新发展路径，能够总
结升华改革经验，为巩固完善农村基本经营制度奠定基础。截至 2020 年
底，全国农村集体产权制度改革的开展情况可分为两类：一是已完成产权
制度改革地区，约占 80%；二是未完成产权制度改革地区，约占 20%。现
阶段针对上述两类地区均有不同的任务安排。对于已完成产权制度改革地
区，其重要任务是如何利用产权制度改革红利，探索创新农村集体经济发
展路径，进而实现产权制度改革的目的——发展壮大新型集体经济，并成
为巩固和完善农村基本经营制度的抓手。农村集体资产是亿万农民长期辛
勤劳动积累的珍贵财富，也是农村地区发展、实现乡村振兴和农民共同富

① 根据《中国农村政策与改革统计年报（2019 年）》数据整理。
② 扎实开展全国农村集体资产清产核资工作——农业农村部有关负责人答记者问［EB/
OL］. 农业农村部官网，2020 – 07 – 10.

裕的重要物质基础。通过产权制度改革已摸清农村集体资产数量，同时盘活容易增值的 1 万亿元的经营性资产和未承包到户的耕地、园地等集体土地资源 5.58 亿亩。利用好规模如此庞大的农村集体资产将是农村地区经济发展的重要来源。此外，剩余相对难以盘活但存在价值潜力的经营性资产和资源性资产将是深化农村集体产权制度改革的关键方向。即如何利用这些潜在价值高、规模庞大但价值显化难的集体资产是未来探索农村集体产权制度改革创新发展路径的重点和难点。因此，通过农村集体产权制度改革优化农村资源配置，探索创新发展路径显得尤为重要。对于 20% 未完成农村集体产权制度改革的地区来说，首要任务是推开并高质量地完成农村集体产权制度改革。目前，农村集体产权制度改革的各种经验丰富多样，但这些地区开展农村集体产权制度改革的内在逻辑为何，产权制度改革过程中应重点抓住哪些步骤，以保证产权制度改革高效完成却没有相关论述。因此，本书深刻剖析产权制度改革逻辑，有利于为未开展农村集体产权制度改革地区提供理论参考和重要的现实意义。总之，剖析产权制度改革逻辑及创新发展路径对深化产权制度改革极具现实意义。

我国农村集体产权制度改革实践极其丰富，理论也林林总总。在"逐步构建归属清晰、权能完整、流转顺畅、保护严格的中国特色社会主义农村集体产权制度，保护和发展农民作为农村集体经济组织成员的合法权益"① 的改革总目标下，自 2015 年至今的农村集体产权制度改革的内在逻辑、推进特征为何？基于新制度经济学视角的农村集体产权制度改革的理论支撑又是什么？以制度变迁理论透视农村集体产权制度改革又是如何开展的？改革给农村集体经济创新发展带来什么？

上述重要问题是未来深化农村集体产权制度改革所必须着重考虑的，本书力求从新制度经济学理论视角给予解释。纵观现有文献研究发现：（1）目前对农村集体产权制度改革的研究更多聚焦在实践层面，且以某一批次试点地区或者某几个试点地区进行论述，实践经验已十分丰富；但现有研究并未以农村集体产权制度改革的整个试点推开过程为研究对象，且几乎鲜有从新制度经济学视角加以研究。（2）有研究运用制度变迁理论对

---

① 《中共中央 国务院关于稳步推进农村集体产权制度改革的意见》。

某一地区农村集体产权制度改革的地方政府行为进行重点分析，但并未详细研究产权制度改革过程。故有关理论研究有待进一步深化和完善。

因此，本书从新制度经济学视角，对我国农村集体产权制度改革逻辑及创新发展进行研究。重点考察我国开展的农村集体产权制度改革逻辑与特征，基于陕西省榆林市榆阳区和安徽省滁州市来安县两个典型案例，以制度变迁理论分析农村集体产权制度改革的逻辑特征，剖析创新发展农村集体产权制度改革的路径，以期为纵深推进产权制度改革提供理论依据。

1.2 研究目的和意义

1.2.1 研究目的

本书通过对整个农村集体产权制度改革过程进行全面和深入的理论分析，系统掌握我国农村集体产权制度改革的进展，深入剖析产权制度改革的理论分析框架及内在逻辑与特征，以榆阳区和来安县为例分析农村地区产权制度改革的制度变迁方式是否一致，创新发展产权制度改革的方式，以期为深化农村集体产权制度改革提供理论支撑。

本书的目标可以分为三个方面：（1）从宏观层面整体系统地把握我国农村集体产权制度改革的进展及逻辑特征；（2）从制度变迁模式的角度基于案例分析我国农村地区开展农村集体产权制度改革方式；（3）探索农村集体产权制度改革的创新发展路径。

1.2.2 研究意义

理论上，本书从新制度经济学视角整体解释产权制度改革，为今后纵深推进产权制度改革提供了重要理论参考；以典型案例分析农村集体产权制度改革，创新发展农村集体产权制度改革路径的研究，丰富了中国特色的集体产权理论，拓宽了产权理论在我国农村地区的应用。

实践中，本书能够为20%左右未完成改革地区开展农村集体产权制度改革提供理论帮助。现阶段开展产权制度改革的地区一般具有经营性资产缺乏、经济发展较落后以及地理位置偏僻等特点。对农村集体产权制度改革内在逻辑研究及其创新发展路径的研究，为未开展产权制度改革地区和已完成改革地区如何探索创新发展路径提供实践指导。

1.3 研究内容、方法及数据来源

1.3.1 研究内容

本书从新制度经济学的视角出发，关于农村集体产权制度改革的研究主要包括以下几方面内容。

（1）分析我国农村集体产权制度改革的总体概况及逻辑特征。首先，对我国开展农村集体产权制度改革的成因从政治、经济、社会和技术四个方面加以分析。其次，20 世纪 80 年代至今，按照探索改革阶段、试点改革初始阶段、试点扩大阶段和扩面提速集成阶段四个阶段分析农村集体产权制度改革的概况。再其次，按照清产核资及量化资产、界定成员、股权设置与管理等环节，从产权理论角度分解产权制度改革各环节的特征。最后，整体阐释本轮（2015 年以后）农村集体产权制度改革的特征，总结农村集体产权制度改革地区典型经验做法。

（2）基于科层视角的农村集体产权制度改革理论分析。农村集体资产是产权制度改革最核心的研究对象。厘清农村集体资产的产权归属，则自然厘清了农村集体产权制度改革的内在逻辑。因此，本书重点对农村集体资产的产权科层加以分析。首先，借鉴奥斯特罗姆（Ostrom，2000）公共池塘使用规则，分析农村集体产权制度改革科层的嵌套性规则。其次，阐述农村集体产权制度改革主体农民、村集体和国家三者之间的内在运行逻辑。最后，分类分析农村集体经营性资产产权改革和农村集体资源性资产产权改革科层结构，并对比二者的异同之处。

（3）基于制度变迁理论分析农村地区开展农村集体产权制度改革的进展情况。以陕西省榆林市榆阳区和安徽省滁州市来安县为例，分析农村集体产权制度改革方式是单一型还是复合型。

（4）分析影响新型农村集体经济发展的组合影响因素。结合宁夏回族自治区红堡区和盐池县实地调研数据，采用定性比较分析法探讨影响新型农村集体经济发展的关键影响因素。

（5）探究农村集体产权制度改革创新发展的路径。联营制作为农村地区探索的一种深化农村集体产权制度改革的新路径，其内涵机理是什么，具体的表现形式又包括哪些。本书通过对陕西省高陵区、海南省临高县，以及四川省成都市简阳市尤安村和彭州市龙门山镇的典型案例分析，回答了各村集体具备何种特征时选择何种模式创新农村集体产权改革发展路径。

1.3.2 研究方法

1. 社会调查法

"没有调查，就没有发言权"。社会科学需以社会实践为基础研究对象，通过大量的实地调查，深入了解社会现实，从而获得第一手资料。笔者有幸参与团队 2018 年开始的农村集体产权制度改革评估及相关工作。曾到陕西、天津、安徽、山东、宁夏等 11 省（区、市）18 县（市、区）参与现场调研，形成对产权制度改革更为直观和深刻的认识。本书主要通过对实地调研与深度访谈获取的资料进行深度分析，剖析农村集体产权制度改革的逻辑特征、实践中农村集体产权制度改革路径的选择，以及农村集体经济创新发展方式等。

2. 产权科层结构模型

本书借鉴查林（Challen，2000）提出的自然资源产权结构的制度科层概念模型，构建了我国农村地区不同类型集体资产的产权科层结构模型。西方学者以私有产权和共有产权为起点研究自然资源产权理论。随着产权理论的丰富和学者研究的深入，多数学者意识到产权的"二分法"过于简单。私有产权和共有产权只是产权安排形式的两种极端状态，实则二者之间仍包含多种产权结构形式。学者现在普遍接受国有产权、私有产权、共有产权和开放进入"四分法"形式的产权结构。奥斯特罗姆（2000）运用产权的多层次分析法研究公共池塘发现，各个层次使用公共池塘的行为规则具有嵌套性。基于此，查林（2000）提出制度科层概念模型。本书运用此方法研究农村不同类型集体资产的产权科层结构。该方法主要是明确农村集体资产产权归属，阐述用好集体资产的关键是厘清农村集体资产产权归属。

3. 案例分析法

案例分析法在社会科学研究中应用较为广泛。社会科学多以现实中真实事件为研究对象，在多变的社会环境及有限的数据和样本情况下，可以利用案例分析方法来发现和逻辑分析实际问题。本书主要涉及陕西省榆阳区和高陵区、安徽省来安县、四川省尤安村和龙门山镇，以及海南省临高县多个案例，在农村集体产权制度改革逻辑特征分析过程中也涉及多个辅助案例，属于典型的多案例研究，这是根据产权制度改革实际情况和确保描述产权制度改革的完整性和可操作性以及研究的时间与精力作出的选择。案例分析法适用的条件包括：（1）研究内容宽泛，涉及背景性条件；（2）研究基于多个而非单一证据；（3）研究如"如何"和"为什么"等类型的问题；（4）研究现实中真实发生或者变化的客观现象。本书的研究对象是农村集体产权制度改革，其属于在现实生活背景下不断变化的真实问题，涉及丰富的社会背景性条件和多重证据来源，因而适合采用多案例分析加以研究。

4. 定性比较分析

定性比较分析（qualitative comparative analysis，QCA）是 1987 年拉金（Ragin）提出的一种以案例研究为取向的研究方法。QCA 方法通过对多个案例数据的比较研究以及相关理论的不断对话，系统分析中小样本数据。该方法既考虑了个案本身的异质性和复杂性，又考虑了案例现象产生的条件多重性（多个条件形成组合，共同影响某一事件的发生）。同时，QCA方法也可以以逻辑条件组合为基础，对同一模式内不同案例以及不同模式之间进行对比分析。

QCA 方法适合于小样本研究，其对样本数量的要求远低于一般的因素分析模型，一般样本量是 10 ~ 60 个案例。具体的因素变量数和样本案例数之间的关系如表 1 - 1 所示。

表 1 - 1　　　　　　QCA 方法因素变量数与样本案例数对应关系

因素变量数（个）	4	5	6	7
样本案例数（个）	10 ~ 12 及以上	13 ~ 15 及以上	16 ~ 25 及以上	26 ~ 29 及以上

一般对于有 k 个因素变量而言，形成的条件组合共有 2^k 个，其中包括反事实的条件组合和正事实的条件组合。可以通过一致性（consistency）和覆盖率（coverage）两个重要参数的控制，判断出最具解释力的条件组合，最终得出现象的理论化解释（王菁等，2016）。一致性是用来检验条件组合与实证案例所呈现的条件组合之间的相关性，一般是越接近于 1 越好，当低于 0.75 时，该结果很难解释现实情况。覆盖率是另一个重要判断指标，当一致性运算结束后，用来评估运算出来的条件组合对于结果的解释程度。

1.3.3　数据来源

本书所用数据资料主要来源于实地调研资料以及国家统计局、农业农村部等部门发布的监测数据与政策文件。

1. 实地调研资料

结合农村集体产权制度改革评估等课题研究，笔者跟随调研组对全国 11 个省（区、市）的 18 个县（市、区）的产权制度改革进行了实地调研。调研地区覆盖我国的东、中、西部多种类型的农村地区。在各地的调研过程中，课题组与各地各级政府、农业农村局（原农业局）、农村经济经营管理站、财政局、自然资源局等有关部门进行了座谈，并实地考察典型产权制度改革村、新型集体经济发展村，与村干部、普通农户等进行深入交流，搜集整理了大量一手资料，并将获取的一手资料贯穿于整个研究之中。

2. 政策文件

本书侧重研究农村集体产权制度，在研究过程中涉及多级多个政策文件。其中中央层面的政策文件包括 2003～2021 年涉及农村集体产权制度改革的中央文件，尤其是 2016 年中央文件《中共中央 国务院关于稳步推进农村集体产权制度改革的意见》；涉及的法律法规如《中华人民共和国宪法》《中华人民共和国物权法》《中华人民共和国村民委员会组织法》《中华人民共和国民法总则》等；以及各级地方政府针对自身实际情况制定的操作型和指导型文件。相对完备的顶层政策制度设计为顺利开展产权制度改革提供了良好的制度环境。

3. 部门监测数据

本书所使用的数据包括宏观数据和微观数据两部分。其中，宏观数据主要来自国家统计局发布的历年《农民工监测调查报告》《中国统计年鉴》，农业农村部编制的《中国农村经营管理统计年报》，以及调研地区政府、农业农村局等监测发布的统计数据和公报等。微观数据主要是实地调研采集的数据，或者后期使用微信等新媒体访谈获得。宏观、微观数据的使用提高了本书研究内容的准确性。

1.4 研究的创新与不足

1.4.1 研究创新点

以往的研究多聚焦于农村集体产权制度改革实际操作层面的经验总结，较少学者将农村集体产权制度改革作为整体进行新制度经济学的理论阐释。本书的创新之处在于以下几方面。

（1）本书构建了农村集体资产的产权科层结构，为厘清农村集体产权制度改革的内在逻辑提供理论参考。运用产权科层理论分析农村集体资产主要包括经营性资产和资源性资产的产权主体。厘清了农村集体资产的产权科层结构，自然就厘清了农村集体产权制度改革的内在逻辑。

（2）厘清了农村集体产权制度改革与"三变"改革间的关系。产权制度改革是"三变"改革的基础和前提，而"三变"改革是产权制度改革的延伸与拓展。产权制度改革不仅比"三变"改革所涉及的资产和农民的范围广，更明确了集体资产的产权归属以及农民的权益。"三变"改革则为深化产权制度改革即如何发展集体经济提供了借鉴。因此，本书对完成农村集体产权制度改革后如何发展集体经济具有较强的现实意义和指导意义。

（3）详细阐释了集体成员获得的六项权能的实现程度，为进一步完善集体成员的六项权能和深化农村集体产权制度改革提供了理论参考和实践经验。其中，占有权和收益权基本实现；有偿退出权和继承权极少地区实现，更多停留在文件层面；抵押权和担保权较少地区实现。

1.4.2 研究不足

受笔者研究能力和数据的制约，加之农村集体产权制度改革具有涉及内容广与多学科交叉的特点，本书仅从新制度经济学视角分析了农村集体产权制度改革，在以下三个方面仍存在一些不足，需进一步深入研究和改进。

（1）研究内容有待进一步细化。农村集体产权制度改革过程中涉及多项内容，如宅基地、集体经营性建设用地等集体资产和农村集体经济组织等多个方面，本书并未对集体资产类型加以详细分类并进行分析，而是将其统称为集体资产，同时并未对农村集体经济组织的职能、边界等展开详细阐释。今后可拓宽研究内容，对深化农村集体产权制度改革进行分析。

（2）本书以案例研究为主，缺少相应的计量分析。农村集体产权制度改革作为对农村集体产权制度的一次创新，制度创新成果的显现存在"时滞"。今后如果能获得产权制度改革试点地区前后年份的数据，进行计量分析，无疑会丰富研究素材，研究结论将更具可靠性和说服力。

（3）本书未对其他国家的村社制度变迁进行深入的研究分析，仅纵向分析了我国农村集体产权制度改革的演变过程。因此，今后可通过对其他国家的村社制度变迁的研究，与我国的农村集体产权制度改革进行比较，为深化我国农村集体产权制度改革提供经验借鉴。

第2章

文献研究评述

　　农村集体产权制度改革是具有中国特色的农村制度探索性改革，对壮大集体经济、盘活农村集体资产、拓宽农民收入渠道等具有重要作用。目前，国外学者较少针对中国农村集体产权制度改革展开相关理论研究，但国外学术界关于产权理论的研究成果极其丰硕，为我国农村集体产权制度改革提供了基础性理论参考。国内关于农村集体产权制度改革的研究与不同阶段改革实践相辅相成，发挥了推动和指导改革实践的积极作用。早在20世纪八九十年代，以广东、江浙、上海、北京为代表的发达地区农村自主开展了产权制度改革实践探索，与此相关的理论研究也逐渐出现。但受改革实践地域性小、不成态势的制约，研究仅限于小范围，具有明显的非主流特点。这种状况自2015年以来逐步得到改变。自2013年自上而下推动的新一轮农村集体产权制度改革试点开始启动，以2016年《中共中央国务院关于稳步推进农村集体产权制度改革的意见》的出台为标志，农村集体产权制度改革开始按照中央顶层设计和相关部门大力度主导跟进的工作部署有序推进，出现了一批试点经验和典型做法。目前，产权改革的制度成效在部分地方初步显现，为深入研究农村集体经济产权制度改革奠定了丰富的实践素材。近几年来，农村集体产权制度改革的相关研究取得明显进展，内容涵盖集体产权界定、改革路径、产权制度改革作用与发展壮大集体经济、改革面临的问题与成因、产权改革的经验总结及政策建议等方面。

2.1 产权制度相关研究

2.1.1 我国关于产权制度的相关研究

产权制度在我国农村的应用范围正在逐渐扩大。我国关于农村产权方面的研究主要体现在土地集体产权制度改革方面。

农村土地产权制度能明晰土地产权归属，有利于形成稳定的产权结构，进而提高农民对土地的投入，最终提高农民收入。从土地改革到合作化运动，再到家庭联产承包责任制，是一个土地产权归属明晰的过程，也是赋权和产权实施的过程。我国农村土地产权经历了农民争权与政府还权到确权赋权并强化的过程（罗必良，2019）。在这一过程中界定清晰产权是关键。新中国成立以来，我国农村土地产权制度经历了"产权合一"、集体化时期的"两权分离"、改革开放后的"两权分离"以及"三权分置"四个阶段（郑淋议等，2019）。每次土地产权制度的变化都有利于土地产权的明晰，也提高了农民从事农业生产的积极性。现阶段开展的土地确权工作对农村土地产权归属产生了重要影响。李宁等（2020）通过对2014年和2016年中国劳动力动态调查数据分析发现，农地产权界定对农业劳动力配置具有影响作用，而农地产权界定中的农地要素流动是影响农业劳动力配置的一个关键因素。梳理农地产权制度发现，我国的农地产权制度是一个不断创新变化的过程，且是与其他制度环境不断耦合的过程，属于在"否定之否定"中农地产权制度的持续不断的创新，是我国农业增长的源泉（冀县卿等，2019）。土地使用证是农民土地使用权的物化凭证。通过对8省地块层面的实证分析发现，拥有农地使用凭证的农户对农田基本建设投资的概率将提高2.54个百分点；村级农地每调整一次，农户对农田基本建设投资的概率降低1.70个百分点（孙小龙等，2019）。但罗必良等（2020）研究发现，对农地确权并不一定能激发农户对农地的长期投资行为。当农户倾向于非农就业时，对土地进行农业生产投资并非有效选择行为，甚至存在农地非农化的风险。由此可见，稳定的农地产权对农户行为、农业投资和资源配置的影响是有前提限制条件的。集体所有成员权制度的调地机制呈现总体变弱趋势（刘守英，2019；丰雷等，2013）。产权制度同时还具有激励作用。将产权的激励作用与资源优化配置相结合，有助于提高农村经济的高质量发展。自新中国成立以来，学者们对我国农地产权制度进行了丰富的有益探索，促使我国农地制度体系更加完善。完善明晰的农地产权制度对农村的发展具有至关重要的作用。

2.1.2 农地产权与农业经济增长关系的相关研究

土地资源对于农村地区尤其是发展中国家的农村地区而言是最重要的资源之一，其制度安排得合理与否关系到农业生产效率的高低。即当土地产权制度与社会活动相适应时，农业经济增长才会发生；反之，土地产权制度阻碍农业经济增长（North，1973）。完善的土地产权制度能够提高土地的安全性和农户投入生产要素的长期性。农村土地性质一般分为公有制和私有制，其中公有制土地不利于轮作，浪费时间又容易引起争端，提倡圈地（Toynbee，1884）。随着学者研究发现议会圈地运动过程中土地生产效率得到提高，英国的农地产权逐渐形成了自由保有和租赁保有两类。稳定的农地产权有利于激发农民长期投入生产要素的积极性，进而促进农业经济增长。政府和学者都逐渐意识到农地私有的优势，但部分国家仍保持着某种形式的混合或者共有产权土地权，这种方式对维护被剥夺权利的农民权益、维护稳定和地方传统方面具有重要作用（De Vijlder et al.，2019）。因此，农地私有制逐渐形成。与其他发达国家相似，美国农场主要实行私有产权，但有其独特的经营方式，即农场主不论是以购买还是政府赠与的形式获得的私有土地，其私有土地所有权的边界是清晰的。中国农村地区"微调"土地的形式导致土地产权不稳定，这种"微调"一般局限在农村内部熟人之间（James et al.，2000）。这种熟人之间的土地流转提高了土地的安全性，但也限制了土地资源有效配置，降低了利用率。

2.1.3 产权制度变迁相关研究

产权制度变迁是新制度经济学和产权经济学的主要内容之一。西方学者对此已有大量的研究，为本书研究提供了重要的理论参考。西方学者从制度的"需求—供给"视角分析制度发生变迁的动因。新产权产生的一种可能原因是人们期望得到更高的收益率而对原有产权进行调整（德姆塞茨，1967）。诱致产生一项新的产权制度的原因是多方面的，科斯兰斯等（1971）从外在性变化和内生性原因两方面构建了一个制度变迁需求分析框架，但并不是所有的制度变迁都能成功，那些创新能够克服外生性变化和内生性障碍的制度安排的人（团体）才能够获得潜在利润。拉坦（1978）称由需求引起的制度变迁为诱致性制度变迁。制度变迁也有可能是由政治家、官僚、企业家及其他人指导他们的日常活动时所实施的创新努力的结果（拉坦，1978）。随着研究的深入，诺斯对制度变迁的需求分析框架进行了补充，并强调国家和意识形态对制度变迁的作用（拉坦，1978；林毅夫，1989），基于此提出了强制性变迁。随着产权制度变迁理论的不断完善和发展，斯科特（Schotter）、格里弗（Greif）、米尔格罗姆等（Milgrom et al.）、奥贝尔（Obert）和青木昌彦（Masahiko Aoki）等学者运用博弈论对制度变迁均衡进行了深入研究。尤其是青木昌彦（1998）将制度看作博弈的规则，也是博弈均衡的结果，因此他将制度称为"博弈的内生规则"。

制度变迁在中国改革过程得到了广泛的应用。我国改革过程是政府选择外部规则和社会成员选择内部规则双重交织的改革路径，加之各级政府在改革中期的作用，直接运用西方制度变迁理论难以解释"中国改革现象"。因此，周业安（2000）根据哈耶克社会秩序二元观解释中国制度变迁特定演进模型（见图2-1）。政府可看作组织，个体社会成员包括个人和企业两部分。地方政府在中国改革过程中尤其是农村地区改革过程中具有重要作用，地方政府参与制度创新大大降低了改革演变成"爆炸式革命"的概率，也促使我国的制度变迁轨迹呈现阶梯状，大大降低了路径依赖对改革的束缚。据此杨瑞龙提出了中间扩散型制度变迁模式和制度变迁三阶段论假说（杨瑞龙，1998；杨瑞龙等，2000）。由制度变迁获得外部利润的边际收益并不是一直呈现递增趋势，而是呈先增后减的倒"U"型（黄少安，2000）。制度变迁也是一种博弈过程，并不是市场、政府和社会间此消彼长的"零和博弈"，而是一种张力平衡关系（刘凌波，2003）。经典博弈论在解释那些已经稳定下来的制度是如何起作用的问题上非常具有说服力，但其隐含的"每个博弈者都知道模型本身"的假设在制度变迁问题上很难描述"从均衡到均衡"的跃迁（丁利，2005）。随后动态博弈论和演进博弈论逐渐被用于解释制度变迁（李军林等，2001；孙希芳，2001）。

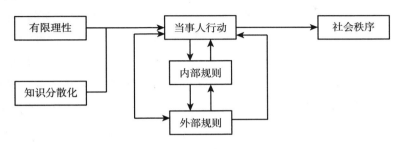

图 2-1　制度变迁特定演进模型

2.2　乡镇企业产权制度改革

乡镇企业中产权关系实现受到阻止和所有权约束机制的缺乏导致资源配置效率低下、产权不清等问题。同时，农村地区集体资产人格化财产主体的缺失是农村历史集体财产权最根本的缺陷（周村农村改革试验区办公室，1995）。因此，在20世纪80年代东部沿海地区悄悄开展农村集体资产股份合作制改革的同时，80年代中期山东、浙江和江苏等东部沿海地区兴起对乡镇企业的股份合作制改造，到1993年全面推开。乡镇企业产权改革过程中应综合考虑企业与乡村社区的合作逻辑，不能"一刀切"地"私有化"（郑风田等，2011）。同时，乡镇企业产权改革是地方（社区）政府、改制企业的原经营者等多主体参与的，自上而下与自下而上相结合的一次博弈过程（杜志雄等，2004），属于乡镇企业利益相关者间利益矛盾协调折衷的产物（姜长云，2000）。乡镇企业产权改革内容包括乡镇集体企业的转制及私营和合伙企业的制度创新（张晓山，2003），并取得了显著成效。而特殊历史背景下形成的制度性优势是苏南乡镇企业产权制度改革成功的根本原因（范从来，1995）。乡镇企业产权制度改革是一次具有中国特色的股份合作制改革，即股份合作企业产权制度的现行理论模式是以股份制为核心，同时少量保留了合作制的某些因素（张晓山等，1998）。且仅有成员切身感受到企业资产与自身的直接联系时，成员才真正拥有剩余索取权，才能提高成员关心并监督企业的积极性（王代等，1992）。在此次乡镇企业产权制度改革中，山东省淄博市周村和江苏省苏南地区改革较为成功。1987年周村开始乡镇企业产权制度改革，探索出六项改革内容，即清产核资、评估资产，界定产权、明晰股权，扩大积累、合理分配。最终发现股份合作制不仅是乡镇企业发展的一种新型企业制度，更是整合资源要素发展市场经济的重要手段（周村农村改革试验区办公室，1995）。而苏南模式除明确产权和组建合作社以外，将集体资产以企业化形式经营，打破了资源组织的封闭性（范从来，1995）。学术界对是否因为产权明晰带来乡镇企业较高的效率争论较大（Weitzman et al.，1994；蔡昉，1995；李稻葵，1995；秦晖，1997；秦晖，1998；郑风田等，2011）。但张晓山（2013）认为明晰的产权并不是万能的。即使明晰的产权也不一定导致资源的有效配置整合，如乡镇企业的股份合作制一定程度上限制了外部资本的进入和企业资本的自由流动（田国强，1995）。尤其是在市场不完善时，从实际控制权来看，模糊产权属于企业家的一种自愿选择，相对更有效率和进步意义，但从长远来看模糊产权是不合理的（李稻葵，1995）。因此，一个良好的经济运行机制是乡镇企业产生较高效率的主要原因，一个良好的经济运行机制包括认可人的有限理性，实行民主分散化决策，人们拥有自由选择的权力和激励机制（田国强，1994）。此外，乡镇企业产权制度改革是为了让成员或股东获得剩余索取权，当剩余索取权与控制权达到最大匹配度时，企业的总价值将实现最大。但也应该注意到乡镇企业尤其是乡村集体企业改制后引发的关于初始股权"分"与"卖"的问题，企业的无形资产价值被低估，以及集体资产出售后收回的价值形态资产的经营管理价值形态资产的问题等（张晓山，1999）。

乡镇企业产权制度改革属于以股份形式将财产权利再次分配，虽然重点解决的是经理人员的积极性问题，但对部分成员或者股东来说一定程度上也调动了其积极性。同时对于股份合作制经济组织来说，已突破原有的封闭性，对内属于股份合作制，对外则是股份公司制（周村农村改革试验区办公室，1995）。

2.3 农村"三变"改革

2011 年始于贵州省六盘水市的农村"三变"改革①是对后期开展的农村集体产权制度改革的补充和完善，农村"三变"改革与农村集体产权制度改革相互影响，但都是对农村生产关系和上层建筑的调整与完善。我国农村地区生产要素散、资金利用散，加之农村地区受家庭联产承包责任制和以农补工的影响导致农民思想散（王永平等，2018；杨慧莲等，2017），使得农村地区形成"抽水机"式模式。为解决农村地区资源、资金和农民的"三散"问题这一阻碍农村经济发展的顽疾，农村"三变"改革应运而生。"三变"改革主要针对贫困地区尤其是缺乏经营性集体资产的农村地区，通过"资源变资产，资金变股金，农民变股东"盘活可变资源资产并撬动社会资本，利用公司抑或合作社等经营主体的带动作用，发展壮大集体经济，惠及全体农民群众的改革（吴钢，2019）。"三变"改革的本质是对农村资源产权、家庭联产承包责任制以及生产关系三者间的改革，外在表现则是"资源变资产，资金变股金，农民变股东"（魏人山，2016），其重要意义就在于推动资产增值进而提高农民的财产性收入（王东京等，2017）。土地等资源性资产是我国农村地区的主要生产要素之一，加之囿于土地资源的特殊性（数量不增加）使得土地要素比劳动力要素更为稀缺，按照要素分配一般规律，要素的稀缺程度决定要素所有者参与分配比例的高低（桑瑜，2017）。但在农村地区土地资源价值尚未被真正发掘，属于"沉睡"的资源。"三变"改革以坚持土地公有制、不突破耕地红线和不侵害农民权益为原则（刘远坤，2016），通过整合优化农村各类资源要素，激活个人生产力和农村社会生产力，进而推动农村经济组织化、规模化和市场化发展。通过"三变"改革，贵州六盘水农村地区的治理结构、集体经济发展能力已经发生重大变化，尤其是多元化集体经济发展路径和多种分红模式助力六盘水实现了脱贫摘帽。多样化和多元化的分红形

---

① 即资源变资产，资金变股金，农民变股东。

式是助推"三变"改革精准扶贫的重要方式之一。如资产租赁＋固定分红、吸收股本＋按比例分红、实物分红和按年限分红（陈全，2017；孔祥智等，2016；刘守英，2017；王东京等，2017；谢治菊，2018）。同时农村"三变"改革有利于调整农村生产关系，解放和发展农村生产力，进而促进农业供给侧结构性改革（张绪清，2017）。农村"三变"改革经验丰富并取得显著成效，但也存在如"农民变股东"形式单调、农村资产价值评估难、"资金变股金"存在风险、改革收益保障低（雷昌林，2017），以及股权架构不完善（刘琴等，2018）等问题，需要解决和优化。而农村集体产权制度改革作为农村"三变"改革的基础，其清晰的集体成员界定标准、公平合理的收益分配机制和健全的保障体系为优化"三变"改革提供了良好的措施，促使农村"三变"改革由一种改革模式升华为一种制度变革。由于资本下乡对农村传统乡村治理结构和家庭联产承包责任制为主的农村经营制度造成了冲击，需对农村内部结构和运行机制进行改革与重塑，此时农村"自上而下"与"自下而上"相结合的农村"三变"改革转变为农村制度变迁（于福波等，2019）。农村集体产权制度改革作为农村"三变"改革的前提和基础，其归属清晰、权责明确、保护严格和流转顺畅的原则，以及明确灵活的操作流程为推广和深化农村"三变"改革提供了有力的保障。

2.4　农村集体产权制度改革措施及评价

2.4.1　农村集体产权制度改革措施

纵观我国农村集体产权制度改革的整个过程，总体而言是以自下而上—政策认同—自上而下的循序渐进的演进方式，即遵循"自主探索＋'先行试点、由点及面'"的演进秩序。根据各时期产权制度改革面临的环境不同，及目标任务和集体经济发展形式的差异性，我国农村集体资产权制度改革过程可大致分为早期东部沿海地区改革阶段（20世纪80年代末至90年代中期）、乡镇企业改制阶段（20世纪90年代中后期至2013

年）和全面推开阶段（2013 年至今）三个阶段（闵师等，2019）。三个改革阶段的本质是农村集体产权制度的变化，这一变化过程促使农村集体产权制度逐渐呈现新的均衡状态。农村集体产权制度从非均衡状态到新的均衡状态，是制度转换的一个过程，即发生农村集体产权制度变迁。从新中国成立至今，我国农村地区已发生多次制度变迁，其中，初期的家庭联产承包责任制、农村土地股份合作制改革属于诱致性制度变迁（林毅夫，2014；张笑寒，2007）。按照制度变迁理论，以广东省佛山市南海区为代表的早期东部沿海地区农村股份合作制改革属于诱致性制度变迁（胡振光，2018）。在实际改革过程中强制性制度变迁和诱致性制度变迁两种制度变迁方式很难清晰划分，它们相互联系和相互制约。农村地区的制度变迁方式存在阶段性制度变迁方式同时也存在二者相结合的制度变迁方式：无锡市农村集体经济组织产权制度变迁经历了诱致性变迁和强制性变迁两种变迁方式（孔有利，2004）。成都市通过"两股一改"填补"还权"与"赋能"间的制度空隙，其中"还权于民"阶段属于政府行政推动的强制性制度变迁；"赋能于民"阶段属于农村基层的诱致性制度变迁（郭晓鸣等，2013）。研究表明，社会总体制度的演变、市场制度的演变等，一般需经历发育、发展、衰变、修正以及进一步创新的演进过程。且这一演变过程并非跳跃式，而是连续的渐进式的。同样，制度创新、制度变迁亦遵循连续性的演进秩序，不是非连续性的跳跃秩序（黄桂田等，1999），我国农村集体产权制度的演进过程亦如此。从早期的自主探索阶段到全面推开渐进式试点先行、由点及面的灵活改革方式。

现有研究对农村集体产权制度改革进行了有益的理论探索，为进一步深化农村集体产权制度改革提供了理论框架和经验证据。当前研究多聚焦于农村集体产权制度改革实践操作层面（方志权，2014；朱大威等，2018），少数研究基于制度变迁视角分析早期农村集体产权股份合作制改革的内在逻辑（胡振光，2018），或者聚焦于农村股份经济合作社的治理结构和机理方面（林星等，2017）。

农村集体产权制度改革自实施以来，已基本形成固定、成熟、规范的操作流程。产权制度改革的操作流程基本包含清产核资、确定成员、设置股权与管理、折股量化、建立股份经济合作社，但顺序不固定，细节存在差异，体现了因地制宜原则。清产核资属于产权制度改革顺利启动的基础和关键；确定成员则是集体成员获取产权制度改革公平的基础。本书重点从股权设置、股权量化、股权运营和农村集体经济组织（农村股份经济合作社）四个方面进行阐述。

1. 股权设置

农村集体产权制度改革的关键是农村集体资产的量化以及资产股权化（马寒，2019；张占耕，2016），尤其是集体股的存废问题以及股权管理的模式选择，要尊重群众选择，依据实际情况，避免设置过于理想化的产权制度安排（农业部经管司课题组，2014）。农村集体产权制度改革试点村都设有基本股（即人口股），是以集体成员身份为划分依据，也称身份股，在股权设置比例中占大头；部分村庄还制定了差异化策略，如劳动、资金等要素贡献方面，多样化设置劳龄股、旧房股、老龄股、岗位股、夕阳红股、贡献股、文明股、募集股、承包地股等股份类型（夏英等，2018）。针对部分地区设置集体股权，南海区将集体股权从"确权到人"向"固化到户"转变有利于实现集体经济组织的稳定运行，但股权在集体经济组织内部封闭流转，却降低了集体资产的市场价值，因此提出在健全的市场经济机制运行条件下，集体股权不应局限于在村集体内部流动，应打破村集体边界限制以实现集体股权的自由并完全流动（郭晓鸣等，2019）。

2. 折股量化

农村集体产权制度改革的重点是股权量化和资产股权化，农民作为此次改革的主体，农民的积极参与和决策是根本路径（张占耕，2016）。从资产类型上看，集体资产产权制度改革主要是对资源性资产、经营性资产和非经营性资产三部分的量化。目前中央没有制定一致的标准，各地区根据自身情况量化相关资产。按照要求，应先量化经营性资产，使得成员获得基本的财产性收益，再根据成员需求或资产有条件地加以开发利用，最后量化非经营性资产和资源性资产（农业部经管司课题组，2014）。从资产归属层级上看，南方省份资产比较集中于村小组和行政村两级，北方省份量化集体资产的重点在行政村一级，部分涉及镇级集体资产的量化；从资产核算方法上看，可繁可简，如有的村因集体经济组织成员同质性较高，则选取简单算法（夏英等，2018）。但关于股权量化的总体原则是不应过度提高土地股的比例设定，埋下新生儿和嫁入女等新加入集体的成员要求无偿分得土地和取得集体经济组织成员资格的潜在危机（甘伯愚，2017）。

3. 股权运营

农村集体产权制度改革的难点是改革完成后通过多种经营方式，盘活集体经济，做大集体经济"蛋糕"，以及如何公平、公正、有效地分配"蛋糕"（朱大威等，2018）。股份的自由流转才能实现股份的价值和增值。在产权制度改革过程中，一些地区探索建立农村产权流转交易市场，部分地区甚至将产权流转交易纳入农村集体"三资"信息化监管平台（农业部经管司课题组，2014），为农村集体股权流转提供了平台。但受产权制度改革推进程度和政策法律体系的约束，我国集体股权运营尚未取得显著成效，学术界对此也较少关注。

4. 农村集体经济组织（股份经济合作社）

农村集体经济组织（股份经济合作社）作为产权制度改革的产物之一，其法律地位逐渐得到法律制度的承认。农村集体经济组织发展过程中面临着历史遗留问题和新问题的双重压力。解决这一双重压力的关键是经济组织与自治组织的区分或分离以及对传统的超越（杨一介，2015）。农村集体产权制度改革提出的"政经分离"为改善这一难题提供了可能性。据农业农村部统计，截至2020年9月，全国87.2%的村成立了农村集体经济组织，且在有集体资产的农村地区成立了股份经济合作社。股份经济合作社可以理解为一种主要借鉴吸收股份制产权组织形式、经营和分配方式，符合标准的集体成员可获得参与权、话语权和收益权等多项权能的社区性新型农村集体经济组织（占一熙，2017）。股份经济合作社使农村地区实现了集体资产从"共同共有"转变为"按份共有"，并在各地农村实践中创新形成了总社/联社—分社、分社—法人、项目化公司、终止退出等治理模式，对集体资产增值、农民增收具有极大的促进作用。

合作社有助于农民实现规模化生产经营、降低风险和提高生产质量（Bekkum，2006；Pokharel et al.，2020；Pokharel，2016；Sexton et al.，1988）。合作社是具有法律规定的最小治理结构，呈现向所有权和控制权分析的传统扩展模式发展趋势（Maciel et al.，2018）。瞿若频等（2020）通过分析农业合作社对中国苹果农户技术的效率发现，在其他条件相同的情况下，合作社的关键功能是提高农业技术效率。布扬等（Bhuyan et al.，1994）研究认为，合作社归农民所有，农民社员间熟悉度较高，他们之间交易的不确定性较小，与投资者所有的企业相比，合作社的共有产权制度既降低了由资产专用性引起的交易成本，又提高了资产利用率。同时，合作社与投资者所有的企业在管理行为方面存在差异。一个显著差异就是合作社的经理既可以是集体成员，也可以是外聘人员。但不论合作社经理是集体成员还是外聘人员都会影响合作社的经济绩效（Liang et al.，2013）。随着农业合作社所处外界环境的变化——现代化市场竞争的加剧，以及农业合作社自身的"搭便车"、眼界和投资组合等问题的出现，限制了农业合作社的发展（Chaddad et al.，2004）。对此一些学者指出由于某些合作社原则的限制导致传统合作社低效或者无效状态并非不会出现（Nilsson，1997）。随着市场交易价格和条件的公开和透明化，传统的农业合作社弊端逐渐显现，对传统合作社改革迫在眉睫。美国仿照股份公司发行普通股票和优先股票进行集资，形成合作制和股份制相结合的股份合作社。第二次世界大战以后，股份合作社在西方国家盛行，如西班牙蒙德拉贡模式、以色列莫沙夫模式。从合作社演变成股份合作社为我国建立股份经济合作社提供了借鉴。

农村集体产权制度改革的研究以实际做法研究为主，理论分析相对较少。农业部经管司课题组（2014）从四个方面对我国农村集体产权制度改革进行了理论分析：（1）对于集体资产量化的范围，在中央未出台统一标准时，建议只量化经营性资产，若村干部和村民民主同意量化资源性资产，应予以支持创新探索；（2）对于成员资格界定，以上级意见为指导，因地制宜地探索合适的界定标准；（3）对于股权设置，原则上不建议设立集体股，但应根据实际情况和民主意愿最终决定是否设立集体股；（4）对于股权管理，建议引入现代化股份管理机制。通过对沪郊产权制度改革的观察，目前亟须深度反思集体成员权制度与企业股权治理结构的结合问题，及"多予"和"少管"的悖论等治理困境（张佩国等，2014）。

2.4.2　农村集体产权制度改革影响因素

随着城镇化和工业化进程的加快，农村生产经营所处的制度环境和经济环境发生重大变化，如国家经济社会发展理念和涉农政策出现较大的调整，以及社会经济发展进入新阶段，这导致农民与集体资产（主要是土地资源）间的关系发生相应的变化，最初的农村股份合作制改革逐渐兴起。当时农地股份合作制改革被认为是农村土地制度改革最优的选择（蒋励，1994），也是继家庭联产承包责任制之后的又一次伟大创造（李英杰，1999）。随着土地股份合作制改革成效的逐渐显现，股份合作制改革的对象由土地扩展到经营性资产和其他资源性资产，即现阶段开展的农村集体产权制度改革。产权制度改革被认为是一场深刻的革命，是可以媲美"大包干"的第二次飞跃（张红宇，2020a；2020b）。而影响产权制度改革产生的因素具有多样化特征。多重因素影响农村集体产权制度改革，分析安徽省夏刘寨村农村精英推动产权制度改革的内在逻辑与运行机制发现，乡村精英对农村领域实施产权改革具有直接影响（罗琦等，2018）。俄国村社制度变迁对我国农村集体经济组织制度产生具有本源性影响，鼓励农民有效利用村庄共同体制度遗产发展集体经济，也是引领弱势农户群体实现共同富裕的重要途径（苑鹏等，2018）。印子（2018）从政治学视角研究农村集体产权制度变迁的逻辑，认为集体产权变迁与基层治理结构之间并非线性的因果逻辑，而是呈现出复杂的循环关系，且在基层政权治理能力、国家与农民关系两方面产生重要政治后果。2011年广东发生的"乌坎事件"为我国农村治理敲响了警钟。因此我国农村治理需着力于完善村庄内部治理机制的集体产权改革，预防可能变成集结起来的农民为获取更大利益而与国家进行利益博弈，造成农村社会呈现土围子化现象（贺雪峰，2017）。进一步从政治和治理角度分析发现，集体经济发达的沿海地区围绕集体经济管理和利益分配所产生的矛盾推动农村集体产权的政策演变，成为农村基层治理关键领域之一（桂华，2019）。市场化、城镇化和工业化是进行农村集体产权改革的主要原因，实现城乡资源要素的平等交换是其宏观目标，赋予农民对集体资产更多的财产权利从而拓宽农民增收渠道以及提高农民收入是其微观目标（张红宇，2015）。但通过对全国九省156个村的调研发现，集体产权制度改革存在区域异质性，而较大的资产规模与传统的集权式村治减缓了确权进度（闵师等，2019）。改革仅是一种手段，发展才是最终目的。研究发现，农村集体产权制度改革和精英带领对农村集体经济发展具有重要影响（张瑞涛等，2020a）。

2.4.3 农村集体产权制度改革评价

改革开放以来，我国形成了以《中华人民共和国农业法》为基础的多层次、全方位的农业法律制度，但为保障农村集体产权制度改革试点工作顺利进行，需要进一步整合、完善相关政策文件（农业部经管司课题组，2014）。多数学者将加快试点试验推进农村集体产权制度改革措施作为主流研究趋势，落脚在制定成员资格认定标准、规范股权设置与管理办法、建立发展产权交易市场，以及修正健全现行政策法规等方面（程春丽，2018；宋洪远等，2015）。农业部经管司课题组（2014）从集体资产量化范围、成员资格界定、股权设置和股权管理四个方面对我国农村集体产权制度改革路径进行了理论分析，在鼓励地方探索、规范政府作用视角下，提出包括暂不量化非经营性资产和资源性资产，原则上不提倡设集体股，加快成立产权流转交易市场和取消股权流转交易限制，政府应制定农村集体经济组织法律，解决其税费负担问题等具体对策建议。因此，产权明晰、产权激励、拓宽市场、延伸链条和保持特色是促进农村集体经济增长的前提条件（张应良等，2019）。部分学者从《物权法》《宪法》层面深入研究，发现通过建立健全农村集体经济组织相关法律，贯彻《宪法》的原初制度设计理念，从源头上实现集体经济组织和村民委员会的职能分离，以保证现行的产权制度改革政策坚持《物权法》和《宪法》的底线（王洪平，2019）。梁春梅等（2018）将农村集体产权制度改革与减贫相结合，提出要充分挖掘和提高产权制度改革带来的减贫效应，需建立完善的农村集体产权制度改革减贫要素的平等交换机制、权利和机会平等机制、治理机制和利益联结机制。农村社区腐败也是农村治理的关键，而明晰产权主体、实施政经分离、完善赋权增能三个方面可以建构有效的预防和治理农村社区腐败的长效机制（陈荣卓等，2017）。农村集体产权管理在乡村治理和基层自治中具有重要意义，有利于推动农民民主意识形成和政府职能转变，形成集体产权利益方多方共治的局面，才能加速农村基层社会治理转型（陈小嬿等，2018；仝志辉等，2019）。

制度绩效评价是指运行一项新制度过程中所带来的效益。农村集体产权制度改革作为我国一项创新性的农村制度改革，其改革效果如何也是社会各界关注的焦点。对于农村集体产权制度改革的作用普遍存在共识，即有利于建立城乡要素平等交换关系、有利于增加农民财产性收入、有利于加快城镇化进程、有利于巩固党在农村的执政基础（农业部经管司课题组，2014）。北京市开展产权制度改革的时间较早，研究发现产权制度改革后农民的生活水平有所提高，农村集体分红有较大幅度增加（王宾等，2014），同时指出在产权制度改革开展地区新型集体经济组织持续发展是提高农民增收的重要途径（方桂堂，2019）。有调研表明，村经营性集体资产拥有的平均价值并不高，人均仅有 241 元左右，产权制度改革对农民未来增收影响将相当有限，若要大幅度地增加农民的财产性收入，则需从深化集体建设用地和宅基地等方面的改革着手（闵师等，2019）。股权设置是产权制度改革中颇具特色之处，且农民增收和集体经济效益提高明显受集体经济组织的股权结构的影响。部分试点地区设置一定比例的集体股，但集体股比例对农民收入和集体经济效益产生负面效应，即集体股比例越高，集体总收入和农民收入越低（杨杰等，2015）。产权制度改革产生的绩效是多方面的，从国家、市场和农民三重维度分析产权制度改革绩效发现，当前农民的主要诉求是保障农民利益，而农民利益与现代市场密不可分，因此农村地区要采取区别于完全自由化的市场又须遵循某种市场逻辑的过渡性市场策略，实现农民利益保护与利益发展秩序的均衡（马池春等，2018），从而实现制度逻辑下净收益的最大化（郭晓鸣等，2019）。部分学者则从农村集体产权改革中的国家、集体、村干部、农民、资本等主体的关系与行为的变化，以及这些主体对制度改革的反向影响出发，即农民、村集体和国家三个主体间通过嵌套性制度体系形成正向促进和反向反馈机制，推动农村集体产权制度改革的开展（张瑞涛等，2020b）。产权主体不能人格化和产权边界模糊的产权制度影响我国农村集体产权制度改革推进。农村集体产权制度改革与农村发展尤其是扶贫工作息息相关。许惠渊（2004）研究发现农村集体产权制度改革中存在的精英俘获危害主要体现在经济、社会、政治三方面，造成扶贫能效降低、村庄治理内卷化、贫困代际传递，因此需梳理精英俘获问题的内在机理，创新规避精英俘获并优化村庄治理的新路径，提高社会公平性和加快推动贫困户脱贫进程（戴碧涛等，2018）。

此外，农村集体产权制度改革"产权明晰—要素流动—包容性增长—贫困消除"的减贫内在机制，使其具有显著的减贫成效（梁春梅等，2018；丁忠兵，2020），同时，农村集体产权制度改革也影响着妇女权益的保障（惠建利，2018；王晓睿等，2019）。在有关改革绩效的影响因素研究方面，多与发展壮大集体经济的影响因素一致，聚焦在集体经济发展能力、地域社会经济环境、市场发育水平等方面（张应良等，2019）。

2.5　农村集体产权制度改革经验总结

2.5.1　农村集体产权制度改革模式

具有中国特色的探索性农村集体产权制度改革于 20 世纪 70 年代末产生萌芽，80 年代中期得到发展，90 年代以后得到广泛发展。我国开展农村集体产权制度改革采用"先试点、后推广"的逐步推进形式，总结试点地区经验，有利于减小交易成本，降低不确定性，减少全国推广的阻力。从 1992 年出现的广东"南海模式"，到 2002 年江苏苏州开始施行的农村股份合作制改革，2003 年北京昌平开展的农村集体产权制度改革及浙江宁波开展的农村股份合作模式等都是典型代表（陈华彬，2017）。随着以"扩面、提速、集成"作为深化农村集体产权制度改革的行动指南，截至 2019 年底，全国已有超过 36.8 万个村组完成改革，确认集体成员超过 5.6 亿人。[①] 一方面为我国扩大农村集体产权制度改革提供了宝贵的模式借鉴；另一方面为我国未开展农村集体产权制度改革的地区在核资清产、股权量化、成员界定、股权设置与管理等实际操作方面提供了宝贵的经验借鉴。我国地域辽阔，东中西部农村地区情况差异较大，因此农村集体产权制度改革不能采用"一刀切"，中央鼓励各试点地区因地制宜地创新改革模式，因此出现百花齐放的局面。最早获得成功的是"南海模式"——将行政村或者村民小组的集体资产及集体土地折成股份集中起来并组建股份合作组织，股份合作组织可将土地直接出租或修建厂房继续出租，村集体内的村民可以以资金形式入股，依据股权份额共享土地非农化的增值收益（郭强，2014），以此提高了农村土地的市场价值，并增加了农民的收入。以"五举措""三三六"[②]为改革操作步骤的"温江模式"，提高了农民参与的公平公正性，同时也保障了农民的全程参与。2015 年我国政府开展的农村集体产权制度改革以经营性集体资产为主，但部分地区开始探索对土地等资源性集体资产进行产权制度改革。陕西省榆林市榆阳区根据北部滩区和南部山区各自的特点将土地等资源性集体资产按照"确权确股不确地"和"一户一田"的方式进行产权制度改革，取得了显著成效。2019 年榆阳区被农业农村部评为全国农村集体产权制度改革试点典型单位，榆阳区属于 20 个典型单位中唯一一个资源性产权制度改革典型地区（张瑞涛等，2020c）。榆阳区开展资源性集体资产产权制度改革的成功为中西部地区尤其是缺乏经营性资产的地区提供了很好的经验借鉴。

纵观现有文献研究发现，不论农村集体产权制度改革的哪个阶段，均无一种固定模式（见表 2-1），因此需结合当地的特色，因地制宜地探索适合当地的改革模式。现在已有的经验只能为剩余未实施改革地区提供借鉴和参考，而不能一味地"照搬"，在继承中创新是目前未进行改革地区重点要考虑的问题。

---

① 根据《中国农村政策与改革统计年报（2019 年）》数据整理。
② "五举措"是指清产核资、资格界定、股权设置、资产量化、组建股份经济合作社；"三三六"是指三固化、三自治、六公开。

表 2 - 1　　　　　　　　农村集体产权制度改革各个阶段的模式选择

农村集体产权制度改革的阶段	不同阶段的模式选择
产权制度改革形势的选择	有限责任公司
	社区股份合作社
	社区经济合作社
资产股权设置依据	各地区因地制宜，以"农龄"为主，综合考虑人口、土地等其他因素
集体股设置与否	综合考虑干部和群众意见
股权管理方式	动态管理
	静态管理
集体资产抵押和担保模式选择	按资产市场价评估进行抵押担保
	按资产股份预期收益进行抵押担保
	按信用定额进行抵押担保
农村集体产权股份合作制改革趋势的模式选择	高度城市化区域的经济合作社
	即将城镇化区域的经济合作社
	将长期处于农村地区的经济合作社

2.5.2　农村集体产权制度改革存在的问题

　　农村集体产权制度改革是农村改革发展中根本性的重大制度变迁和创新探索，但在改革过程中存在一些问题，现有相关文献研究主要集中在以下四个方面。（1）研究问题主要集中在产权制度改革的操作层面。如农村集体产权制度改革初期在思想认识、资产量化范围、成员身份确认、股权设置、管理和流转、集体经济组织认定注册等方面做出归纳分析，发现农村集体资产产权边界不清，产权（权能）残缺；农村资源产权量化不完整，历史遗留问题严重；农村资源产权交易转让受限，交易费用高；农村资源产权经营缺乏科学性，市场风险性较高（方桂堂，2017；房绍坤等，2019；孔祥智，2017a；钟桂荔等，2017）；新型集体经济组织的法律地位不明确（齐只森，2013）。梳理全国 9 省 156 个试点村调研数据，发现改革地区经营性资产价值犹存，且其增值潜力尚未全部释放；发现已经被量化的经营性资产大多属于价值较大的部分但其助力农民增收潜力存在局限性；各村经营性资产分布和改革进程存在明显差异，部分地区改革方案有待改进，为真正深化农村集体产权制度改革提供参考（黄季焜等，2019）。（2）随着改革的进一步深化，改革过程中选择性倾向突出，村干部积极性不高，农村集体经济组织登记为法人后税费负担加重，政社分离彻底，集体经济组织承受市场风险能力弱，存在分红不公平等新问题凸显，集体经济组织激励机制问题亟待解决，为改革后农村经济的持续健康发展带来严峻考验（郭晓鸣等，2018；李增元等，2018；张红宇等，2014）。（3）深化农村集体产权制度改革面临的相关法规和政策约束问题，如在成员资格认定、股权管理、治理结构等方面法律法规不健全（宋洪远等，2015；赵家如，2014）；财税和金融政策与农村集体产权制度改革脱节，政策支撑条件不足，无法有效保护产权（林冬生，2016；刘现伟等，2017）；政策优惠力度不足，集体经济组织税费负担重（农业部经管司课题组，2014；张文律，2015）；社会保障制度建设与改革步伐不一致，农民市民化配套措施不完善；公共服务体系覆盖不均匀（齐只森，2013）；关于支持农村集体经济发展和农村集体产权制度改革的具有针对性、可操作的细化实施办法数量少（韩俊等，2019），与基层干部、群众的期盼存在一定差距。（4）从多个视角深入剖析个案农村集体产权制度改革中的特殊困境。张文律（2015）以温州农村集体产权制度改革为例，探究村股份经济合作社和土地合作社运行协同问题；夏英（2018）对大兴、闵行、南海等12个试点县（市、区）进行做法成效的总结，指出目前六项股份权能实现程度不一，亟须从法律层面对产权制度改革细则加以细化；翟峰（2017）通过分析四川省"温江模式""龙华模式""三水模式"等多种产权制度改革模式发现，产权制度改革需恰当地处理集体经济组织与村委会或社区管理之间的关系。随着我国产权制度改革的不断推进，深化产权制度改革面临的问题引起学者的注意。进一步纵深推动产权制度改革需化解集体经济组织的身份困境、产权流转困境和可持续发展困境（张斌，2019）。深化产权制度改革的困境可通过与新产业发展、农民就业增收、新的集体经济发展形式、乡村治理能力以及党的基层领导相结合（张红宇，2020a），做好新时代产权制度改革，实现乡村振兴战略。

2.5.3　农村集体产权制度改革产生问题的原因

通过梳理现有文献发现，产权制度改革取得成效的同时也存在多种问题。产生这些问题的原因是多方面的，主要包括以下几方面。（1）农村集体产权不完善的原因主要归结为农村要素市场化程度低、法律法规滞后（许经勇，2019）。（2）农村集体产权制度改革过程中产生的问题，根源在于相关主体的缺位、错位和越位。村干部层面，农村地区缺失村民自治制度致使村民自治蜕化为村干部自治，村干部自治导致农村集体产权出现失灵的可能性（董江爱等，2016），部分干部和群众认识不到位也是导致改革不彻底的影响因素之一（胡东莉，2017）。地方政府层面，一些地方政府对集体产权采取较为"模糊"的态度和"悬置"的处理方式，使得改革推进受到不同程度的阻碍（袁方成，2013）。从金融供给主体层面，受上级部门支持力度不足以及股权价值难以量化评估的影响，银行等金融机构无动力和权限自主创新农民股权抵押担保产品（夏英等，2018）。司法机关层面，对产权制度改革产生的纠纷未提供有效的规则指引，集体成员维权失败具有普遍性（赵新龙，2019）。产权制度改革过程中政府和农民两种相反方向的规制约束力量，使农村集体产权长期处于脱嵌与嵌入的双重运动中，与真正意义上的市场保持距离（管兵，2019）。（3）部分学者认为农村集体产权制度改革受到历史、经济和法律等多方面因素的综合影响。界定成员身份的难题集中在农村集体经济组织的法人地位和职能定位不明确两个方面；而产权流转主要受限于产权流转的封闭性以及流转机制不通导致农业要素市场化程度不高；农村集体经济经营形式单一化、集体经济组织治理结构不健全、税费负担重和过度分配利润等几个方面影响其可持续发展（张斌，2019）；农村集体资产管理问题的根源是产权量化不明晰（志新，2006）。

2.5.4　解决农村集体产权制度改革关键问题的路径

少数学者就部分关键问题针对性地提出解决路径。（1）激活主体。

随着农村集体产权制度改革的不断推进，最关键的问题是成员资格的界定（刘竞元，2019），以及解决集体产权归谁所有的问题。发展新型农村集体经济需要重点正确处理农民集体、集体经济组织和村民自治组织之间的关系。同时，随着改革的深入，农村集体经济产权社会化是趋势，并且突破制度的封闭性允许非本集体成员获得集体产权的经营权（周延飞，2018），要预先廓清集体经济和民营经济、集体经济发展和集体资产管理、集体产权制度改革和"三变"改革以及村委会和农村集体经济组织四者之间的关系，从深化产权制度改革、集体资产管理体制改革以及农村集体经济组织运行机制改革等多种改革途径加以完善（郭强，2014；刘义圣等，2019；马永伟，2013）。（2）激活要素。按照市场运行机制，促使农村集体产权各项权利深度分离与开放，不同类型集体资产按照各自特点分类处理，并推进集体资产的量化与股份化改革，确保集体成员获得共享经济收益权及集体股权自由处置权，增强农村要素的自由流动与真正实现城乡经济融合，真正实现集体产权的市场化价值显化，进而确保农民获得持续的经济效益与权益（李增元等，2016）。其中，积极推进农村集体产权制度改革，探索农村集体经济的有效实现形式，农地产权重构是推进农村集体产权制度改革的重点领域（关锐捷等，2015；韩长赋，2015；叶兴庆，2018），要着力抓好农村土地确权登记颁证工作、着力推进征地制度改革、着力加强农村集体"三资"管理，细化集体土地用益物权种类，丰富权能（齐只森，2013），进一步扩大农用地产权结构、集体经营性建设用地产权结构和集体非土地经营性资产产权结构的开放性（叶兴庆等，2019），完善有利于推进农村集体产权制度改革的税费政策，从而引导农村产权流转交易市场健康发展（胡东莉，2017）。（3）激活市场。鉴于产权制度是否完善与要素市场化程度之间存在因果关系，许经勇（2019）和周密（2018）指出经济体制改革必须以完善产权制度和要素市场化配置为重点，做到"政经分开、资地分开和户产分开""股改、地改和户改"（王敬尧等，2012），加快要素价格市场化改革，减弱政府对资源的直接支配权，为农村资本有效进入市场起到保障作用。

农村集体产权制度改革过程中涉及多方主体（中央政府、地方政府、农委部门、农民以及相关部门），如何处理多方主体之间的多重利益关系，得到学者的广泛关注和研究。关于这一问题的研究主要集中在三个层面。

第一个层面是农村集体产权制度改革中各相关利益主体之间的关系，主要是指村民、成员、村干部、集体经济组织以及政府之间的关系。叶兴庆（2016）认为在农村集体产权制度改革需要统筹兼顾国家、集体、成员之间的利益，是一项涉及农村集体经济组织各种利益关系调整的系统改革（吴雄，2018）。由农民集体、农村集体经济组织、农村集体经济组织法人主体参与形成的"合作制＋股份制"的均衡股权结构，可有效稳定农村集体产权制度改革参与主体之间的关系（许中缘和崔雪炜，2018）。在处理各个参与主体之间的关系时，除了需要考虑现实操作中遇到的问题，还应注意将传统遗留问题和风俗习惯等无形因素融入改革实践中，更为全面有效地化解利益主体之间的矛盾和冲突（黄静晗等，2013）。其中，集体成员是此次农村集体产权制度改革的主要推动者，因此资产收益和劳动成果归集体成员共同分享，实现真正意义上的"人人有份"。多方协同是协调农村集体经济组织利益关系的路径，要做到多方参与、各尽其能、协调一致，形成合力，达到高效的资源整合，从而降低利益协调的成本，提高效率，达成多方满意的目标（吴雄，2018）。以此减少各个利益主体之间的冲突，进而加快推进农业现代化发展，促进农村经济的发展，与乡村振兴战略"产业兴旺、生态宜居、乡风文明、治理有效和生活富裕"的总要求高度契合。

第二个层面是处理好农村集体产权制度改革与乡村（社区）治理的关系。乡村治理一直受到集体产权制度改革的影响，集体产权改革的不同阶段，产生的乡村治理效应存在差异。改革开放以来工业化、城镇化发展对传统乡村社会制度产生了重大冲击（折晓叶，1996；项继权，2009）。因此，构建城乡一体的社区制度，将是我国农村基层组织与管理体制的第三次重大变革（项继权，2009）。建立产权清晰、体制科学、机制灵活以及参与有序等是乡村治理的基础（蒋红军和肖滨，2017），这与农村集体产权制度改革的目标不谋而合。以农村集体产权为基础所形成的一系列基层社会制度，构筑了封闭的乡村社会结构，集体将村民束缚在内部难以自由流动，外部人员难以真正融入乡村生活，易导致封闭、排外的乡村社会开放、共融和流动的现代社会之间的矛盾（李增元和葛云霞，2014）。但通过"确权""分权""赋权""活权"等集体产权制度改革（李勇华，2016），以及农村产权治理的总体发展趋势是乡村产权关系从模糊走向清晰，从封闭走向开放，这将从根本上改变社区的治理结构，重塑农民与政府之间的权利关系（袁方成，2013），建立起可落地的集体产权有效治理的制度，从根本上厘清制约村民自治施行的"国家—村民自治体"和"自治组织—村民"两大关系，可以为村民自治制度和乡村治理体系的现代化奠定切实的基础性条件，最终破解封闭的乡村社会结构（李增元和葛云霞，2014），实现乡村社区的现代化发展，农村集体经济市场化，加快我国城市化和城镇化进程。但现阶段由政府推动的农村集体产权制度改革属于"还权于民"阶段，从"还权于民"到"赋能于民"间仍存在不易逾越的制度空隙。对此郭晓鸣和廖祖军（2013）通过研究成都"两股一改"发现，填补"还权"到"赋能"制度空隙的根本是促进农民实现其资产资本化。农村集体产权制度改革通过治理主体效应、治理资源效应和治理机制路径效应三种路径影响乡村治理（仝志辉和韦潇竹，2019），必定会赋予其社会改革职能。因此，在深化改革时需将其经济目标和社会目标有机结合。

第三个层面是处理好农村土地制度改革与农村集体产权制度的关系。土地制度是我国农村最为基础的制度安排，土地权利问题是农村土地问题的核心（胡建，2014），也与农村集体产权制度改革有着密切关系。2013年开展的农村土地确权是深化农村土地制度改革的有效途径，也是农村集体产权制度改革的基础工作。最早在南海市采取土地入股的股份合作制，创新农村土地产权制度改革，有利于解决集体财产权属不清，提高集体经济活力（罗世强，1994），优化农业劳动力资源和增强社会保障能力（汤艳红，2005）等作用，这些作用恰好与农村集体产权制度改革的目标——产权清晰、赋予农民更多的财产性收入、激活农村各类生产要素等高度契合。同时，从农村集体产权制度改革的产权归属、产权量化、产权经营、产权交易等关键环节来看，都与农村土地确权存在直接联系（关锐捷和李伟毅，2015）。因此，农村土地制度改革是农村集体产权制度改革的前提和基础。农村土地制度是农村集体产权制度改革这一核心问题的核心，需将二者统筹考虑（张晓山，2016）。农村土地制度经营权确权登记颁证工作是农村集体产权制度改革的关键一步，但集体经济组织成员不明确。农村集体产权制度改革的任务之一是确定集体经济组织成员，再确认成员的股份。由此看来，农村土地制度改革和农村集体产权制度改革相辅相成，息息相关。因此，处理好二者关系，有利于农村制度改革。

2.7 相关文献评述

我国农村地区的产权制度改革内涵丰富，既包括乡镇企业产权制度改革，也包括农村集体资产产权制度改革。二者改革的对象虽不同，但也存在可借鉴之处。本书重点对农村集体资产的产权制度改革加以详细研究。从整体上看，学者们关于农村集体产权制度改革的实践研究已取得丰硕的成果，对不同阶段农村集体产权制度改革开展产生了积极影响并提供了参考。梳理现有文献和客观需求发现，我国农村集体产权制度改革的实践探索一定程度上快于理论研究支撑，一些有益的探索尚未被总结提升为理论创新成果，同时也有些研究结论或观点因仅停留在局部经验判断之上，理论支撑不足，普适性和说服力有待提高。从研究内容上看，大部分研究主要集中于产权制度改革措施层面上的工作内容方面，其研究深度不足以升华到新制度经济学以及完善农村基本经营制度的理论高度，难以支撑深化产权制度改革的需要。基于此，本书从自然资源产权科层理论、制度变迁理论等视角研究农村集体产权制度改革，结合11省（区、市）18县（市、区）的实地调研资料，并以陕西省榆阳区和安徽省来安县典型案例为主案例，系统性分析农村集体产权制度改革方式；以陕西省高陵区、海南省临高县，以及四川省成都市简阳市尤安村和彭州市龙门山镇创新的"联营制"分析农村集体产权制度改革创新发展路径探索。从而为丰富农村产权理论，进一步深化农村集体产权制度改革提供理论支撑。

第3章

相关概念界定及理论基础

本书对农村集体产权制度改革从新制度经济学视角加以分析，进一步拓宽了产权理论在我国农村地区的应用。首先，对产权、农村集体产权、农村集体经济、农村集体经济组织和农村集体产权制度改革相关概念进行界定；其次，对本书所用理论产权理论、科层制与自然资源产权科层理论、制度变迁理论和集体行动理论进行概述，其中，在制度变迁理论中构建了针对农村集体产权制度变迁的理论框架。

3.1 相关概念界定

3.1.1 产权与农村集体产权

1. 产权

学术界对产权的定义莫衷一是。产权并不指人与财产间的关系，而是指人们由于财产的存在和交易或使用导致的人与人之间的行为关系（Pejovich and Furubotn，1972）。阿尔钦（1991）认为产权是一个社会所强制实施的选择一种经济品的使用的权利，将产权等同于使用权。产权是一束权利束，拥有比所有权更为宽泛的范畴（Abel，1992），但产权并不是无所不包的权利，多数学者认为产权应该是包括所有权和让渡权等多项权利的权利束（张军，1991）。当经济学家提到资源配置时，本质是讲产权在经济参与主体之间的交换分配，反映的是产权主体之间的关系。因此，诺斯（North，1982）指出产权的排他性，不仅指产权的排他性行为，也指产权主体之间的排他性。产权作为一种社会工具，通过对产权界定的逐渐清晰，可优化资源配置，实现外部性问题内在化。进而实现节约交易成本和达到资源有效配置的目的。此外，产权也被理解为可以帮助人们实现合理预期的一种社会工具（登姆塞茨，1967）。产权理论传入中国的时间较晚，但学术界的争论同样激烈。大部分争论与西方学者相似，从法律层面分析产权，产权即为财产权，其中财产权包括物权、债权和股权（韩志国，1994）。而社会学诠释的产权并不是一束权利束而是"一束关系"，即与其他组织保持稳定关系的一种组织产权结构和方式，并且这种关系适应当下环境的发展（周雪光，2005），是一种社会基本权利关系的制度表达和一种留有解构和构建空间的制度安排（折晓叶等，2005）。周茂清（2004）对产权做了更为科学和合理的概括：其一，产权是与财产关联且拥有排他性特征的权利；其二，产权是具有流动或可让渡的特征权利；其三，产权是具备可分性的一束权利；其四，任何产权，都必须是有边界、可计量的权利。集体所有制一定程度上也可被认为是集体产权，这种集体产权可看作共同共有的产权（党国英，2014），但受到一定限制（傅晨，2001），是一种具有中国特色的不完整的共有产权（朱大威等，2018）。总之，农村集体产权制度一般由国家控制但控制结果由集体来负责的一种我国农村独特的制度安排形式（周其仁，2004）。与其他学者观点不同，折晓叶等（2005）认为产权是一种社会合约，是特定行动关系协调的产物。且农村集体产权的演变是一个动态调整的过程，每一时期的集体与集体产权都有独特的形式与结构，可分为构建、强化、变革和创新四个阶段（郭强，2014）。

整理学者们的文献发现，其主要分为两种观点：一是经济学家认为产权是人们依托物形成的一种经济权利关系；二是社会学家认为产权是人与人之间通过物的交换形成的社会关系。但学者们一致认为产权具有排他性、可分割性、可分离性和可让渡性特征。

本书结合国内外学者对产权概念的界定，并根据调研的实际情况，界定产权是包括所有权、占有权、收益权、继承权等在内的，并依托物的存在交换形成的一种权利束。这些权利具有排他性、可让渡性、集中性和可分离性。此外，产权兼具激励、制约及整合升级和优化资源配置的功能。

2. 农村集体产权

从现有研究的理论成果看，农村集体产权是一种权利束，对于农村集体产权的界定是随着经济、政治和社会等外在环境的变化逐渐调整，以适应新时期农村的变化。代表性的观点如下。

农村集体产权是极具中国本土特色的一种农村产权形式，可归为一定时期的政治产物，集体产权的存在具有其恰当性（党国英，2014）。实践中，实现成员权是产权制度改革的焦点，其要义是重新调整集体内部权利关系和结构，要求是"归属清晰、权能完整、流转顺畅、保护严格"，产权改革的目标是发展壮大集体经济。

从所有制视域分析，集体产权属于"社区共同共有的产权"的范畴（党国英，1998），也就是通常所说的社团产权（傅晨，2001）。与社团产权不同，集体对资源的使用作出决策时需要决策机构按照民主程序征得全部或者大部分集体成员的同意；若集体成员的意见未被采用，集体成员可采用"用脚投票"转让其权利。即当市场合约残缺时，集体成员会以处理社会合约的方式处理农村的产权矛盾问题（折晓叶等，2005）。因此，农村集体产权是一种社会合约，属于人与人之间特定行动关系协调的产物（折晓叶等，2005）。

从西方产权理论角度分析，农村集体产权是建立在以农村为边界确认的成员基础上，按照一定规章制度，对集体共有资产配置过程中形成的各项权利集合（郭强，2014；刘安凤，2016；朱大威等，2018）。由此折射出中国的集体产权不只是一个经济概念，也暗含政治概念和法律概念（刘金海，2003），具有国有产权和公共产权的双重部分性特征（周其仁，2004）。因此，集体产权可以认为是处于私人产权与国有产权之间的一种产权形式（郭强，2014）。

研究发现，农村集体产权具有不完整性、共有性和排他性等特征。农村集体产权的不完整性是指集体成员对集体资产的控制权如土地所有权等与收益权相分离，或者完整的集体产权权利束里有一部分被删除，不利于交易的有效进行或提高交易成本。农村集体产权可分为"共同共有集体产权"和"按份共有集体产权"，不论何种形式，共有性均限制在农村集体内部，对非集体成员具有排他性（陈天宝，2005）。因此，集体产权一定程度上是由公共产权演化而来的（傅晨，2001）。

本书参考学者观点和实地调研情况，将农村集体产权定义为以农村（包括撤村、并村）为边界，以界定集体成员权为基础，以特定的制度环境为前提条件，参照某种制度集体成员对集体资产享有占有权、收益权、继承权、抵押权、担保权和有偿退出权等各项权利的集合。

3.1.2 农村集体经济与农村集体经济组织

1. 农村集体经济

农村集体经济的概念与农村集体产权的概念不同，但相互作用，相互支撑，具有共生性。集体经济简单说是生产资料归部分劳动者共同所有的公有制经济（关锐捷等，2011），其可追溯到马克思的集体所有制。1874年至1875年初马克思所写的《巴枯宁〈国家制度和无政府状态〉一书摘要》中提到农民以自然的经济方式推动土地私有制向集体所有制转变，而非采用极端的措施实现这种转变。且"个人力量（关系）由于分工转化为物的力量……只能靠个人重新驾驭这些物的力量并消灭分工的办法来消灭，没有集体，这是不可能实现的。"[①] 诚然，马克思所论述的经济道路是集体所有制下集体经济的道路（张旭等，2018）。根据我国城乡划分的特殊性，集体经济可分为城镇集体经济和农村集体经济。城镇集体经济随着改革开放逐渐消亡，农村集体经济由"三级所有，队为基础"转变为"以家庭承包经营为基础，统分结合的双层经营体制"，在这一转变过程中不断探索出多元化集体经济发展形式。即形成集体成员所有的资产统一由集

---

① ［德］马克思和恩格斯. 费尔巴哈［M］. 人民出版社，1988：65.

体经济组织直接经营或以发包、出租等形式经营，集体经济组织或提供公共服务或公平分配收益，同时出现农民专业合作社和其他服务型合作社为成员提供多样化专业服务（韩松，2011）。农村集体经济的发展是一个积累的渐进的过程，是农村社会主义改造的制度遗产（高鸣等，2019）和我国农村经济制度的主要形式（仝志辉等，2018a）。新中国成立70多年以来，我国农村集体经济的发展经历了构建期、调整期、转型期和激活期四个阶段，且各阶段呈现出不同的特征（高鸣等，2019）。但从资产所有权属性来看，集体经济与集体组织的统一经营不等同，而家庭联产承包责任制经营的集体资产属于具体的经营方式（陈锡文，2020），家庭联产承包责任制属于集体经济（谭秋成，2018）。农民尤其是集体成员与集体经济的发展息息相关，若干个个体根据共同认可的标准通过联合与合作实现共同发展的一种经济组织形态，即集体经济（黄延信，2018）。但农村集体经济组织出现"统"作用发挥不足、权责不清，集体组织成员资格界定不清，以及集体资产价值不详和增值难等问题，制约农村集体经济的发展。2016年12月，《中共中央 国务院关于稳步推进农村集体产权制定改革的意见》（以下简称《意见》）中指出，农村集体经济可以理解为集体资产（生产要素）是客体，集体成员是主体。其中，发展集体经济的生产要素不仅包括集体所有，也包括个人所有的生产要素（梁昊，2016），方式是合作或联合，目的是发展农村经济。集体经济的本质是生产要素的组织方式和利用机制，不是所有制。

在此基础上，本书提出农村集体经济的含义为，集体成员利用个人所有和本集体所有的全部生产要素，并将这些生产要素按照现代企业管理制度重新优化配置，以合作或者联合的方式共同发展农村经济并使其适应市场经济的一种新经济形态。

2. 农村集体经济组织

村民委员会（以下简称"村委会"）和农村集体经济组织承担着政治、经济、社会等多重职能，属于我国农村地区并存的两大极其重要的社会主体（罗猛，2005）。在实践中和法律上都已明确村委会的概念和职能，但对农村集体经济组织的概念、性质和职能的认识仍存在分歧和争议。从历史变迁的过程看，农村集体经济组织的集体所有权代表的地位，社区范围内公共物品提供者，以及作为国家政权机构延伸和补充的作用，均有不可替代性，这是由我国农村土地集体所有的性质决定的（韩俊，1998）。20世纪50年代初，农业合作化运动的兴起催生了农村集体经济组织的出现。但1984年以来，农村集体经济组织呈现日趋弱化或边缘化的发展趋势（关锐捷等，2011）。学者对农村集体经济组织的理解存在差异，但一致认为其属于一种经济组织。即农村集体经济组织是为了满足社会主义公有制改造的需求，以农村边界为自然界线，按照农民自发合作的原则，将各家各户所有的生产资料统一投入集体所有，采用集体组织和农民集体劳动的生产方式，最终按照按劳分配原则分配收益的一种社会主义经济组织（魏宪朝等，2008）。持有相似观点的学者包括陈锡文（2020）、关锐捷等（2011）。但《物权法》和《宪法》等法律仅对农村集体经济组织内涵进行了广义的定位，造成农村集体经济组织职能出现单一职能说和多元职能说两种观点。单一功能说又包括服务功能说和经济功能说，服务功能说认为为本集体村民提供多样化服务是农村集体经济组织的职能，而经济功能则由各类专业合作社行使（刘小红，2012）；经济功能说认为农村集体经济组织的主要职能应该包括实现农村集体资产保值增值和为农民谋取更多经济利益两部分（焦富民，2019），且经济功能应当进一步提升强化（洪燕，2019）。多元功能说则认为农村集体经济组织功能具有复合性（崔超，2019），它不仅仅是经济组织，还承载着政治、社会功能以及集体所有制的组织功能（屈茂辉，2018），农村集体经济组织是集体资产管理主体、治理主体、服务主体和集体产权代表主体（许中缘等，2018；刘合光，2021）。以上农村集体经济组织职能的不确定性，主要是由于其概念不清造成的。2016年出台的《意见》和2017年新修订的《民法总则》为农村集体经济组织提供了合法地位，但对农村集体经济组织的内涵、外延和职能等界定并不清晰甚至是混乱的，造成农村集体经济组织仍存在障碍和处于困境。2020年中央农办和农业农村部着手启动《农村集体经济组织法》起草工作。这不仅对农村集体经济组织具有重要作用，对农村集体经济发展具有重大影响，更有利于农村集体经济理论在我国农村地区更好的实践。因此，从法律角度明确农村集体经济组织的内涵是当前亟待解决的问题。

因此本书基于已有文献和实地调研，认为农村集体经济组织是在一定范围内（以自然村为主）的，建立在集体所有资产（主要包括经营性集体资产和资源性集体资产）所有制基础上的，以本集体成员为服务对象，以集体组织现代化农业生产或出租外包他人经营的方式提高集体资产价值获取收益，将提取公益公积金后的收益以股份份额形式分配给集体成员，同时承担集体成员养老、村内道路修建和清洁等福利职能的，具有多功能性质的一种经济组织。

3.1.3 农村集体产权制度改革

按照新制度经济学原理，产权的基本功能与经济学中的资源配置有直接关系，而新产权方法明确产权是怎样以特定的方式实现资产的预期整合与使用（配杰威齐等，1972），有效的产权制度安排对经济增长具有显著的促进作用。农村集体产权制度改革是指以"归属清晰、权责明确、保护严格、流转顺畅"为目标，在中央政策的推动下，农村集体经济组织在地方各级政府有关部门具体组织指导下，以集体经济组织成员为主体，第三方专家协助配合，合力对村集体经营性、非经营和资源性等集体资产核定并进行股份合作制改革的一种制度变迁行为。

其内容主要包括：（1）对村集体账内外存量净资产、集体企业资产、土地等进行清产核资；（2）按照尊重历史和照顾现实等原则，确定集体经济组织成员资格；（3）在确定产权制度改革基准时间内，依据民主决策原则由农村集体经济组织或者村委会按配股或份额方式将集体资产分配给集体成员；（4）集体成员不同程度地享有股份权能，并自主决定股权动态或者静态管理方式；（5）集体经济组织注册登记为股份经济合作社或经济合作社，作为特别法人按章程管理。在改革方式上，农村集体产权制度改革方式主要有"自下而上"的诱致性产权制度改革和"自上而下"的强制性产权制度改革，即具有诱致性和强制性相结合的混合型产权制度变迁的特点。农村集体产权制度改革可有效激活主体、激活要素、激活市场，对增强农村集体经济发展活力，提高农民财产性收入，健全我国农村基本经营制度和开创农村现代化建设新局面具有重要意义。

3.2 理论基础

3.2.1 产权理论

产权理论是现代经济学和新制度经济学的重要基础理论，也是目前学者们研究的焦点。产权理论主要研究人与人之间的关系，并将经济利益问题作为产权问题的核心问题进行研究。产权理论的核心是交易费用和产权概念，通过分析交易费用并将交易费用、产权关系、市场运行和资源配置效率有机结合，重点研究产权及产权结构和不同产权安排对资源配置及其效用的影响（陈伟等，2002）。

产权理论主要有两种类型：马克思产权理论和现代西方产权理论。马克思产权理论的重点是运用唯物主义和历史唯物主义方法，研究生产力和生产关系、经济基础和上层建筑的关系，揭露了资本主义产权制度的本质。以科斯经典论文《企业的性质》（1937）和《社会成本问题》（1960）为起源，经过登姆塞茨（1967）、阿尔钦（1977）、威廉姆森（1967）、张五常（1967）、巴泽尔（2017）等的继承和发展，逐渐形成了现代西方产权理论。科斯定理的基本思想：无论资源的原始产权如何界定，当市场交易不存在费用时，资源均可自然达到优化状态；反之，若市场运行过程中存在交易成本，即交易费用大于零，则不同的初始产权界定将产生差异化资源配置效率。按照科斯定理，产权一般可分为私有产权、国有产权和共有产权。私有产权属于个人，其他人无权干涉；国有产权可按照政治标准使用财产且可忽略个人影响；共有产权则是不能排除任何人共同享有此项权利（登姆塞茨，1967）。

我国开展农村集体产权制度改革恰好针对的是我国农村地区模糊的产权归属问题。根据产权理论，产权明确的资产不论初始配置如何，可通过市场竞争、自由交换会重新配置，进而提高资源利用率，使资源配置达到最优。通过产权制度改革将集体资产产权归属明晰，集体成员按份共有，形成国家层次、集体层次和私人层次三个层次的产权主体，一方面使我国农村地区的集体资产管理方式向现代企业化管理方式转变，另一方面提高了农村地区集体资产使用效率。最终丰富了我国农村产权理论，进一步健全了我国农村基本经营制度。

3.2.2 科层制与自然资源产权科层理论

1. 科层制

科层制是 19 世纪末 20 世纪初由德国社会学家马克斯·韦伯根据当时的社会背景和时代特点基于组织社会学提出的。科层制可以理解为一种中性组织结构，也可以理解为一种制度创新，更是一种强调效率的管理制度（张忠利等，2009），但并不是一种政府类型。对于科层制含义和特征，不同学科有自己的解释倾向和兴趣。科层制表现为现代社会行政组织管理过程中具有分层、集权和统一等多重特性的一种管理模式和有效手段（吴凤余，2003）。20 世纪初马克斯·韦伯构建的科层制被称为理想型，其具有正反两面性特征。正面特征包括专业化、等级制、稳定的规章制度、非人格化理性等（王春娟，2006）；但科层制也易导致形式主义，抹煞个人自由的弊端，缺乏参与感、缺乏创造力，存在不通人性的现象（高建中，2009；张萍芬，2011）。但多数学者仍强调科层制是现代社会运行不可或缺的一部分且极具现实意义。随着科层制在我国应用范围的扩大，目前科层制不仅应用于官僚行政组织，且已经延伸到精准扶贫、教育、工程项目、农业资源、公共卫生和网络治理等多个方面。我国农村集体资产的使用具有严格的标准和规范，同时相应层级具有相对明确稳定的规章程序，呈现出等级特征。此外，由于科层制的有限理性，各科层主体围绕集体资产的权力构成利益关系，整合配置农村集体资产，提高其利用率，充分发挥集体资产尤其是闲置集体资产的价值。

2. 自然资源产权科层理论

最早西方学者按照"二分法"将自然资源产权理论分为共有和私有两类产权，但随着学者对产权理论的深入研究，发现产权的"二分法"过于简单。于是根据自然资源权利持有者的性质，将自然资源产权分为国有产权、私有产权、共有产权和开放利用四类产权，即"四分法"。实际中自然资源的产权科层结构更为复杂，不是简单的"二分法"或者"四分法"，而是一种连续的产权结构，私有产权和国有产权之间存在多种形式产权。对此，美国公共经济学家埃莉诺·奥斯特罗姆（Elinor Ostrom，2000）在《公共事物的治理之道——集体行动制度的演进》一书中提出产权的多层次分析方法。奥斯特罗姆（2000）根据公共池塘使用情况将其规则分为操作选择、集体选择和宪法选择三个层次。三个层次间规则具备明显的嵌套性特征。简言之，低一层次行动规则的更改是基于较之更高一层次的一套"固定"规则为限制条件，全部层次规则组成嵌套性制度系统。该系统理论对深入研究产权多层次性和各科层间规则运行机制产生了深远影响。

瑞（Ray，2000）基于奥斯特罗姆（2000）提出的产权多层次性和嵌套性制度系统，创新出自然资源产权结构的制度科层概念模型。也就是说，多层次性是自然资源产权的特征，多个产权层次"镶嵌"于共有产权与私人产权之间，而每个层次的产权决策主体一般结合自身管理资源的倾向分别独立做出不尽相同的决定，所有产权层次构成完整的自然资源"产权科层"，并且各层的规则形成"嵌套性规则体系"。制度科层理论在国际渔业资源中的应用显示（见表3-1），渔业资源的使用和分配由多个团体共同参与，每个层次的决策主体面临不同的决策内容，并呈现出不同的产权类型（Challen，2000）。

表3-1　　　"产权科层"思想在国际渔业资源中的应用

分配的范围	决策主体	产权类型	分配决策的内容
国家间分配	跨国政府	共有产权	界定水域
区域社区间分配	国家政府	国有产权	排他性的捕捞区域
个体渔民间分配	社区成员或代表	集体产权	赋予渔民可转让配额
分配捕捞配额或卖给其他渔民	个体渔民	私有产权	私人生产和投资决策

自然资源产权科层理论具有很高的学术价值。我国学者王亚华（2006）、徐美银等（2007）、江泽全（2015）、郭志勤（2011）等将该理论成果运用到水资源、农地资源和集体林资源产权领域，并分别建立了相应自然资源产权的科层概念模型。

3.2.3 制度变迁理论

原有制度随着所处制度环境的变化而逐渐呈现非平衡状态，产生了在既有制度下难以实现的潜在利润。当社会中存在某种潜在利润时，就意味着社会资源配置尚未出现帕累托最优状态，存在帕累托改进。对原有制度进行再安排或创新有利于获取潜在利润，这一过程即为制度变迁。也就是说，当旧有制度难以满足当前市场、经济发展需要或潜在利益高于当前利益时，就会促使制度发生变迁。制度的取代、调整和交易过程可称为制度变迁。当一个社会满足预期净收益高于成本时，制度和产权结构便产生转变的可能性（戴维斯等，1957）。可能导致这种转变的因素既包括要素价格比、信息成本等实际引起相对价格变化的外在因素；也包括思想意识等引起相关主体偏好发生变化的虚幻因素（卢现祥，2003；诺斯，1990）。制度变迁中除了制度环境和一项制度安排以外，有效组织的参与也是制度变迁的关键。依据参与制度变迁主体的功能及作用不同可分为初级行动团体和次级行动团体。其中，初级行动团体是新制度安排的发明者，识别新制度安排中潜在利润。为帮助初级行动团体获取收入，次级行动团体会对一些制度进行调整和变迁（戴维斯等，1957）。

1. 旧制度主义学派集中论点

以凡勃仑（1964）、康芒斯（1997）和阿里斯（1976）等为代表的老制度主义学派产生于19世纪末20世纪初。主要论点包括：（1）技术变迁是推动制度变迁的主要因素，且制度变迁可看作一个累积因果的过程（凡勃仑，1964），即制度变迁是前后发生事件量变的累积导致质变的结果；（2）康芒斯（1997）指出制度变迁可分为由立法部门主动决策和风俗习惯导致的两类形式，拉坦（1978）和林毅夫（1989）等划分制度变迁的分类方式以此为启发；（3）阿里斯（1967）认同凡勃仑的制度变迁理论，但认为制度变迁的诱因是社会力量。

2. 新制度主义学派主要观点

新制度主义学派研究以交易费用、产权制度和契约理论为主要内容，代表人物有哈耶克（1997）、奥尔森（2014）、诺斯（1991）、青木昌彦（1998）、林毅夫（1989）和黄少安（2000）等。由于不同学者所处历史阶段和意识形态的不同，从不同角度研究制度变迁，产生了多元流派的制度变迁理论。（1）哈耶克（1997）在制度变迁理论中强调个人行为，认为制度变迁是经过数代中无数个人行为的互动和博弈的结果，是日积月累的经验总和。（2）与哈耶克强调个人行为不同，美国公共选择学派的奠基人奥尔森（2014）强调利益集团的选择行为。当旧制度不能为利益集团带来更高的利益时，利益集团将推动制度变迁。制度变迁的实质是现有利益在不同利益集团之间的重新划分。（3）诺斯（1991）制度变迁理论中提出"经济人"假设，并在经济模型中添加制度作为自变量，构成新的理论模型。（4）制度变迁可看作从原有均衡状态转到新的均衡状态的博弈，这一博弈过程对参与人的战略选择和信念均产生了不同程度的影响（青木昌彦，1998）。并且青木昌彦运用比较制度方法分析了制度演进机制。依据不同类型的初级行动团体，制度变迁分为强制性制度变迁和诱致性制度变迁两种方式（拉坦，1978；林毅夫，1989）。制度演进的机制具体如表3-2所示。

表3-2　　　　　　　　　　　制度演进的机制

旧制度的持续		主观博弈模型的反馈与重新界定		新制度的演进
（S）有现存的活性集合所限制的选择	→	（C）预期与收益之间的差异→在具体的情况下寻找新主观博弈模型→新活性选择集合的重新定义	→	（S）新型的战略选择
⇓⇑		⇑		⇓⇑
（O）旧有的制度		（E）环境的变化（技术变迁、外在冲击及在相关领域内的互补制度的变迁）		（O）新制度

　　注：本表可解释为由于环境的变化导致旧有的制度出现旧有制度安排之外的选择，具有选择能力的主体根据预期收益与成本间的对比进行多次博弈，形成新的战略选择，进而形成新制度。⇓⇑表示产生制度变迁的内因；→表示新制度形成的过程。

　　以上制度变迁理论对西方社会具有较强的解释力，对我国制度变迁解释力不足。我国制度变迁具有非常显著的中国特色，因此不能照搬西方理论，需要结合具有中国特色的制度变迁理论分析我国制度创新。黄少安（2000）结合我国制度的现实情况，创新性地用"组织变迁集团"替换"初级和次级行动团体"，而这一变化将更符合我国中央集权制下对制度变迁过程的研究。强制性制度变迁和诱致性制度变迁主要从制度需求视角分析，与我国实际制度变迁情况存在差异，对此学者们结合我国实际经济社会情况提出了供给主导型制度变迁模式和中间扩散型制度变迁模式（杨瑞龙等，2000）。但有学者认为现有制度变迁方式更适用于国企改革和城市中相关问题的处理，对于农村地区改革缺乏解释力。因此，根据我国农村地区实际改革情况有学者提出了基层组织主导的混合型制度变迁模式（吴红宇，2004）。本书认为农村集体产权制度改革不论属于哪种制度变迁方式，均是一种制度创新和主体间（政府、集体经济组织、农民等）利益关系重新调整的过程。

开展农村集体产权制度改革促使我国农村集体经营制度发生制度变迁。产权制度改革是一项多主体参与的改革，既包括起到重要作用的政府，也包括执行改革的村集体和直接受益者农民。农村集体经营制度作为农村基本经营制度的一部分，即农村集体经营制度"镶嵌"于农村基本经营制度之中。由于农村外部环境冲击和内部需求的变化，导致农村集体经营制度发生波动，难以维持平衡状态。产权制度改革诱使农村集体产权制度出现新的均衡点。随后政府逐渐开始推广这项改革，弥补制度供给不足和需求间的"缺口"。

按照新制度经济学中的制度变迁理论，制度环境的变化为农村集体制度的变化创造了外在条件；参与主体为获得更大的潜在收益是农村集体制度发生变迁的诱因；而潜在收益高于改革成本是触发新制度形成的契机。一旦触发制度创新，各级政府部门甚至村集体会进行一系列制度设计配合获取潜在收益。在制度变迁过程中，制度变迁的倡导者或者权力中心所具备的制度供给能力和意愿是制约着制度变迁方式的选择关键因素。农村集体产权制度变迁大致可分为两类，一类是"自上而下"的带有强制性质的方式；另一类是"自下而上"的带有自愿性质的方式。参与主体（主要是初级行动团体和次级行动团体）是制度变迁得以发生的必不可少的条件之一。当参与主体意识到制度变迁带来的潜在收益高于制度创新成本时，他们会尽力促成制度变迁的发生。

制度环境是制度所处的环境，是农村地区一系列用于建立生产、交易和分配基础的基本政治、社会和法律等基础规则（戴维斯等，1971）。制度环境多重规则相互影响制约，其中基础规则对其他制度具有显著的制约和影响作用，且随着经济社会等变化制度环境也处于不断变化之中。制度环境的变化程度正向影响制度变迁的进程。制度环境对于一项制度创新模型来说属于外生变量，也正是因为这一点，农村地区才能产生新的潜在收益，促使新制度产生。因此，制度创新是一个循环的过程，属于动态演化过程。农村集体产权制度也是一个动态变化的过程，此次产权制度改革形成的股份合作制也只是与现阶段制度环境较为匹配的一种制度安排（见图 3 – 1）。

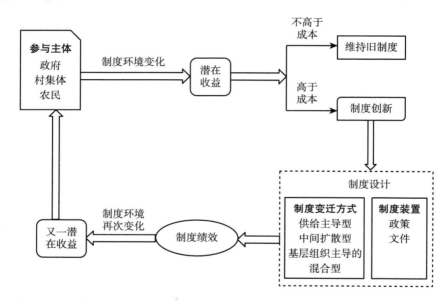

图 3 – 1　农村集体产权制度变迁理论框架

3.2.4　集体行动理论

20 世纪 60 年代学者逐渐开始着手研究集体行动，目前已广泛应用在社会学、政治学和人类学等多个学科。

1. 心理集体行动理论

心理集体行动理论产生于 20 世纪 50 ～ 60 年代，古斯塔夫·勒庞

（Gustave Le Bon，1982）、布鲁默（Blumer，1996）、法里斯等（Faris et al.，1958）和格尔（Gurr，1976）等为代表的学者从异常心理状态入手，分析研究集体行动行为。

勒庞（1982）提出"心智归一"法则，即单个人一般是理性的、有担当和有素质的，但人聚集起来并呈现一定规模时，导致存在差异的个体在思想和行为方式逐渐趋同。布鲁默（1946）解释集体行动理论为集体行动是人与人之间的符号的互动，需要经历集体磨合、集体兴奋和社会影响等阶段。由于人们存在共同的意识形态和思想，或者共同的愤怒，导致集体行动的现象。法里斯等（1958）将这一现象称为突生规范理论。格尔（1970）则提出相对剥夺感理论，即当一个社会变迁所产生的社会价值水平低于个人价值期望时，人们便会形成相对剥夺感。相对剥夺感与形成集体行动的概率成正相关。从上述集体行动理论可以发现，集体行动参与者存在非理性的、异常的心理，如不满、仇恨、恐惧等。

2. 理性集体行动理论

理性集体行动理论是以集体行动参与人在约束条件下追求效用最大化为假设条件，产生于 20 世纪 60 年代，形成了以奥尔森（Olson，1965）和麦卡锡（Mccarthy，1973）为代表的资源动员集体行动理论，以康豪瑟（Kornhauser，1959）为代表的组织集体行动理论，以及以麦克亚当（McAdam，1982）和提利（Tilly，1975）为代表的社会网络集体行动理论。

奥尔森（1965）指出集体行动中必然存在"理性经济人""搭便车"的现象。究其原因并不是人们的不满心理或者社会矛盾加剧，而是可控资源的增加（Maciel et al.，2018）。资源动员集体行动理论认为，若人们只存在不满心理，没有有力的组织进行动员或组织，不满仅仅是情绪，难以真正为集体行动。

资源动员集体行动理论家倾向于研究组织的运动过程和机制，而组织集体行动理论家重点研究组织的结构或构成。科恩豪泽（Kornhauser，1959）将社会结构分为政治精英—中层组织—民众三个层次。但组织会阻碍集体行动的发展。组织内的领导对权力的向往高于对集体目标和运动成员权益的关心，导致集体行动制度化。因此，皮文和科罗沃德（Piven and

Cloward，1979）指出来自底层民众的自发性集体行动才会对政治精英造成最大的冲击。

3. 结构性集体行动理论

结构性集体行动理论重点阐释政治机会结构与集体行动之间的关系（冯建华等，1994）。恩辛格（Eisinger，1973）将人们常说的政治环境称为政治机会结构，且集体行动中政治机会具有十分重要的作用（Tarrow，1994）。所谓政治机会结构是指围绕国家组织形成的一组变量组合，制约集体行动者，并增加或减少集体行动动员的成本。这些组合变量具有相对一致性，易产生相似的集体行动。因此，这些政治机会便形成结构。梯利（1975）通过对集体行动与政治之间的关系系统研究提出了整体模型和动员模型。麦克亚当（1982）指出政治机会结构、集体行动组织能力和参与者认知解放程度三方面共同作用形成集体行动。

4. 社会资本集体行动理论

20 世纪 90 年代社会资本理论逐渐被学者引入集体行动并形成社会资本集体行动理论。其中帕特南（Putnam，1993）指出社会资本具有调节集体行动的作用，进而提升社会效率。社会资本规模在集体行动中具有重要作用。当一个社会资本的规模足够产生社会交换博弈时，便产生了形成规范性合作的可能，进而可有效解决集体行动困境（Aoki et al.，2001）。成形的规模化社会资本有助于促进集体行动，同时其形成过程对集体行动具有积极作用。集体行动"搭便车"行为不可避免，但通过一定的社会激励措施可克服部分"搭便车"行为。但阿克塞尔罗德（Axelrod，1984）认为克服"搭便车"行为不是集体行动的关键前提，却是其结果。

对社会资本促进集体行动的作用多数学者持谨慎态度。古尔德（Gould，1993）指出不同的社会网络对集体行动产生的影响不同，一些社会网络促进集体行动的产生，一些社会网络抑制集体行动的产生。奥斯特罗姆（Ostrom，1998）在总结和吸收理性集体行动理论的基础上，构建了一个集体行动分析框架（见图 3-2）。总之，社会资本对集体行动的影响并不是一成不变的，需要在具体条件下进行具体分析。同时，诺斯等

（1986）认为集体行动中行动组织者通过框架搭桥、框架扩大、框架延伸以及框架转换四个步骤成功动员参与者参与。

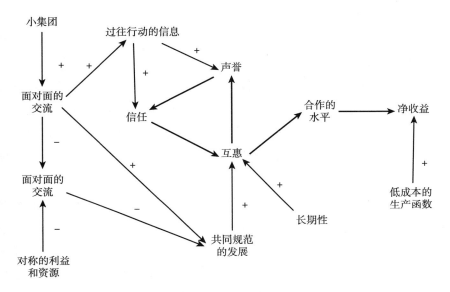

图3-2　利益集团成员合作水平决定关系

资料来源：Ostrom，Elinor. A Behaviorial Approach to the Rational Choice Theory of Collective Action［J］. The American Political Science Review，1998，92：1-22.

本书认为农村集体产权制度改革是一种综合性的集体行动，兼具三大流派的特征。首先，农村集体产权制度改革不止增加了集体成员对资产的可控性，更恢复了农村集体经济组织地位。其次，国家鼓励有条件的农村地区开展农村集体产权制度改革，政策、财政等方面支持降低改革成本，促进农村地区开展产权制度改革。最后，目前社会资本不能自由介入产权制度改革买卖股份，但可以通过项目等形式与股份经济合作社合作使社会资本进入产权制度改革。

3.3　本章小结

本章主要对本书所涉及的产权、农村集体产权、农村集体经济、农村集体经济组织以及农村集体产权制度改革等重要概念进行了界定，并重点运用产权理论、自然资源产权科层理论制度变迁理论和集体行动理论对农村集体产权制度改革进行了详细阐述，为后续顺利开展研究提供了基本理论支撑和理论参考。

本书参考学者观点和实地调研情况，得出以下主要结论。（1）界定产权是包括所有权、占有权、收益权、继承权等在内的，并依托物的存在交换形成的一种权利束。这些权利具有排他性、可让渡性、集中性和可分离性。此外，产权兼具激励、制约及整合升级和优化资源配置的功能。（2）将农村集体产权定义为以农村（包括撤村、并村）为边界，以界定集体成员权为基础，在一定的制度环境的约束下，集体成员按照一定制度规范对集体资产享有占有权、收益权、继承权、抵押权、担保权和有偿退出权等各项权利的集合。（3）农村集体经济是指集体成员利用个人所有和本集体所有的全部生产要素，并将这些生产要素按照现代企业管理制度重新优化配置，以合作或者联合的方式共同发展农村经济并使其适应市场经济的一种新经济形态。（4）农村集体经济组织是指在一定范围内（以自然村为主）的，建立在集体所有资产（主要包括经营性集体资产和资源性集体资产）所有制基础上的，以本集体成员为服务对象，以集体组织现代化农业生产或出租外包他人经营的方式提高集体资产价值获取收益，将提取公益公积金后的收益以股份份额形式分配给集体成员，同时承担集体成员养老、村内道路修建和清洁等福利性质的，具有多功能性质的一种经济组织。（5）以"归属清晰、权责明确、保护严格、流转顺畅"为目标，在中央政策的推动下，农村集体经济组织在地方各级政府有关部门的具体组织指导下，以集体经济组织成员为主体，第三方专家协助配合，合力对村集体经营性、非经营性和资源性等集体资产核定并进行股份制改革的一种制度变迁行为，这种制度变迁行为被称为农村集体产权制度改革。

产权理论、集体行动理论贯穿本书始终，科层制与自然资源产权科层理论主要用于构建产权制度改革中涉及的资源性资产和经营性资产的产权科层结构，用包含制度环境、参与主体、制度设计、制度绩效在内的制度变迁理论框架分析产权制度改革。

此外，构建了本书的理论框架（见图3-3）。按照新制度经济学范畴，以发现农村集体发展存在的问题、解决上述问题和发展集体经济的思路展开本书的研究。其中产权理论、自然资源产权科层理论、制度变迁理论以及集体行动理论为本书构建理论框架提供了良好的基础。

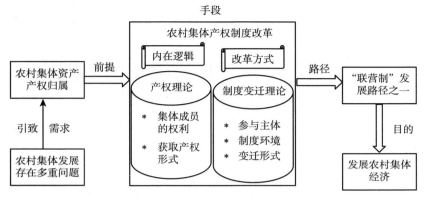

图3-3　本书的理论框架

第4章

我国农村集体产权制度改革的背景与进展

本章主要梳理本轮（2015 年至今）我国农村集体产权制度改革的基本情况并提炼了主要特点，以期对我国农村集体产权制度改革背景、总体情况有一个全面把握和系统了解。首先，从政策、经济、社会和技术四个方面分析我国开展农村集体产权制度改革的原因；其次，以产权制度改革的阶段为坐标，梳理我国农村集体产权制度改革的历史进程，厘清改革脉络。通过分析，总体把握我国农村集体产权制度改革产生的原因及演变过程。

4.1 农村集体产权制度改革的背景

制度环境是一系列用来建立生产、交换与分配基础的基本政治、社会和法律基础规则（戴维斯等，1957）。制度环境的变化为制度安排创新提供了外在客观环境和外部动力。本节从政策环境、经济环境、社会环境和技术环境入手，全面分析本轮农村集体产权制度改革的原因，发现改革孕育的机遇和挑战，以期加深对农村集体产权制度改革必然性和可行性的认识。

4.1.1　农村地区集体发展存在多重问题

1. 我国农村集体资产规模总量庞大但产权归属不清

据农业农村部调查数据显示，我国农村集体资产账面资产（不含土地资源性资产）总额由 2013 年的 2.4 万亿元增加到 2019 年的 5.09 万亿元，其中集体所有的土地资源 66.9 亿亩。但这些农村集体资产产权归属不清、权责不明确等问题日益显著。若不盘活这些规模庞大的集体资产，易发生权力寻租和集体资产流失等问题，难以发挥集体资产的增值作用。因此，集体资产总量增加对集体资产产权的改革提出了更高要求。

2. 城乡间人口流动性较大，致使农村人口结构日趋复杂

据国家统计局统计，人户分离人口由 2010 年的 2.61 亿人增加到 2019 年的 2.80 亿人，增长 7.3%；流动人口由 2.21 亿人增加到 2019 年的 2.36 亿人，增长 6.8%。人口的流动使得我国农村地区人口结构更加复杂，如生活事实地与户口所在地不同或者户口待定等多种情形。同时，由于城镇化进程中撤村建居、大批量外来人口的流入导致农村人口结构愈发繁杂，部分农村地区甚至出现集体成员与外来人口数量倒挂的情况。此类现象导致农村人地关系、农村集体资产管理以及收益分配矛盾凸显。

3. 城乡之间经济发展程度存在差距

（1）所有居民人均可支配收入均保持增加势头，同时农村居民人均可支配收入增长率高于城镇居民可支配收入增长率。其中，2013～2019 年城镇居民人均可支配收入增长率为 8.2%；2013～2019 年农村居民人均可支配收入增长率为 9.3%（见图 4−1）。如何盘活利用农村集体资产，保持农村居民人均可支配收入高增长率以提高农村居民收入，进而缩小城乡居民人均可支配收入差距是农村集体产权制度改革的目标之一。（2）城乡间要素流动性存在差异。农村地区以土地资源为主。农村土地要素具有固定性，加之我国农村土地尤其是耕地、宅基地等土地资源的用途和交易受到限制，难以通过流动实现其价值或者增值。（3）农村地区多以第一产业为主，其增值能力与城镇的第二、第三产业增值能力相比偏低。第一产业作为基础产业，2013～2019 年其对国内生产总值的贡献仅为 8.0%。优化农村资源配置，提高资源要素使用效率，是发展农村集体经济的客观需求。

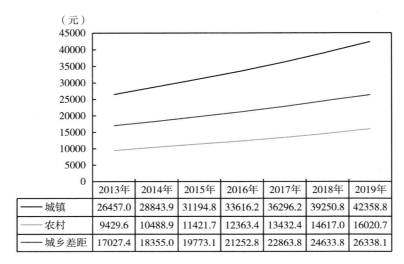

（元）	2013年	2014年	2015年	2016年	2017年	2018年	2019年
—— 城镇	26457.0	28843.9	31194.8	33616.2	36296.2	39250.8	42358.8
⋯⋯ 农村	9429.6	10488.9	11421.7	12363.4	13432.4	14617.0	16020.7
—— 城乡差距	17027.4	18355.0	19773.1	21252.8	22863.8	24633.8	26338.1

图 4 - 1　2013～2019 年我国城乡居民人均可支配收入及其差距
资料来源：根据 2020 年《中国统计年鉴》数据整理而得。

4.1.2　财产性收入偏低但农民主动参与改革意识增强

1. 财产性收入是农民收入增长的"短板"

随着农村系列改革的不断开展，农民可支配收入结构发生了变化（见表 4-1）。从四类收入增长幅度来看，2013～2019 年 7 年中转移净收入增长幅度最大，为 100.2%；其次是财产净收入 93.8%。从四种收入构成来看，财产净收入所占比例最低，属于农民收入的"短板"，但也是提高农民收入最具潜力的构成部分。财产净收入主要是分享农村集体资产收益分红或者农村土地资源转变使用用途或方式获得收益。因此，若想提高农民可支配收入，需补齐农民财产净收入这一"短板"，补齐这一"短板"需发展农村集体经济，这与开展农村集体产权制度改革的目标相契合。

表 4 - 1	2013 ~ 2019 年农村居民人均可支配收入构成			单位：元
年份	工资性收入	经营净收入	财产净收入	转移净收入
2013	3652.5	3934.9	194.7	1647.5
2014	4152.2	4237.4	222.1	1877.2
2015	4500.3	4503.6	251.5	2066.3
2016	5021.8	4741.3	272.1	2328.2
2017	5498.4	5027.8	303.0	2603.2
2018	5996.1	5358.4	342.1	2920.5
2019	6583.5	5762.2	377.3	3297.8

资料来源：根据 2020 年《中国统计年鉴》整理而得。

2. 农民参与改革意识逐渐增强

随着经济社会的进步以及义务教育的普及，农民的思想意识已经发生了较大的变化。首先，农民参与村集体事务的意识增强。之前，农民认为村集体事务是村干部的事，与自己无关。甚至若是插手集体事务会受到村干部或其他农民的"歧视"。其次，农民的"小农"意识减弱。多数人认为农民"小农"意识较强，难以适应现代化发展。但随着农村环境的变化和中央对农村发展的政策倾斜，农民的"小农"意识得到了较大改善，农民已逐渐适应社会的进步。

4.1.3 顶层制度设计和试点推动

农村集体产权制度改革是继家庭联产承包责任制之后我国农村又一次创新性制度改革（张红宇等，2020b），属于农民自发探索制度改革与政府政策引导共同作用的结果。在中央政府未制定相关政策时，珠江三角洲地区在 20 世纪八九十年代开始自主探索以股份合作为主要形式的农村改革，股份合作制改革取得的成效多于遇到的困难，其中以"南海模式"最具代表性。最初产权制度改革是农民的自发行为，尚不属于中央政府意图。因此改革期初并没有相关政策的指导或认可。但 2003 年以来，中央层面的文件、会议等多次提及农村集体产权制度改革（原集体资产股份权能改革），中央对农村制度改革的关注逐渐显现。2003 年党的十六届三中全会提出农村集体产权制度改革的思想；期初指明农村集体产权制度改革的中央文件是 2006 年《中共中央办公厅 国务院办公厅关于加强农村基层党风廉政建设的意见》，指出积极推进股份制、股份合作制等村集体经济的有效实现形式。此次会议和 2006 年《关于落实发展新理念加快农业现代化实现全面小康目标的若干意见》共同为发展壮大我国农村集体经济指明了方向，开辟了新道路。2007 年农业部（现农业农村部）专门出台了《关于稳步推进农村集体经济组织产权制度改革试点的指导意见》，明确指出推进农村集体经济组织产权制度改革的目的之一是提高群众财产性收入。2010 年《中共中央 国务院关于加大统筹城乡发展力度进一步夯实农业农村发展基础的若干意见》首次明确提出鼓励有条件的地方推进农村集体产权制度改革，为部分农村地区探索农村集体产权制度改革指明了方向。"以清产核资、资产量化、股权管理为主要内容，……鼓励具备条件的地方推进农村集体产权股份合作制改革；探索集体经济组织成员资格界定的具体办法"为主要内容的 2013 年中央一号文件《中共中央 国务院关于加快发展现代农业进一步增强农村发展活力的若干意见》，为农村集体产权制度改革具体操作提供了理论参考。随着一系列中央文件、规划和意见的出台，农村集体产权制度改革的思想意识逐渐形成，但尚未采取实际行动。直到 2015 年 5 月，经中央全面深化改革小组审议和国务院同意，我国在 29 个县（市、区）推进农民股份合作、赋予农民集体资产股份权能改革试点，标志着我国农村集体产权制度改革试点工作正式"吹响号角"。2016 年《中共中央 国务院关于稳步推进农村集体产权制度改革的意见》（以下简称《意见》），全面部署了农村集体产权制度改革相关工作，正式标志着我国农村集体产权制度改革全面开展。随着农村集体产权制度改革的逐步成熟，2017～2020 年中央政府相关文件持续强调"深化农村集体产权制度改革，保障农民财产权益，壮大集体经济"。2021 年《中共中央 国务院关于全面推进乡村振兴加快农业农村现代化的意见》再次强调"2021 年基本完成农村集体产权制度改革阶段性任务，发展壮大新型农村集体经济"，为完善农村体制改革和发展农村集体经济指明了方向。

回顾系列中央重要文件及会议，尤其是 2010 年以后，中共中央、国务院一系列涉及农村集体产权制度改革的文件、规划及意见的制定，可知党中央高度重视此次涉及农民切身利益的农村集体产权制度改革，此项改革不止推动农村经济发展，也是促进我国整体经济社会发展的重要环节，更是实现乡村振兴战略的重要抓手。各项政策的制定逐步为农村集体产权制度改革提供政策保障：一是赋予"自下而上"自主探索农村集体产权制度改革合法性，提高其深化改革的信心；二是为"自上而下"实施产权制度改革试点地区指明改革方向，提高产权制度改革的成本收益率，提高其改革效率。

农村集体经济是我国农村经济的重要组成部分。随着农村综合改革的开展，农村经济外部环境发生了深刻变化。故国家从政策上鼓励和引导农村经济发展，努力激活农村资源要素，适应市场化发展。我国农村集体经济的发展经历了构建期、调整期、转型期和激活期四个阶段（高鸣等，2019）。据不完全统计，新中国成立70多年来，我国制定了41个与农村集体经济改革发展相关的文件，构建了相对完善的顶层制度体系设计，为后续继续开展产权制度改革和深化产权制度改革提供了重要基础。

从新制度经济学视角看，制度具有提高效率、服务经济发展、创造合作发展环境、创建激励机制、利润内部化和抑制人的机会主义行为等作用。中央有关集体产权改革的一系列政策属于制度创新中的正式制度安排。那么中央政策具有哪些功能呢？（1）中央政策逐渐明晰了农村集体资产的产权归属以及各产权权层的权责。清晰界定的产权归属以及明确的权责分工，有利于优化农村资源配置和使用，进而降低交易成本和为农村集体经济发展提供服务。（2）中央政策以集体成员资格确认为基础将集体经济组织成员与村民相区别，将成员权主要划定给有集体经济组织成员资格的原住村民（即现同为村民的集体成员）或转非人口，且对成员权具体化为六项股份权能。完整的产权有利于将外部效益内在化。（3）中央政策不仅为产权制度改革指明了方向，同时也制定了配套激励措施（正式制约）。现代产权制度理论指出正式制约能降低信息、监督以及实施的成本。加上非正式制约（村规民约等）的配合，共同推动产权制度改革的开展。在农村地区形成"归属清晰、权责明确、保护严格、流转顺畅"的现代产权制度，推动乡村振兴和城乡一体化。

4.1.4 农村地区技术水平显著提升

农业生产技术进步引致产权制度改革。一是通过提高农业自身技术促进农村农业的发展。农业生产技术包括规模化、机械化等诸多现代化技术已经逐渐应用到农村地区。这些农业技术的应用大大提高了生产效率。二是农业以外的先进技术应用于农业农村发展中。如互联网技术、智能 AI 技术、手机应用软件等应用到农业农村发展中，出现智慧农业、智能监测等。三是将先进技术与专家结合，形成网上诊断农业，专家可实时答疑解惑，降低农业生产风险和增强农村发展能力。

正是由于上述背景使农村地区产生潜在收益，进而促使初级行动团体对农村集体产权制度进行创新以获得更高的收益，即开展农村集体产权制度改革。那么开展农村集体产权制度改革有何意义？农村集体产权制度改革是具有中国特色的一次农村制度创新性改革；是发展农村生产力的紧迫要求；也是广大农民对集体资产清晰、拓宽增收渠道的殷切期盼。因此，开展农村集体产权制度改革具有重要意义。

1. 农村集体产权制度改革有利于整合农村闲散资产，优化资源配置

家庭联产承包责任制制度下，农村一般将土地分配到户，山林等集体资产留作集体资产。一方面，随着农村青壮年进城务工的人数增加，土地撂荒现象加剧；另一方面，农村内部矛盾，尤其是对村干部处理集体资产方式的不满日益明显，村民对弄清楚集体资产数量及价值的愿望越来越强烈。解决这些问题的关键是归属清晰。农村集体产权制度改革可明晰产权归属，激活农村各类生产要素潜能，实现农村资产的整合与优化。

2. 农村集体产权制度改革有助于农民收入持续增长

农村集体产权制度改革要发展，从改革中形成农民收入增长的长效机制。农民收入主要由家庭经营性收入、工资性收入、财产性收入与转移性收入四部分构成。推进农村集体产权制度改革以实现以下目标：（1）可以提高闲散资产的集中度和规模化，易形成专业化、机械化和集约化生产，

有利于增加农民经营性收入；（2）通过规模化和机械化，可以空闲出劳动力，这些劳动力或外出务工，或在当地集体经济组织务工，提高了农民的工资性收入；（3）可以盘活农村"沉睡"的资产，提高农村生产要素的资源整合和优化资源配置以及利用率，发展壮大集体经济，进一步提高农民财产性收入；（4）可以增强财政转移支付的靶向性和实效性，形成对农村股份经济合作社以及新型农业经营主体的专项补贴，有助于提高农民转移性收入。此外，通过农村集体产权制度改革，集体成员按份享有集体资产，形成按股分红的现代化分配方式，为集体成员新增加了按资本要素分配的收入。总之，农村集体产权制度改革有利于农民收入的持续增加。

3. 农村集体产权制度改革有利于完善农村制度

本书认为农村制度包括农村政治制度、农村文化制度、农村社会制度、农村经济制度和农村农业制度五个方面。产权明晰是农村制度完善的基础。农村集体产权制度改革通过张榜公示、入户宣传、民主决策以及按份共有等民主程序使得产权更加明确。农村政治制度由原来的"一言堂"村干部说了算转变为"群言堂"的民主决策；村级财务等进行定期公示，接受民主监督，提高了村级事务的公开性和透明度，人人成为村级事务的参与者和决策者。农村文化制度由落后、封闭转变为科学、文明和开放的现代化农村文化制度。通过农村集体产权制度改革，一方面，农民的思想意识发生了变化，由原来对村集体事务漠不关心到积极参与；另一方面，村集体的态度也发生转变，将村集体的生产要素集中起来，村集体提供统一服务，充分发挥村集体的协调作用。随着农村集体产权制度改革的逐步完成，农村社会制度也发生了变化，农民的社会保障措施更加完善，如成立养老院等。同时，农村的管理制度更加完善。农村经济制度向现代化、科学化转变，逐步向市场经济、规模经济转变。农村农业制度由原来分散的小农经济逐步转变为市场化、产业化、规模化和集约化的现代农业制度。通过农村集体产权制度改革，使得农村制度更加完善，不断适应市场经济的变化，加快城乡一体化进程。

总之，我国农村地区外部环境已经发生变化，若继续沿用家庭联产承包责任制，难以借助农村制度发挥自身优势。尤其是农村集体经济组织

"统"职能的减弱导致农村集体资产经营管理制度不能满足农村集体经济发展的需要，亟须开展针对集体资产的改革，以完善农村基本经营制度。而农村集体产权制度改革是化解农村内部矛盾的"关键点"，是全面深化农村改革的"牛鼻子"，也是实施乡村振兴战略的重要抓手。农村集体产权制度改革是提高农村集体经济发展水平的"新源头"，是脱贫发展的"新思路"，也是化解村内部矛盾和提高农民收入的"新动力"。产权制度改革将集体资产产权主体明晰，各主体权责明确，探索集体经济发展壮大的路径，农民尤其是集体成员以股份形式共享集体收益。

4.2 农村集体产权制度改革历程

农村集体产权制度改革作为一项新的制度安排，具有涉及范围广、影响深远的特征。加之我国农村地区资源禀赋差异较大，经济发展水平不同，因此，需因地制宜分类开展。"政策试点"是我国自行探索出的一种具有中国特色的治国理政政策工具，是"摸着石头过河"的具体体现。"政策试点"即"先行试点，由点及面"。"先行试点"阶段一般包括选点、组织、设计、督导、宣传、评估六个环节，通过组合方式六个环节可压茬推进；"由点及面"阶段一般要经过部署、扩点、交流和总结四个环节（周望，2013a），从而达到全面铺开的效果。经过"先行试点，由点及面"的推广模式，到2019年底全国已有74.5%的村完成产权制度改革，共确认集体经济组织成员6亿多人。[①]

4.2.1 探索改革阶段

早在20世纪90年代初期，珠江三角洲地区开始自主探索股份合作改革，并取得了显著成效，较为成功的典型地区是广东省佛山市南海区的"南海模式"。20世纪80年代，东部沿海地区尤其是广东省孕育了股份合

---

① 超七成村完成农村集体产权制度改革［EB/OL］. 中国政府网，2020 – 08 – 23.

作改革的土壤，开创了股份合作的先河。改革开放后，随着广东省农村地区工业化和城镇化进程的加快，农民对明晰产权的需求愈来愈强烈。同时，农村地区尤其是城中村和城郊村的集体资产规模逐渐增大，导致集体资产归属不清、集体经济疲软、集体资产管理僵化等问题凸显。为解决此问题，珠江三角洲地区率先自主探索集体资产（早期大多数地区仅针对经营性资产，少数地区针对全部集体资产）股份合作改革（同 2015 年开展的农村集体产权制度改革相似，下文统称为农村集体产权制度改革），为我国后期正式开展农村集体产权制度改革提供了经验借鉴和参考。

制度作为人为设计的、形塑人们之间互动关系的约束，也是人们在经济、政治和社会领域交换的激励。因此，构建顶层政策（制度）设计是广东省顺利开展农村集体产权制度改革的关键。1990 年广东省制定了《广东农村社区合作经济组织暂行规定》，在原生产队、生产大队和人民公社基础上成立经济合作社、经济联合社和经济联合总社。2006 年广东省出台《广东省农村集体经济组织管理规定》，以地方性法规的形式规定经济合作社、经济联合社等为农村集体产权制度改革的组织载体。广东省 2007 年通过制定《农村集体经济组织证明书管理暂行办法》赋予农村集体经济组织合法的市场地位。另外，为维护"出嫁女"和"入赘婿"等特殊群体的正当权益，广东省南海区制定了《农村"出嫁女"及其子女股权权益办法》。通过制定一系列地方性法规，为珠江三角洲地区村集体开展股份合作制改革指明了方向，提供了可行性参考，也为股份合作制改革初探成功奠定了基础。

珠江三角洲地区的股份合作制改革属于典型的诱致性产权制度改革。珠江三角洲发生诱致性制度变迁的根本原因是该地区制度不均衡。林毅夫（1989）指出，制度选择集合改变、技术改变、制度服务的需求改变、其他制度安排改变易导致制度不均衡，进而诱致制度自发发生变迁。1992 年邓小平南方谈话掀起了经济建设的新高潮，大量资本注入广东，土地被大量征用，价格开始飞涨。农民的"恋地""惜地"倾向日益增强。同时，随着农业现代化技术的应用，原来土地分散经营的弊端显现，导致矛盾更加凸显。如不利于统一规划与管理，征地过程中农户和经济合作社抵制，征地补偿款分配不公平，农业采用规模化和现代化经营受限制等诸多问题。珠江三角洲的发展使农村地区外部技术和经济、投资等方面的环境发生变化，使其原有的农村制度不平衡，农村制度变迁自然发生。

珠江三角洲地区自主探索之初，在资产量化方面，多数地区仅对经营性资产进行折股量化，对非经营性资产只登记不量化。成员界定时，为保持区域一致性、差异但准确性和可行性，广东省将政策制定权下放到县级以下，可以防止出现侵害少数人权益的现象。在股权设置方面，珠江三角洲各地区根据自身经济发展水平设置不同类型的股权，以个人股为主，较少地区设置了集体股。在股权管理方面，各地区采取的方式存在差异，动态管理、静态管理和混合管理模式均存在。同时，股权证的管理由"一人一证"转变为"一户一证"，这种变化有效降低了管理成本。在集体资产运营机制方面，通过搭建交易平台和财务监管平台等交易监督系统，形成完善的分配机制，并将交易平台系统巧妙地与农村党风廉政建设信息平台融合。通过平台监管集体资产，使资产管理更加透明、科学和有效。

珠江三角洲地区的自主探索改革取得了显著成效，2008 年集体资产总额为 2957 亿元，2012 年底增加到 3618 亿元，2018 年底增加到 5475 亿元，年均增长 7.08%。① 获得中央政府的认可的"南海模式"，为后期我国全面开展产权制度改革提供了经验和样板。

4.2.2 试点改革初始阶段

我国真正开始农村集体产权制度改革试点改革是 2015 年 5 月。正式开展本轮农村集体产权制度改革的过程中并没有明显的阶段性，各批试点时间相互交叉，压茬推进。因此大致可以分为初始阶段、试点扩大阶段和扩面提速集成阶段。

全国农村集体产权制度改革首批试点的选择，是启动政策试点时的第一项工作，关系到能否顺利启动此项改革。选择首批试点时需注意以下几方面。第一，试点产生方式。是采用中央政府制定，还是地方政府或部门主动申请、得到批准的方式产生？据了解，我国首批试点是采用中央政府

---

① 黄延信. 农村集体产权制度改革实践与探索［M］. 中国农业出版社，2014：66.

筛选和下级部门申报相结合的形式产生。第二，试点产生的标准。"政策试点"属于一次大胆"试错"的过程，试点地区需承担试点产生的风险与成本。作为一次自上而下的农村改革，中央各部委以及试点地区做了充分的前期准备，因此选择的试点地区应具备一定的经济能力和条件，能够化解试点带来的"副作用"。第三，选点平衡。我国地域辽阔，农村地区情况差异较大，因此选择农村集体产权制度改革试点需从空间位置分布、试点任务搭配等诸方面考虑实现补充和均衡。政策试点最终目的是解决整个国家的农村制度问题，为了满足此需求，最初选择的试点应具有普遍性和代表性，选作试点也是为全国制度创新提供经验和参考（周望，2013b）。2015 年 5 月经过中央农办、农业部、国家林业局正式批复，北京大兴区、天津宝坻区等 29 个县（市、区）作为第一批集体资产股份权能改革试点。试点工作正式开展后，中央部委多次对试点地区进行督导以及组织第三方专家组成评估小组对其进行中期和终期评估，实时检查改革进展并及时发现实践过程中存在的问题。2017 年底 29 个首批试点地区改革完成后，农民获得了实惠，得到农民的积极拥护。为进一步推广产权制度改革提供了借鉴和指导，夯实了群众基石（吴钢，2019）。

我国选择的 29 个首批试点地区具有以下特征。第一，覆盖面广和选点平衡，符合我国地域辽阔，农村地区差异较大的实际情况。第二，选择的试点在当地具有一定的影响力和带动力，易形成网状扩散，有利于后期扩大全国试点范围。第三，选点区域处于当地经济发展较高水平，一般均能承担"试错"带来的"副作用"。如 2015 年，大兴地区生产总值占当年北京市生产总值的 2.22%，阿荣旗地区生产总值占当年内蒙古自治区生产总值的 0.89%，佛山市南海区占当年广东省生产总值的 4.06%，沙湾县占当年新疆维吾尔自治区生产总值的 1.42%。[①] 第四，试点地区的选择符合当地改革需求，同时当地领导高度重视。如安徽省天长市在确定为试点之前，政府部门已经意识到当地农村集体资产量大且产权不清晰导致内部矛盾凸显，农村改革迫在眉睫。通过对首批农村集体产权制度改革试点地区的分析发现，29 个农村集体与 2016 年中央一号文件提出的"改革主要在

---

① 根据《中国县域统计年鉴（县市卷）（2016）》《中国统计年鉴（2016）》数据整理计算。

有经营性资产的村镇，特别是城中村、城郊村和经济发达村开展"的要求高度契合。精确地选点，促进了后续产权制度改革的顺利开展，成效显著，涌现出一批如北京市大兴区、安徽省天长市、上海市闵行区等改革典型。截至 2018 年底，全国完成产权制度改革的组、村、镇合计达到 21.9 万个。[①] 农村集体产权制度改革不仅解决了农村内部长期存在的集体资产产权归属不清、成员边界不明等矛盾，还探索出农村集体经济发展新路径，拓宽了农民增收渠道，提升了农民获得感。

4.2.3　试点扩大阶段

按照对扩大政策试点的解释，农村集体产权制度改革扩大试点阶段包括重点扩点和普遍扩点两个阶段。其中，重点扩点是指经济发展水平较发达和有改革意愿的地区有选择性地在一些县（市、区）扩大试点范围；普遍扩点是在全国农村地区全面铺开改革（周望，2013a）。按照试点阶段的定义，2017 年 7 月至 2018 年 12 月，农村集体产权制度改革属于扩大试点阶段。

农村集体产权制度改革的扩大试点阶段与首批试点不同，形成了中央政府、试点实施方和成果学习方三方互动的交叠局面（周望，2016）。首先，中央政府对自主探索产权制度改革效能较好地区进行合法性认可，同时对首批试点的经验进行整合总结后逐次扩大试点。即中央政府有扩大试点的制度供给的动力。其次，同类型地区通过农村集体产权制度改革取得显著成效后，激发了试点实施方学习模仿的动力。即试点实施方有参与产权制度改革的强烈需求。此时中央政府的制度供给与试点实施方的制度需求相匹配，存在交叉点。最后，中央政府对自主探索改革成效合法性认可以及首批试点的经验值总结形成成果学习方典型参考经验（见图 4 - 2）。三者相互作用最终形成辐射式推广模式，不仅有利于节省探索产权制度改革成本，又有助于提高效率。鉴于首批试点的成功和经验借鉴，中央农办、农业农村部等部委趁热打铁，于 2017 年 6 月提出将北京市海淀区、西藏自治区曲水县、陕西省榆林市榆阳区等 100 个县（市、区）作为第二批

---

① 根据《中国农村经营管理统计年报（2018 年）》数据整理。

农村集体产权制度改革试点。扩大试点阶段的地区于2018年底顺利完成农村集体产权制度改革。

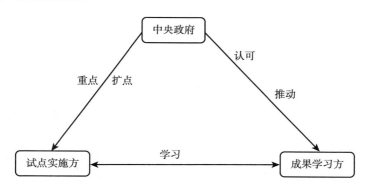

图4－2　农村集体产权制度改革扩点阶段三方互动过程

农村集体产权制度改革扩大试点阶段，改革的范围和类型更加丰富，同时通过对首批试点改革经验的总结、分析，国家制定了部分相关政策，为扩面提速集成阶段的产权制度改革提供了丰富的改革经验。

4.2.4　扩面提速集成阶段

扩面提速集成阶段属于"普遍扩点"的一种形式。随着改革成效的不断显现以及改革的不断深化，2018年7月农业农村部批复吉林、江苏、山东3个省，河北石家庄等50个地市，天津武清等150个县（市、区）作为第三批农村集体产权制度改革试点，整省试点到2020年10月结束，整市和整县试点到2019年10月底结束；2019年5月中央农办、农业农村部公布包括天津等12个省份，山西运城等39个地市，内蒙古托克托等163个县（市、区）作为农村集体产权制度改革的第四批试点。据《中国农村政策与改革统计年报（2019）》统计，2019年全国农村集体经济组织总收入5683.39亿元，村均102.52万元，比2018年增长13.8%。其中，统计的55.4万个村中，"空壳村"① 有32.0万个，占总村数的57.7%，比2018年减少2.7万个。按照区域分布看，东部、中部、西部地区农村集体

————————

① "空壳村"是指村集体经济组织没有经营收益或经营收益在5万元以下的村。

经济组织总收入分别为 3742.40 亿元、1202.46 亿元和 738.53 亿元。产权制度改革地区仍有一半以上的村集体经济组织无经营收益或经营收益低于 5 万元。农业农村部在 2020 年工作会议上提出在剩余山西、辽宁、云南和新疆等 13 个省份全面推开。相对于快速推进的产权制度改革和紧迫的集体经济发展需求，各地区实际发展情况依然存在时滞。多数地区面临诸多难题，如缺乏相应的政策支持、集体经济收入渠道过窄、单村发展能力不足等（陈建平，2020；高鸣等，2019；郭晓鸣等，2019；孔祥智等，2017；仝志辉等，2018b）。尤其对缺乏经营性资产、位置偏远、无产业和无资金的中西部地区来说，发展集体经济更是困难重重，中西部地区甚至出现结构性集体经济发展困境（夏柱智，2021）。这些问题是农村地区探索集体经济发展模式必须高度重视并予以重点解决的问题。

公益性基础设施建设投入是对农村地区公共产品和准公共产品的投资建设，以满足村民收入水平提高的同时对农村"软件"配套设施的需求。集体经济组织公益性基础设施建设投入呈逐年增长趋势，由 2015 年的 10314329.2 万元增长到 2019 年的 14243977.7 万元，增长率为 8.4%（见图 4-3）。公益性基础设施建设投入资金主要是村民小组、村集体和乡（镇）集体经济组织利用自有资金、财政资金等修建村内道路、水利、医疗、卫生和教育等公益性设施，以达到改善农村生产生活环境和提高村民便利化程度的目的。首先，产权制度改革恢复了集体经济组织地位，补充了公益性基础设施建设投资主体，由以国家为主扩充到国家和集体经济组织共同承担。其次，通过开展产权制度改革盘活农村资源，发展壮大集体经济，提高集体收益，集体经济组织产生多余的资金改善农村基础设施条件。最后，产权制度改革也转变了村干部和村民的思想意识，同时新形成的股份合作制对各方主体参与集体事务具有较强的激励作用，与产权制度改革之前相比，投资基础设施的积极性和额度均有较大程度的提高。

我国农村集体产权制度改革已取得阶段性成效，试点工作完成后的交流和总结也是极其关键的环节。在典型试点地区开展改革交流会并进行观摩学习是"政策试点"中常用的方法之一。2017 年 12 月 1~2 日，"全国农村集体资产股份权能改革试点工作总结交流会"在产权制度改革取得显著成效的安徽省天长市召开（窦祥铭等，2018），会议代表到天长市汉河镇长山村和杨村镇光华村进行参观学习，发挥了天长市"典型示范"的作用，为在全国层面推开农村集体产权制度改革提供了重要的借鉴。

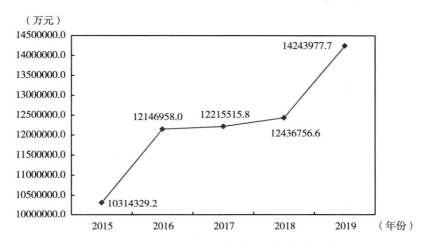

图4-3 2015~2019年公益性基础设施建设投入情况
资料来源：2015~2019年《中国农村经营管理统计年报》。

农村集体产权制度改革是我国在农村制度改革方面一次全新的探索和尝试，采用逐次展开的形式，恰好符合我国特有的新政策推广的"政策试点"模式，也符合人们对事物认识"先易后难"的思路。产权制度改革的推广过程是一个动态的、复杂的、多方参与的重复博弈过程，需要在改革过程中不断调整和创新。

4.3 农村集体产权制度改革存在的问题及原因分析

4.3.1 四项股份权能实现程度不高

完善的产权权能是落实产权权利的核心内容，将集体资产折股量化是实现财产权的重要方式。党的十八届三中全会指出，赋予农民更多财产权利，保障农民集体经济组织成员权利，赋予农民对集体资产股份占有、收益、有偿退出及抵押、担保、继承权。现阶段农民持有的集体资产股份有偿退出不得突破本集体经济组织的范围，可以在本集体内部转让或者本集体赎回。从实地调研情况来看，大多数地区按照《意见》的规定指出量化的股权可以继承，在特定的条件下可以在集体成员内部进行限额流转，但不得退股。广东开明宗义地指出，"本社股东的股权可以在本社范围内依法继承、转让、赠与，但股东不得抽资退股"①。厦门对"村改居"社区的规定与广东一致；对未"村改居"的村股权实行动态管理，规定量化股权原则上不得继承、转让，不得退股提现。从改革实际情况看，占有权和收益权得到了较好的实现，其余四项权能的落实仍不多见。目前，部分试点地区对继承权、退出权、抵押和担保权开展了不同程度的探索，但试点地区极少发生有偿退出和继承现象（仅少部分地区发生继承现象）。北京市大兴区51个村中有2056人发生股权继承，继承股份净额17795万元，闽侯、双滦等地区并未发生有偿退出和继承现象（夏英等，2018）。随着改革进程深入，2017年农业部开展农民集体收益分配权退出试点。P县作为试点县之一，探索出三种退出方式：（1）保留全部成员权式，即农户全部退出宅基地使用权和房屋所有权以及土地承包经营权，但保留农村集体经济组织成员权；（2）买断式，即农户全部退出"三权"以及成员身份，一次性享受集体收益；（3）保留部分成员权式，即全部退出宅基地使用权和房屋所有权，部分土地承包经营权和成员权。截至2020年9月，已有13户农户退出，实现了有偿退出权探索，但退出补偿金尚未支付。因此，亟须建立解决补偿金不足，退还的宅基地和土地未来谁可以用、怎么用等问题的长效机制。大理市大关邑村对有偿退出权进行了探索，对设置的成员股和贡献股规定贡献股家庭可以继承，成员股实行动态管理（钟桂荔等，2017）。试点地区正在探索股份抵押权和担保权，目前有效实施的案例极少。

六项权能中，继承权、退出权、抵押和担保权未能真正落实的主要原因包括以下三方面。（1）受城乡遗存的二元结构政策和现行法规的制约，在探索农村产权抵押融资担保过程中，受《物权法》《担保法》中关于集体所有的耕地使用权不得抵押的规定制约，使得耕地使用权的融资担保无

农村集体产权制度改革逻辑与创新发展研究

---

① 广东省农村股份合作经济联合社和股份合作经济社示范章程［EB/OL］. 广东省农业农村厅网站，2007 – 11 – 19.

法实现，集体经济股份合作社难以通过正规金融系统获得融资支持；农村宅基地尚不能进入市场交易，且农村地区规定"一户一宅"，不允许非农村居民购买农村宅基地等，使集体经济组织成员难以真正行使退出权，等等。（2）集体经济立法滞后，影响社会对农村新型集体经济组织——股份经济合作社的认可度。改革后，农村新型集体经济组织虽然已有统一的社会编码，但人们的认识偏差依然存在，如果没有强有力的法律保障，其发展将会受到较大影响。（3）目前有偿退出权的回收主体是村集体，由于村集体资金有限以及制度和思想认识的限制，无法真正盘活农村闲置资产。一方面无法满足退出农户资金的需要；另一方面农村地区推行一户一宅，不允许买卖宅基地，限制股份权能的实现。

4.3.2 农村集体经济组织作用发挥不充分

农村集体产权制度改革的法理意义是实现了农村集体经济组织的更新（杨一介，2015），并按照合理的程序设立了农村集体经济组织。现阶段，农村集体经济组织的发展仍面临多种困境。（1）农村集体经济组织从本质上看是什么主体？（2）农村集体经济组织是否需要承担社会保障职能？（3）随着我国城镇化进程的加快，农村集体经济组织是否可以终止，若可以，终止的条件是什么。我国《民法总则》将农村集体经济组织作为特别法人，是管理集体资产的主体。集体资产主要包括属于农民集体所有的土地、森林、山岭和草原等。《物权法》同时指出，属于村农民集体所有的，由村集体经济组织或者村民委员会代表集体行使所有权，造成村集体经济组织和村民委员会财产范围和职能不明晰。同时，农村集体经济组织与农民专业合作社在概念、形成的基础、职能、成员范围、法律地位以及注册单位等多方面存在差异。因此，农村集体经济组织与村民委员会、农民专业合作社具有不同的属性。农村集体经济组织属于农村经济组织，是农村地区双层经营体制的载体（杨一介，2015）。农村主要以土地资源发展农村经济，同时土地也是农民赖以生存的保障。通过农村集体产权制度改革将土地等集体资产折股量化，改变单户生产的局面。那么作为集体资产的管理主体，农村集体经济组织是否需要承担社会保障功能？对此学者持不同观点，王小映（2003）认为土地股份合作制保障了农民参与分享土地的增值收益，体现了在我国农村地区社会保障不完善条件下股份经济合作社承担着部分社会保障职能（孔有利等，2010）。杨一介（2015）则认为农村集体经济组织与村民委员会的实质是以农村社区为基础的农业经济组织和村社共同体。在实践中发现，农村集体经济组织承担着村集体公共产品或公共服务支出，一般采用提取公益公积金，部分地区通过设置集体股的方式。按照事物的一般发展规律，到一定阶段必然消亡。当农村地区全面完成农村集体产权制度改革后，农村集体经济组织该何去何从，是继续发展，或是转型为公司制，或是消亡，让集体成员尽享农村改革红利。王君波（2014）根据宁波市江北区部分农村实现社区化管理，个别地区出现入不敷出现象，对终止农村股份经济合作社行为进行了设想研究，并提出终止的条件、原则以及终止的模式。但各地区经济状况存在差异，因此农村股份经济合作社选择终止的阶段、终止的条件和模式不同。目前已有地区进行了探索，如温州鹿城区、余姚兰江街道西郊股份经济合作社等。

造成农村集体经济组织职能模糊以及未来发展方向不明确的主要原因是：（1）农村集体经济组织法律的缺失，以及其他法律对其解释的不完善、不明确；（2）对农村集体经济组织真正含义的理解存在歧义，导致其承担过多的非自身职能。

4.3.3 农村集体产权制度改革缺乏人才

人才匮乏、素质不高一直是农村集体发展面临的重要因素。（1）缺乏管理型人才。按照《意见》的要求，农村集体产权制度改革实行政经分离，除了原有的村民委员会外，新建（或重启）农村集体经济组织，设立监事会、理事会和成员代表大会。由于农村地区缺乏管理型人才，实践中一般由村支部书记或者村主任兼任理事长，出现人员交叉现象。（2）专业型人才不足，主要是缺乏财务人员。农村集体产权制度改革后村民委员会和农村集体经济组织的账目分开，同时农村集体经济组织采用现代企业会计记账方式。之前村会计"流水账式"的记账方式已经不能满足要求。

究其原因，主要有四个方面。（1）农村内部精英相对较少。农村地区乡贤精英等能人数量较少，难以满足村委会、农村经济组织等多个农村组织的需求。（2）外来人才不足。与城市相比，农村地区生活水平、福利条件、基础设施等相对较差，一般专业的财务人才不愿意到农村地区工作，造成专业人才缺失。（3）农村地区人员工资经费不足。工作人员工资经费不足，没有多余的经费去供外聘人才。（4）对农村领导班子的激励机制和相关政策不完善，导致领导班子参与农村集体产权制度改革工作的动力不足。总之，内外原因共同作用导致农村集体产权制度改革人才缺乏。

4.3.4　发展壮大集体经济形式创新性不足

完成农村集体产权制度改革仅是发展农村集体经济的一种手段。发展壮大集体经济路径缺乏创新性，且具有同质性趋向。调研发现，多数完成改革地区仍以微小企业（农业园区或农家乐）等常见形式发展壮大集体经济，较少有工业或企业参与农村集体经济的发展，农村集体经济路径同质化严重且可持续能力不足。目前，我国对工商资本入驻农业仍然持谨慎态度，主要是由于利益调节机制残缺、利益保障机制滞后，以及政府过度调节造成的。但并不能全面否定工商资本为农村集体经济带来的好处。部分地区尝试打破村边界发展壮大农村集体经济。H 省 H 县采用"飞地经济"模式发展农村集体经济，并取得了显著成效。2015 年 S 村与龙头企业"联姻"，异地流转 1000 亩土地用于种植猕猴桃，村民和村集体都获得了良好收益。S 省 P 市采用"农村集体经济联营制"模式发展农村集体经济，不仅使经济薄弱村发展了集体经济，也解决了支持政策受限等共性问题。

究其原因，主要有三个方面。（1）相关法律法规制定滞后。一方面是农村集体经济组织市场法人地位缺乏法律保障；另一方面城乡间要素自由流动存在限制，城乡要素价格仍存在剪刀差，限制了农村地区要素向城市流动，进而阻碍农村集体经济的发展。（2）农村地区自身的局限性。一是村与村之间较少发生经济方面业务往来；二是集体经济组织成员以本村（组、镇）的村民为主，部分地区包括为当地做过贡献的下乡知青等"外部"人员,实则并未真正打破村(组、镇)边界;三是农村地区资源数量有限且存在天然的地域限制,以及农业自身的弱质性。农村地区集体资产以土地等自然资源为主,完成农村集体产权制度改革地区一般以自然村为单位建立集体经济组织,仅依靠农村自有资源难以持续创新发展壮大集体经济。(3)人们对农村集体产权制度改革后建立的新型农村集体经济存在一个认知过程,仍有一些疑问有待在发展中回答。集体经济组织是否有必要对集体成员的养老负责?集体经济组织是否缴纳税费?农村集体经济组织能否打破边界,实现跨农村社区发展?农村集体经济组织是否随城市化发展而消失?等等。从仅有的少数跨区域发展的情况来看,需打破村(组)级边界限制,解套公有制,使农村要素按照市场供求进行自由配置,实现市场经济。

4.3.5 部分地区对村民、成员和股东三者关系认识仍不到位

厘清村民、成员和股东三者间关系是保证农村集体产权制度改革起点公平的关键。笔者在实地走访过程中发现,部分地区尤其是西部地区村干部对村民、成员和股东三者关系认识不清。理论上分析,村民、成员和股东三者之间不是简单的包含与被包含的关系,村民不一定属于成员,成员的数量要小于或等于村民的数量;一般情况下股东数和成员数相等。通过对首批29个试点地区的实地调研发现,取得成员资格一般包括原始取得、政策性取得和申请取得三种(马翠萍,2018)。在获得成员资格实际操作中,90%以上试点地区采用与户籍挂钩的方式确定成员,且对"出嫁女""回迁户""农转非"等特殊人群成员资格保留具有高度一致的认可。成员身份是一种社会身份认同,也是确定集体资产归属的重要依据(方志权,2014)。随着城镇化进程的加快,农村地区人口结构变得复杂多样,东部某省一村在成员确定过程中划分了70种人口身份类型,有效厘清了村民、成员和股东三者间的关系,缓解了社会矛盾。但部分地区对成员和股东二者身份认识不清,加之采用动态管理(三年或五年调整一次),给未来集体经济壮大后的利益分配埋下隐患。S市P县按照户籍或者二轮承包地将符合条件的农村居民确定为成员。但《平罗县农村集体资产股权量化分配

实施办法》明确指出，"基本股是年满 18 周岁以上的成员，每人一股，18 周岁以下暂不配股"。即 18 周岁以下的成员不属于股东，不能享受集体财产收益权和财产权。不符合《物权法》第五十九条"农民集体所有的不动产和动产，属于本集体成员集体所有"的规定。此种情况人为地剥夺了 18 周岁以下成员享受集体资产的权利，侵害了集体成员的权益。类似现象发生在 Z 省 D 县，甚至更为复杂，出现了非社员股东人群。D 县社员非股东占全部社员的 4.26%；非社员股东占股东总数的 2.36%。

究其原因，一方面，由于村干部未能真正理解村民、成员和股东身份的含义及此次产权制度改革的真正目的，导致对三者关系认识模糊不清；另一方面，农村居民对发展集体经济认识不到位，尤其是缺乏经营性资产的农村地区村民对确定成员和股东身份的意愿不强烈，缺乏参与集体产权改革的积极性。

4.4　本章小结

农村集体产权制度改革是农村系列改革的一种必然选择，制度环境的变化是产权制度改革的外在推力，农村内部矛盾的凸显是产权制度改革的内部动力。原"人人有份，实则人人无份"的农村集体产权制度导致的多种矛盾，导致农村集体产权制度不能满足农村集体经济发展的需要。

（1）我国开展农村集体产权制度改革包括政治、经济、社会和技术多方面原因。政治方面：中央政府等多部门制定的相关政策向农村倾斜，为开展农村集体产权制度改革提供了制度保障。经济方面：农村地区经济水平整体的提高，为农村集体产权制度改革开展奠定了经济基础，同时也提高了农村地区对制度创新可能带来的"副作用"的承受能力。社会方面：农村地区人口、收入结构和思想意识已经发生较大变化，为推开农村集体产权制度改革提供了内部需求。技术方面：农村地区先进技术的推广和应用，降低了农村集体产权制度改革的操作成本。总之，农村制度环境的变化为农村地区开展农村集体产权制度改革创造了制度需求。

（2）我国在开展农村集体产权制度改革时采用"试点先行，由点及面"

的政策试点方式压茬推进，大致可分为四个阶段：探索改革阶段（20 世纪 80 年代开始）、试点改革初始阶段（2015 年 5 月至 2017 年 11 月底）、试点扩大阶段（2017 年 7 月至 2018 年 12 月）、扩面提速集成阶段（2018 年 8 月至今）。第一个阶段，自 20 世纪 80 年代，农村集体产权制度改革处于探索阶段，主要发生在东部沿海经济发达地区，此时中央政府尚未明确制定开展农村集体产权制度改革的条件。第二个阶段，2015 年 5 月至 2017 年 11 月底，本轮农村集体产权制度改革萌芽时期，政府已明确试点地区和任务，并制定了《意见》作为试点地区的方向性指导文件。第三个阶段，2017 年 7 月至 2018 年 12 月，农村集体产权制度改革的逐步成长时期，此时期已有首批试点地区的经验参考。第四个阶段，2018 年 8 月至今，农村集体产权制度改革处于逐渐成熟时期，一是有试点地区的成功经验可借鉴；二是政府部门的相关政策逐步完善。

（3）各地"规定动作"和"自选动作"相结合，基本完成农村集体产权制度改革，并涌现出一批如海淀区、湄潭县、榆阳区、天长市等典型。开展农村集体产权改革只是发展壮大农村集体经济的重要手段，持续发展壮大集体经济才是硬道理。由于相关法律法规不健全、思想认识不到位、村边界的限制，以及农村地区缺乏资金、人才等原因，导致农村集体产权制度改革完成后的一系列后续问题，如成员权能实现程度不高、集体经济组织作用发挥不充分、集体经济发展形式创新性不足等问题。这些问题制约着农村集体产权制度改革效能的充分释放和农村集体经济的发展壮大。

第5章

农村集体产权制度改革理论分析：科层结构和成员权视角

农村集体产权制度改革实际是针对农村集体资产的产权制度进行的改革，即产权制度改革的研究主体是农村集体资产，解决了集体资产的产权归属问题，自然厘清农村集体产权制度改革的内在逻辑。本章基于科层视角，重点分析农村集体资产产权科层结构，进而实现农村集体产权制度改革中产权归属清晰的目标，以及为下一章分析农村集体产权制度改革逻辑奠定基础。（1）解释我国农村集体产权"嵌套性"规则；（2）根据查林的制度科层概念模型构建不同类型的农村集体资产（主要包括经营性集体资产和资源性集体资产）产权制度改革产权科层模型，并对其进行经济解释；（3）对农村集体经营性资产产权制度改革和农村集体资源性资产产权制度改革科层结构进行对比分析。

5.1 农村集体产权制度改革"嵌套性"规则特征

改革开放以来，由于人口流动性增强和资源配置需求的变化，致使农村集体资产的产权结构发生了不同方向和程度的变化。但在实践中发现，多数农村集体资产所有权仍存在"异化"现象、所有者缺位问题，以及村干部"反仆为主"或者集体外的主体代行权利现象（张晓山，2015），导致农村集体资产出现产权结构不清、产权主体权责模糊等问题。党的十八届三中全会指出，完善产权保护制度，建立农村产权流转交易市场，推动农村产权流转交易公开、公正、规范运行，在农村集体经济组织建立归属清晰、权责明确、保护严格、流转顺畅的现代产权制度。

产权结构不完整一直是困扰我国农村发展的重要问题。明晰集体资产产权归属是此次产权制度改革的重点内容，旨在界定集体资产产权主体与权能，厘清各个主体的职能与关系等关键问题。在产权制度改革中，通过清产核资、界定成员等措施将过去共同共有的集体资产转变为成员按份共有，从根本上明确集体资产产权归属。明确集体资产产权主体，厘清产权科层规则的逻辑关系，不仅有利于进一步优化和健全农村产权结构，而且有利于扩大农村产权结构的开放性（叶兴庆等，2019），逐步实现城乡要素自由平等流动，对充分释放产权制度改革效能具有重要作用。西方学者将自然资源产权结构分为私有产权和共有产权，即"二分法"。随着产权理论的发展，学者认为"二分法"过于简单。张五常（2000）认为，产权结构存在各种不同的形式，私有产权和共有产权是产权安排形式的两个极端，大多数产权安排处于这两者之间。农村集体资产的产权结构亦是如此。

美国公共经济学家埃莉诺·奥斯特罗姆（2000）在《公共事物的治理之道——集体行动制度的演进》一书中提出了包括操作选择规则、集体选择规则和宪法选择规则在内的"嵌套性制度系统"，即产权的多层次分析方法。同样，在农村集体产权制度改革的多层次分析中，宪法层次制定的宪法应该具有普适性、稳定性和连续性。宪法层次的代表组织一般是中央政府和各级地方政府，其制定的宪法针对的是整个国家的情况，而不是某一种或一类情况，因此要具有普适性和可塑性。宪法层作为多层次产权的最高层，为其他层次提供规则，一旦规则改变，其他层次的规则必须进行改变，尤其是操作层面，严重影响操作层面农业生产的投入和预期收益。因此宪法层次规则的制定需要稳定性和连续性，以保证整个产权层次尤其是操作层次的有序发展。

农村集体产权制度改革中，存在由集体资产产权各层间不同规则形成的嵌套式制度体系，以一种动态形式循环发展，互相影响（见图5-1）。

农村集体产权制度改革逻辑与创新发展研究

其中，国家层（一般由中央及各级地方政府代表）：一是规定农村集体资产的初始归属权，规划和治理集体资产；二是针对农村集体产权制度改革制定具有指导性和方向性的"弹性"政策，对产权制度改革所需制度环境进行顶层设计；三是各级地方政府根据中央制定的政策，结合实际情况制定相应的补充性政策，以弥补中央政策供给"缺口"并提高集体层的可操作性。集体层（一般是指村集体）：一是对集体资产进行管理，并起到传达上级政府命令和表达村民诉求的作用；二是将国家层制定的政策落实到位，即将国家层制定的政策细化为适合本村产权制度改革的具体操作步骤。个体层（主要指农民尤其是农村集体成员）：一是按份额占有使用集体资产，获得占有权、收益权等各项权能；二是参与产权制度改革，参加集体事务管理，共享集体经济的发展。

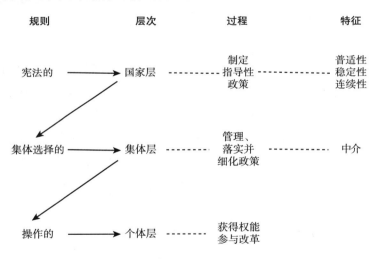

| 规则 | 层次 | 过程 | 特征 |

图 5-1　农村集体产权规则和产权层次间的关联

5.2 基于科层结构视角的农村集体产权制度改革分析

农村集体产权制度改革是涉及土地等资源性资产、经营性资产、非经营性资产在内的集体产权制度安排创新，这是客体对象意义上的产权制度改革。同时，在农村集体产权制度改革中主要涉及的是集体行动的产权主体制度安排问题。多数产权经济学学者认为产权不是人与物之间的关系，而是指由于物的存在及其使用引起的人们之间相互认可的行为关系。同时他们认为产权是一束权利束，具有可分解性或可分割性、可让渡性。可见产权的主体不止一个，而是多个，且呈现多层次性。因此，我国农村集体资产制度安排可以采用产权科层概念模型进行分析。那么农村集体资产各产权主体间是如何相互作用，作用机理又为何呢？

在集体资产产权科层模型的分析框架下，农村集体资产产权三个产权层次存在正向促进和反向反馈，各层之间相互影响和促进，形成动态变迁过程（见图5-2）。（1）国家层次—集体层次—个体层次，存在正向的激励作用，属于政策信息的正向传递。国家层次制定农村集体产权制度改革的相关政策，并将其下达至集体层次；集体层次在此框架下制定适宜的具体监督执行管理规定，并向个体层次宣传；个体层次做出相应的决策。在农村集体产权制度改革过程中，国家层次采用资源配置和行政分配对农村集体资产进行初始分配；集体层次以股份形式将集体资产向个体层次（集体成员）进行再分配，以此化解集体资产初始分配的不公平问题。（2）反向的反馈机制，即个体层次—集体层次—国家层次的反向作用。相较于集体层次和国家层次，除执行高层命令外，个体层次更明白自身的需求，能根据需求自动调节农业生产，创新农村制度，采用"倒逼"形式，向集体层次反馈。同理，集体层次根据该村的实际情况将制度进行创新，最终将制度改革效果反馈到国家层次。倒逼机制反推国家修改和完善之前的政策，以更加适应农村发展的形式形成新的农村制度。

图5-2 农村集体产权制度改革产权科层作用机制

正向促进和反向反馈的双向作用机制，形成动态循环，推动产权制度改革的发展。农村集体产权制度改革各层次间制定的规则具有嵌套性，相互影响、相互制约。上一层次制定指导性政策，为产权制度改革指明方向；低一层次补充和细化指导性政策，以更加切合实际情况。同时，产权制度改革获得成效后，通过反向机制反馈到国家层次，国家层次对原有政策进行相应完善，以进一步深化产权制度改革。

5.3 不同类型的农村集体产权制度改革科层结构

农村集体产权制度改革范围由只针对经营性集体资产扩大到资源性集体资产。在实践中发现，两类集体资产的产权结构存在差异。因此，本节将分别对农村集体经营性资产产权改革科层结构和农村集体资源性资产产权改革科层结构进行具体分析，包括对两类农村集体产权制度改革科层结构的对比分析，以期发现二者的共性与差异。

5.3.1 农村集体经营性资产产权科层结构

农村集体产权制度改革将集体资产（经营性资产和资源性资产）的全部权利（如出售）或部分权利（如出租）在不同产权科层主体间流转，相互影响、相互制约，形成一种相对稳定的产权关系。明确的产权主体和清晰的产权边界，是产权制度有效的基础和前提，也是优化资源配置的重要保障，可有效减少和节约交易成本。目前通过农村集体产权制度改革，不同类型农村集体资产（经营性集体资产和资源性集体资产）产权的主体已经明确，各产权层次拥有的子权利已逐渐清晰，为完善我国农村集体经营制度提供了新思路。

农村集体产权制度改革过程中，经营性集体资产根据《宪法》和《物权法》属于村集体所有。因此经营性集体资产的产权科层模型包括两层：集体层次和个体层次（见图5-3）。

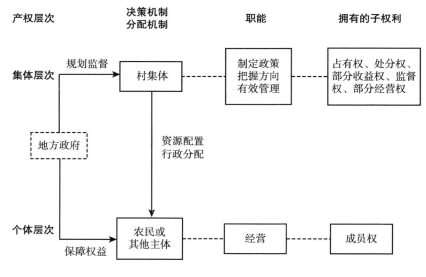

图 5-3 农村集体经营性资产产权科层结构

集体层次属于经营性集体资产产权科层结构的上层，其主要职能是制定政策、把握方向和有效管理。村集体根据本村的实际情况制定一系列合适的规则，该规则具有稳定性和可行性。集体层次制定的政策关系到村民层面对经营性集体资产的使用效率。产权的一个主要作用是帮助村集体与农民或其他主体之间形成合理的连续的预期，以保障农民或其他主体在相应的规则下做出经济的决策。因此，村集体制定政策的连续性和稳定性至关重要。一旦集体层次制定的政策改变，个人层次的产权内容将要做出相应的调整。针对经营性集体资产，村集体拥有的子权利包括占有权、处分权、监督权、部分收益权和部分经营权。部分经营权和部分收益权主要是指村集体并未经营所有的经营性资产，将部分经营权以出租的方式出租给农户或其他主体，因此将获得部分收益权。

相较于村集体产权，个体层次是农民或者其他主体，其主要职能是经营。集体成员或其他主体根据村集体制定政策的方向经营经营性资产，并获得相应的部分收益权和部分经营权。同时，农村集体产权制度改革完成后，未直接参与经营性资产的集体成员以股份的形式获得收益权。与农村集体产权制度改革之前不同，集体成员获得了监督权，监督经营性资产的使用情况，使得经营性集体资产更加透明化和公开化，产权更加清晰。

在经营性集体资产产权科层结构中，政府尤其是地方政府虽不属于经营性集体资产产权主体，但其具有规划、监督和保障农民权益等重要权利，而且与中央政府相比，地方政府的作用更为显著。地方政府可根据不同的约束环境选择适宜的制度，满足地方农业农村差异化制度需求（姚洋，2000）。地方政府的作用主要表现在以下三个方面。（1）地方政府对经营性集体资产的规划权利。村集体对经营性集体资产具有所有权，但其用途须遵循政府规定的用途，同时须符合政府的整体规划布局。（2）地方政府具有监督权。监督经营性集体资产使用情况是地方政府的又一重要权利。事前为村集体提供经营性集体资产相关政策法规咨询服务等工作；事后监督经营性集体资产的运营情况，为经营性集体资产提供良好的运营环境。（3）保障农民权益不受侵害。地方政府追求的是地方农业农村发展最大化，提高地方农民福利（伍开群，2014），防止出现侵害国家和农民利益的现象。

综上所述，经营性集体资产产权科层包括集体层次和个人层次。但在实际运行过程中，地方政府、地方各级农业主管单位等多个部门发挥监督、指导等服务功能，是我国特殊的国家治理结构中不可缺少的部分。

5.3.2 农村集体资源性资产产权科层结构

与农村集体经营性资产产权改革不同，农村集体资源性资产产权改革的参与主体包括中央政府和各级地方政府、村集体和农民三个层次（见图5-4）。将资源性集体资产的产权归属加以规范分离，实现其在不同的环境下效用最大化。

1. 最高产权层：国家层次

最高层产权持有者一般是中央及各级地方政府。其中，中央政府代表国家制定资源性集体资产制度；各级地方政府在规定制度范围内行使权利，实现包括农业在内的地方效益最大化（徐美银等，2007）。国家层次制定的资源性集体资产的相关政策应该是一个原则性的制度概括框架。这种制度应该具有包容性、稳定性和可行性。所谓包容性，是指制定的资源

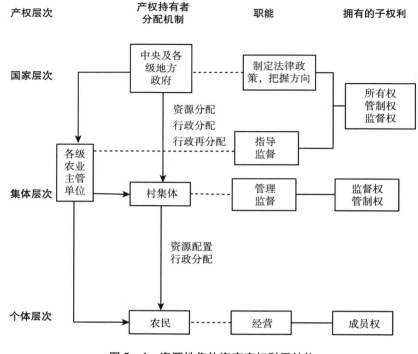

图5-4　资源性集体资产产权科层结构

性集体资产制度能够包容全国各地区的情况，满足不同地区差异化需求。我国农村地区资源禀赋差异化严重，如产业结构各异、经济发展水平不同等，因此制定的政策应该具有包容性、指导性和普适性。稳定性是指国家层次制定的政策具有连贯性。在产权多层次分析中，各个层次间规则形成"嵌套式"结构，相互依存和制约。按照新制度经济学产权科层结构理论的分析，政府从来不能被当作发展政策的一个外生角色。集体层次和个体层次的产权规则随国家层次规则的改变而改变，因此需要国家层次规则具有稳定性和连贯性。可行性又称为可操作性，即国家层次制定的规则到集体层次和个人层次可实施。对村集体而言，国家层次制定的资源性集体资产政策为适应市场经济环境和宏观管理提供方向，如农村土地"三权分置"政策；对农民而言，为获得资源性集体集体资产的"六项权利"提供依据。国家层次制定的概括性规则，又应该具有明确性和灵活性。

农村集体产权制度改革逻辑与创新发展研究

2. 中间层次

集体层次，处于国家层次和个体层次之间，具有承上启下的作用，一般指村集体和各级主管农业单位等。对国家层次而言，村集体是政府权利的延伸，对资源性集体资产进行管理；对个体层次而言，村集体是个体层次群体的代表，监督资源性集体资产的使用情况。村集体作为政府和村民间的桥梁，一方面是政府的合作伙伴，负责传达政府行政命令和宣传政府政策；另一方面作为集体成员的代理人，向政府反映情况。村集体管理人与成员之间关系可称为"委托—代理"，当所有权与控制权分离，一般会出现经理人员的自由处置权问题。要解决"委托—代理"问题，一是明晰产权边界；二是健全激励机制。产权制度改革的目的之一是权责明确，这一方面是针对集体资产与村民间关系的界定，另一方面是对村集体管理者权责的明确。

各级农业主管单位在农村集体产权制度改革中的主要职能是监督和指导。其不属于产权的主体，但其将政府、村集体和集体成员有效连接起来，也是农村集体产权制度改革过程中必不可少的重要推动力量。

3. 个体层次

农民是产权层次分析的具体操作层和主要受益群体，在本轮农村集体产权制度改革过程中，集体成员是主要的操作层和受益群体。农村集体产权制度改革完成后，集体成员获得占有权、收益权、有偿退出权、抵押权、担保权和继承权六项权利。但其行为受到双重约束，即国家层次的规则约束和集体层次规则的制约。理论上，完成产权制度改革后集体成员应获得完善的"六项权利"，但目前受多种因素的制约，有偿退出权、抵押担保权等处分权并未真正实现（农业部经管司课题组，2014）。但随着改革的深入和相对条件的完善，假以时日，完整的集体产权权能将会逐步得以实现（夏英等，2018）。

5.3.3　农村集体经营性资产产权与农村集体资源性资产产权科层结构的比较

基于以上梳理，可进一步对经营性集体资产产权科层结构与资源性集体资产产权科层结构共性与差异作对比分析，以期在科层结构模型下准确厘清不同类型集体资产产权的主体关系及其职能边界（见表5-1）。

表5-1   经营性集体资产与资源集体性资产产权科层结构比较

比较项目	经营性资产	资源性资产
产权层次	集体层次、个体层次	国家层次、集体层次、个体层次
产权主体	村集体、农民	政府、村集体、农民
监管主体	地方政府、各级农业主管单位	各级农业主管单位、地方政府
监管主体职能	规划、监督、保障农民权益	监督、指导、保障农民权益
中介	村集体	各级农业主管单位

农村集体产权制度改革逻辑与创新发展研究

从表5-1可知，两类集体资产产权科层结构共性表现在明晰集体资产产权归属及明确各产权主体职能。随着农村经济的发展，集体资产共同共有形式存在的弊端已经显现，由此导致集体成员财产权实现程度不明显，集体资产不清、集体财产被侵蚀等问题凸显（张红宇，2020b）。而明晰的产权边界、明确的产权激励等是实现农村集体经济增长的基本理论条件（张应良等，2019）。因此，厘清集体资产产权归属对发展农业农村具有重要意义，也为我国进一步深化农村集体产权制度改革、因地制宜地发展集体经济提供方向。

两类集体资产产权科层结构存在共性的同时，在产权层次、产权主体和监管主体等方面存在差异。具体体现在两类集体资产的产权层次及产权主体不同。经营性集体资产一般在不违背国家大政方针的前提下，村集体自行制定有关政策，以保障经营性集体资产的良好运营。国家层次（政府）存在于资源性集体资产产权科层机构中。政府（中央政府和地方政府）作为资源性集体资产产权主体之一，主要职能是制定政策。其中，中央政府根据全国情况制定具有指导性的政策方针；地方政府结合当地实际情况制定较为详细的制度，以弥补中央政策的弹性"缺口"。两类集体资产监管主体和中介不同。经营性集体资产监管主体包括地方政府和农业主管单位。除监管职能外，地方政府职能还包括规划经营性集体资产和保障农民权益。村民委员会作为经营性集体资产的中介，向农民宣传有关政策，同时向地方政府表达农民的诉求。资源性集体资产运营过程中各级农业主管单位主要发挥监督和指导作用，同时承担宣传政府政策和行政任务的责任，属于村集体和政府间沟通的桥梁。在农村集体产权制度改革过程中，各级农业主管单位尤其是农经工作人员亲自参与到改革当中，不仅起到了中介作用，也利用专业知识帮助村集体顺利开展产权制度改革。

上述对不同类型农村集体资产的产权科层结构的辨析，其意义不在于证明经营性集体资产产权科层结构和资源性集体资产产权科层结构孰优孰劣，而在于厘清产权科层结构的主体关系及其职能边界。我国农村地区资源禀赋差异大，明晰不同资产类型集体资产产权科层结构，有助于深入研究农村产权制度改革的行为主体与特征，为推进产权制度改革和多路径发展集体经济提供理论参考。

5.4 基于成员权视角的农村集体产权制度改革分析

农民集体成员权是农民对集体所享有权利的总称（王雷，2019），是农村集体所有制中农民所应享受的一项基本重要权利（戴威等，2012）。农民集体成员权作为一种复合性权利，学者根据《中华人民共和国公司法》（以下简称《公司法》）将其分为自益权和共益权两部分（藏之页等，2018；王利明等，2012）。但由于我国农村集体资产所有权概念模糊，导致农村集体资产所有权主体不明确、成员权利虚化。过去村集体资产和成员联系程度低，成员难以共享村集体资产收益，造成面上"人人有份"，实则"人人无份"的尴尬局面，大大降低了成员对集体资产长期、稳定的利益期待，集体资产无法成为成员心中的"恒产"，更不会为其投入过多精力。因此，要解决此问题最重要的是解决集体资产所有权抽象和成员权虚化的问题。《中华人民共和国民法典》（以下简称《民法典》）第二百六十条已涉及成员权制度，但仍存在不完善的地方，如农村集体经济组织作为特殊法人，却并未对其内部成员的具体内容、权利及救济保障等作出明确规定（藏之页等，2018）。农村集体产权制度改革通过清产核资、确员确权等步骤，明确农村集体资产产权和农民集体成员权，在实现定纷止争、保障和树立成员恒产恒心以及激活农村农业活力的基础上，增加农民财产性收入。但集体成员资格的认定成为农村集体产权制度改革实践中的重要问题。何为成员权，满足哪些条件的农民可以成为成员，在农村集体产权制度改革中如何实现完整的成员权等一系列问题有待厘清。

5.4.1　农村集体产权制度改革中成员权含义及特征

农村集体经济组织成员权利，是农村集体经济组织成员依据法律和章程对农村集体经济组织的财产权的行使和其他重大事务的处理所享有的管理权，以及收益分配权等权利（王利明，2014）。农村集体产权制度改革通过确定集体成员和股权量化的方式将集体资产部分权利"还权于民"，通过集体成员共享集体资产财产权和参与集体事务获得成员权利。农村集体产权制度改革完成后建立的农村集体经济组织和逐步完善的集体成员的成员权制度，使集体资产成为成员的"恒产"，有效解决集体资产所有权过于抽象和成员权利虚化的问题。

农村集体产权制度改革形成的成员权是一种复合性权利，可分为自益权和共益权两部分。其中，自益权是集体成员为实现自己在集体所有权上的利益而行使的权利（王利明和周友军，2012），主要包括股份分红的权利、承包集体资产的权利，以及享用集体资产的权利等。根据《民法典》第二百六十五条规定，农村集体经济组织、村民委员会或者其负责人作出的决定侵害集体成员合法权益的，受侵害的集体成员可以请求人民法院予以撤销。即成员权中的自益权受到侵害时，集体成员可以以自己的名义提起诉讼（王利明等，2012）。共益权是指集体成员为集体利益而参与集体事务的权利，主要包括集体事务的决策权和监督权、参与拟订农村集体经济组织章程的权利和选举代表人的权利（王利明等，2012）。《民法典》第二百六十一条规定，农民集体所有的动产和不动产，属于本集体成员集体所有，集体成员对多项事项具有参与决定权。

结合《民法典》和农村集体产权制度改革的实践，发现成员权具有如下三个特征。（1）成员权是以身份制度为基础的关于集体资产的权利束。一个村民被认定为农村集体经济组织的成员，才能拥有成员权。否则仅是普通村民，不能享受集体资产增值所带来的收益。（2）集体所有权和集体成员权间是辩证统一的。集体所有权和集体成员权既联系紧密又相互独立。二者之间联系紧密是指多个单个成员共同构成集体，同时集体作为成员的载体，集体利益应以全体成员的利益为出发点，是集体成员的共同利益。二者之间又相互独立。一是多个单体成员构成的集体属于一个独立主体，根据《民法典》的解释包括村民小组集体所有权、村集体所有权、乡（镇）集体所有权；二是由于成员个体间存在差异，对利益的追求具有差异化、多元化和分散化的特点，集体利益代表共同利益，不是某个成员的利益表达，故具有概括性和统一性；三是集体所有权的排他性使得集体成员具有界限性，同时集体成员权的唯一性导致集体所有权的边界。因此，二者间是辩证统一的。（3）成员权具有唯一性。一是集体成员身份具有唯一性。集体成员不能出现"两头占"或者"两头空"的现象。应注意对于身份标签人群成员资格保留问题和身份转换人群"两头空"的现象（马翠萍等，2019），以确保集体成员身份的唯一性。二是成员权与成员资格一一对应。获得农村集体成员资格即获得相应的成员权，部分成员权不能转移和流转。但部分成员权在限定范围内可以流转和继承。同时，在农村集体产权制度改革中，成员权的获得是存在一定标准的，符合标准的才能获得成员资格，进而获得成员权。

5.4.2　农村集体产权制度改革成员资格认定标准

成员资格是对农民身份的一种社会认同，社会认同是个人对他（她）从属特定社会群体的认知，并且群体成员资格对他（她）具有情感和价值意义（Tajifel，1978）。我国农村社会是个熟人社会，且是一个讲究身份的社会。获得集体成员资格是农民获得集体资产成员权的基础和条件，也是分配生存资源的主要依据（郭玉锦，2002）。农村集体资产作为公共池塘资源（马翠萍等，2019），具有较弱的排他性和较强的竞争性。如果不将成员身份界定清楚，集体资产可能会出现"公地悲剧"或者"集体行动困境"，进而出现损害集体成员权益的纠纷。因此，如何界定成员资格成为农村集体产权制度改革中的焦点问题。

身份是由主观社会评价决定的，但客观生活方式、职业和出身等是身份识别的基础（韦伯，1994）。而农村集体经济组织对村民身份的认同即成员资格的清晰界定是村民获得集体资产成员权的前提。在农村集体产权制度改革各试点地区获得成员资格一般有三种方式。（1）原始取得（马翠萍等，2019；代辉等，2016）。这种取得方式主要针对原农业生产队、农业生产大队，且其户籍一直保留在本集体经济组织的"老户"或者"坐地户"以及其家庭衍生的新农业人口（婚生和非婚生、计划生育和非计划生育），均可自动获得农村集体经济组织成员资格。（2）法定取得。此种取得方式主要是通过合法婚姻、领养关系、政策移民搬迁等合法渠道将户籍迁入村集体，强制性获得集体成员资格。（3）申请取得。此种取得方式是指符合法律法规等规定，申请人自愿书面申请，村集体按照民主程序商议获得成员资格的一种方式。事实上，大多数村民通过第一种方式获得集体成员资格，第二种方式则体现了家庭关系是集体成员资格供给渠道的基础（戴威，2016）。这两种取得方式均不以成员的意志为转移，而是由国家意志主导，因此可统称为法定取得。第三种方式则是通过申请人和村集体间的合约关系取得的，体现了"私法自治"。

　　调研发现，在农村集体产权制度改革操作实践中，主要通过三个标准界定成员资格的获取方式。（1）以户籍为主要参考标准。因为我国特殊的户籍制度，使得户籍迁入迁出都有章可循，有迹可查，村民认为此标准是最公平和合理的。但随着城乡间人口的流动以及户口管制松动，出现了村民数与户籍登记数不匹配的现象，造成特殊人群（外嫁女、非婚生子女、在校大中专学生、服刑人员等）成员资格难确认的问题，因此，仅以户籍登记为主要参考标准不能满足现代农村人口结构的需要。但由于此项标准可操作性强，实际改革过程中90%以此为标准界定成员资格。（2）以是否在农村生产生活的事实为主要参考标准。人类对于一切在事实上长期存在的东西普遍加以尊重（梅因，1959），因此以此为标准具有一定的参考价值。事实标准主要针对的是婚姻关系、收养关系和政策移民等法定途径获得的成员资格（马翠萍等，201931），与户籍登记无关。笔者在调研中发现，福建、内蒙古、宁夏、河南和甘肃等地区主张事实标准，包括是否拥有承包土地；即使外出务工，但仍未将土地弃荒；截止时间前与本村男子结婚，婚后一直生活在本集体，但未将户口迁入的外省女子等事实。（3）综合考虑户籍、对村集体的贡献、生产生活关系等多种因素的复合型标准。各试点地区以户籍为基准，在此基础上再考虑其他因素。这种"户籍＋"的形式考量了熟人社会中的生存权和传统文化中的公平权（马翠萍等，2019），更为全面和灵活开放。多地区如安徽、天津、大连等均采用"户籍＋"不同因素界定成员资格。

5.4.3 农村集体产权制度改革中集体成员权能

现阶段，全国农村集体产权制度改革基本完成，共确认集体成员9亿人，通过农村集体产权制度改革，获得集体成员资格的成员获得多种权利。权利的本质是受法律保障的在外部世界实施行为的权能（Bonfante，1992），即成员获得权能是获得权利的外在表现形式。通过上述分析发现，成员权能是集体成员受益权能，即在集体所有权的基础上让集体成员享受集体资产利益，包括直接由集体资产产生的物权和由物权派生出来的管理权利。（1）集体成员权能中物权主要是指获得成员资格后自动获得占有权、收益权、有偿退出权、抵押和担保权、继承权。农村集体产权制度改革通过清产核资、资产量化、确定成员等步骤将集体资产（经营性资产和资源性资产）按份分配给集体成员，集体成员从中获得财产和利益。当集体成员享受或取得利益时受到其他集体成员或者集体组织侵害时，应当由全体集体成员依法排除。（2）派生的管理权利包括监督权、参与决策权等。通过成立股东代表大会、监事会和理事会，充分发挥民主管理制度，参与集体重大事务的民主决议。

农村集体资产拥有多种属性，且不同的集体资产属性子集被不同的所有者占有。按照我国农村制度集体资产所有权归集体，其属性子集归集体成员所有。党的十八届三中全会《中共中央关于全面深化改革若干重大问题的决定》指出，赋予农民更多财产权利，尤其是赋予农民对集体资产股份占有、收益、有偿退出及抵押、担保、继承权。集体成员获得这些权能后有多种好处，其中之一是集体成员能够方便地运用排他性，以确保权利的完整。农村集体经济组织则作为"对所有权被分割的实体的管理"，负责统筹调整集体成员的权利，为实现集体成员的各项权能服务。同时，农村集体经济组织中成员间关系与股东间关系类似，农村集体经济组织和集体成员间关系与股份公司和股东间关系类似。因此，农村集体经济组织具有类股份公司化的属性。

5.5 本章小结

农村集体产权制度改革实际是对农村集体资产的产权改革，关键是要解决集体资产产权归属问题，也是开展农村集体产权制度改革的基础和目标之一。

本章通过科层视角对农村集体资产产权研究得出以下结论。

（1）农村集体产权制度改革首先要解决的问题是厘清农村集体资产产权归属。清晰的集体资产产权归属不仅为厘清农村集体产权制度改革的内在逻辑提供理论参考，更有利于探索创新发展新型农村集体经济。

（2）农村集体产权制度改革过程中制定的规则具有"嵌套性"特征。农村集体产权制度改革进一步完善了农村集体资产产权结构，进而各产权科层主体的权责利得以明确。各产权科层制定的规则构成"嵌套性制度体系"，通过正向促进和反向反馈的双向机制形成动态良性循环制度体系，完善农村集体产权制度功能。在农村集体产权制度改革过程中，国家层次对产权制度改革提出一个具有指导性的总体政策框架，集体层次根据这个框架采用"规定动作＋自选动作"，因地制宜细化国家层次制定的政策框架指导集体资产进行改革，个体层次按照自愿原则参与改革并依据一定标准评判是否获取成员权，进而共享集体经济发展。

（3）农村集体资产以双向反馈机制运行。即国家层次—集体层次—个体层次的正向激励作用，属于政策信息的正向传递；个体层次—集体层次—国家层次的反向"倒逼"作用。正向促进和反向反馈的双向作用机制，形成动态循环，推动产权制度改革发展。

（4）农村集体产权制度改革中各科层结构主体存在不同的权利诉求。第一，个体层次作为农村集体产权结构的最低层次，要求获得集体资产的完整产权。第二，集体层次作为连接国家层次和个体层次的中间层，厘清其职能边界是关键。第三，国家层次作为产权科层结构的最高层，其目标已不再是简单的某项权利或者某项收益,而是综合性权利或收益。

(5)本书为便于理解农村集体产权制度改革产权科层,同时考虑到实践中各级地方政府的双重身份和作用,特将各级地方政府划分到国家层次。但地方政府与中央政府间仍存在细微差别。一是制定政策针对的对象不同。中央政府在制定政策时以全国基本情况为对象,范围更广;各级地方政府多以省(区、市)的基本情况为对象,具有较强的针对性。二是中央政府和各级地方政府制定的政策互补。我国农村地区资源禀赋差异大,因此中央政府制定的政策具有以宽泛概括指导为主的特点。具体到各级地方政府制定的政策,主要以实际情况弥补中央政策缺口,将中央政策落实到地。三是在一定程度上,各级地方政府也起到连接中央政府和村集体的桥梁作用。因此,各级地方政府发挥着贯彻国家政策和自主制定政策的双重作用,当各级地方政府制定集体产权制度改革的配套政策时,双重身份十分突出,具有与农业主管单位相似的职责。

(6)农村集体产权制度改革界定集体成员资格,进而赋予集体成员权能。从成员权理论角度分析,农村集体产权制度改革为集体成员带来了多种权能,但在具体实践中,集体成员权能并不完善。明晰的产权能激励人们将收益效应或受损效应内部化,进而促进资源在市场机制调节下实现最优配置(刘守英,1992),最终实现农村经济增长。因此,接下来深化农村集体产权制度改革的一大难题是如何完善成员权能。

第6章

农村集体产权制度改革的内在逻辑与特征

农村集体资产作为农村集体产权制度改革对象，第 5 章已对各类集体资产产权科层结构进行了构建，理论上明确了农村集体资产产权归属。那么，实践中，农村集体产权制度改革又以何种逻辑实现农村集体资产产权归属清晰，而在开展农村集体产权制度改革过程又具有哪些特征。本章将基于产权理论重点介绍农村集体产权制度改革逻辑与特征。

6.1 农村集体产权制度改革的内在逻辑

农村集体产权制度改革是农村综合改革中具有"四梁八柱"性质的重要改革，也是构建实施乡村振兴战略的制度基础，对保障农民权益、发展集体经济和完善乡村治理具有重要意义。自 2015 年至今已开展五批试点，农村集体资产产权制度由共同共有的集体产权转变为具有可转让性和排他性的股份产权。随着农村改革与城镇化发展不断推进，农村集体资产规模和分配呈现较大变化，两极分化矛盾突出。部分地区借助村集体发展乡镇企业，率先实现农村工业化，走出发展壮大集体经济的乡镇企业之路；部分地区探索出区域性合作经济组织、新型农村经济联合体以及股份制或股份合作制等农村集体经济新的实现形式（高鸣等，2019）。在城市经济的发展带动下，促使部分城郊村或城中村迅速发展。与此形成鲜明对比的是因区位、历史等因素影响处于不发达一极，集体经济发展缓慢的地区，如中西部贫困地区、革命老区、少数民族地区等。

为解决上述农村集体资产问题，应做好以下四方面工作。（1）核实农村集体资产数量。查清农村集体资产数量可有效解决农村地区数量不清、产权不明、保值增值难等基础性问题。（2）确定谁获得拥有集体资产的权利。当集体资产产权明确到人时，个人对"私有"资产的关心度远远高于公共资产，更利于保护和充分利用集体资产。（3）当集体资产数量及其主体明确后，自然衍生出股权设置以份额形式拥有集体资产的方法。因为集体资产不能像家庭联产承包责任制时期的耕地一样，分到每一户，这样又会走回"老路子"。若把集体资产产权按照产权的可分割性分配到人（户），则既解决了主体不关心甚至浪费集体资产的现象，又形成了集体资产的规模化。（4）一旦集体资产形成规模后，由集体组织民主的、科学的制定一系列规章制度明确如何使用集体资产的各项权利（张军，1991）。按照农村三大基层组织的职能来看，管理集体资产的农村基层组织是农村集体经济组织，因此，最终探索出核查集体资产、确定集体资产主体、股份股权量化到人、成立农村集体经济组织的解决集体资产问题的逻辑方法（见图6-1）。而这一解决农村集体资产的逻辑恰好与《中共中央 国务院关于稳步推进农村集体产权制度改革的意见》（以下简称《意见》）中一系列有关规定相吻合。

核查集体资产	• 存在的问题：农村集体资产规模不清、产权不明、保值增值难等矛盾凸显，影响农村经济发展，催生核查集体资产需求 • 结果：厘清了农村集体产权的客体和范围
确定集体资产主体	• 农民对"私有"资产或产权关心度较高 • 结果：明确了农村集体产权的主体
股份股权量化到人	• 仅核查清楚集体资产数量和确定集体资产主体，未将二者以权利或利益关系相结合，对解决集体资产保值增值的作用微乎其微。因此，股份股权量化到人自然出现 • 结果：出现新的农村集体产权制度——股份合作制
成立农村集体经济组织	• 按照村或组获得权利的主体不止一个，按照管理成本和效率，需要一个组织代表 • 结果：复归农村集体经济组织集体产权执行主体地位

图6-1 农村集体产权制度改革的逻辑

梳理已有文献发现，以往研究多以某一批次试点产权制度改革的整体过程为研究对象，横向对比同一批试点不同地区的经验做法、存在的难题及取得的成效（马翠萍等，2019；宋洪远等，2015；王静，2017；夏英等，2018；张红宇等，2020a），少有文献从纵向综合分析各批次产权制度改革过程。此外，产权制度改革后，农村地区引入现代企业管理制度发展集体经济，产权制度是现代企业管理制度的核心，但鲜有文献以产权理论视角分析产权制度改革的内在逻辑特征。从产权理论视角纵向分析各批次产权制度改革过程及内在逻辑的文献更是少之又少。因此，用产权理论从时间维度纵向阐释产权制度改革的逻辑特征对进一步深化改革具有重要作用。本书将重点回答：产权制度改革从 2015 年开展至今的逻辑是什么？整个农村集体产权制度改革开展过程具备什么特征？产权制度改革作为对农村集体产权的创新，那么基于产权理论视角的产权制度改革的本质又是什么？

为回答上述问题，2018 年 8 月至 2020 年 9 月，课题组陆续对北京市海淀区和大兴区，天津市滨海新区，大连市甘井子区，山东省章丘区，安徽省天长市、来安县和繁昌县，陕西省高陵区和榆阳区，贵州省湄潭县，宁夏回族自治区平罗县，甘肃省金昌市，四川省温江区、郫都区、简阳市和彭州市，海南省临高县，11 个省（区、市）18 个县（市、区）进行跟踪调研。在此基础上，从产权理论视角，按照时间维度纵向分析产权制度改革的内在逻辑特征，以期为进一步深化农村集体产权制度改革提供借鉴。

本章重点阐述 2015 年以来开展农村集体产权制度改革的做法。各试点地区均按照清产核资、界定成员、股权设置与管理以及成立集体经济组织的主要步骤进行改革，但在具体实施过程中存在细微的差别。同时本书将深化产权制度改革作为对产权制度改革的补充加以阐释。各试点批次按照政策试点可分为试点改革初始阶段、试点扩大阶段和扩面提速集成阶段三个阶段。农村集体产权制度改革经过上述三个阶段的推广，其试点范围不断扩大，同时其内在逻辑逐渐清晰。

6.1.1　清产核资及量化资产

1. 清产核资

清产核资是各地区开展农村集体产权制度改革的先决条件，也是明确集体资产范围和厘清集体资产产权归属的基础。《意见》指出，在清产核资中，重点清查核实未承包到户的资源性资产和集体统一经营的经营性资产以及现金、债权债务等，查实存量、价值和使用情况，做到账证相符和账实相符。同时，集体资产所有权确权要严格按照产权归属进行，不能打乱原集体所有的界限。各阶段试点地区按照《意见》要求摸清了经营性资产和资源性资产数量。

摸清农村集体资产家底首先要解决的问题是"规模清"和"价值清"。试点地区有必要引入专业评估机构进行农村集体资产评估（夏英等，2018）。农村地区确定集体产权范围的方式，即开展清产核资的方式大致可以分为以下两类。一类是以村、镇和县（市、区）中的三级或者两级组成的工作小组开展清产核资工作，实践中多数农村地区采用此类方式。主要由于经费、村内部历史矛盾等客观原因的限制，由村、镇和县（市、区）尤其是包括村干部和村民代表等农村精英在内组成的工作小组对本村村情更清楚了解，有利于在以"熟人"和礼俗为主的农村乡土社会中妥善解决长期存在的内部矛盾。湄潭县、繁昌县、来安县、金川区和滨海新区等采用此类方式开展清产核资工作。另一类是由第三方介入进行专业的集体资产核查工作，实践中集体经济水平相对较高的农村地区多采用该类方式。清产核资是一项对权威性、公平性和专业性要求较高的工作，引进专业的第三方，有利于提高清产核资工作的规范性和工作效率。章丘区和甘井子区引入第三方开展清产核资工作。例如，章丘区财政划拨 915 万元用于清产核资，895 个村（居）全部聘请专业会计师事务所、律师事务所和测绘所对全部的集体资产进行专业审计、核查和测绘，形成专业的清产核资报告。通过第三方介入为章丘区的清产核资工作提供专业技术指导和技术保障，规范评估了农村集体资产的价值，彻底解决了群众上访事件。另外，笔者在调研中发现，陕西高陵区出现村、镇和县（市、区）组成工作小组的方式与第三方介入相结合的方式开展清产核资工作。高陵区以经营性集体资产为主且内部矛盾较少的集体经济发展水平较高的地区多采用村、镇和县（市、区）组成工作小组的方式；而集体资产情况复杂、工作程序繁琐的地区采用专业第三方介入方式开展清产核资。不论是村、镇和县（市、区）组成工作小组还是由第三方专业人士组成的核查小组，均可摸清家底，从不同角度避免矛盾和纠纷的出现，为后续股权设置与股份量化奠定了坚实基础。

"账目清"是"规模清"和"价值清"后续管理监督集体资产的关键。在清产核资之前，农村集体资产账目混乱、财务管理不规范等问题突显。清产核资工作完成后，多数地区已建立集体资产信息化平台，设立台账，部分地区甚至以政府购买服务的方式委托第三方代理记账。如高陵区建立了集电子查询、动态监审、预警提示"三位一体"的集体资产监管平台并已运行。章丘区、临高县等积极探索村级财务第三方代理记账方式管理集体资产账目。通过清产核资理顺厘清了村与村间、组与组间及村民间的集体资产产权归属，明晰集体资产所有权，为后续资产量化奠定了良好基础。

2. 资产量化

资产量化是将集体资产评估后按照一定标准划分份额并分配给集体成员，作为其获得集体收益分红的基本依据。《意见》指出，量化资产的范围仅包括经营性集体资产。初始阶段属于探索阶段，多数试点地区按照《意见》要求仅将经营性资产的产权量化到户，少数地区如高陵区因缺乏经营性资产则将资源性资产量化。但随着试点经验的不断总结，多数地区将土地等资源性资产量化，在试点扩大阶段和扩面提速集成阶段部分地区逐渐将资源性资产和经营性资产产权全部量化到户。如章丘区、甘井子区、榆阳区、金昌市、湄潭县等多地区将全部集体资产进行了量化。陕西榆阳区创新探索"确股确权不确地"的方式将土地等资源性集体资产在内的资产全部量化，并将量化的土地全部入股股份经济合作社。其中，"确权"指以土地股权证书的形式承认农民对承包地的经营权；"确股"表示农户将已确权的土地按照自愿原则入股股份经济合作社；"不确地"表示股份经济合作社统一将入股的土地加以整理，根据农户入股的数量重新分配"新"的土地给农户，并按照要求统一种植（张瑞涛等，2020c）。

各试点阶段清产核资工作均明确了农村集体资产的规模有多大，以及集体资产的产权范围，摸清了全部家底。但各试点阶段资产量化范围则发生了变化，即由初始阶段的仅经营性资产扩大到除公益性资产外的全部集体资产。集体资产量化范围的扩大标志着提高了集体成员获得集体资产产权的完整性，也拓展了联合发展集体经济的要素规模。

6.1.2 界定成员

界定集体成员主要解决农村集体产权主体是谁的问题，即确定集体成员的成员权。确定成员权的工作重点是指集体成员获得受益权能，也就是保持集体所有权的前提条件不变，允许集体成员分享集体资产增值带来的利益，广义成员权也包含直接由集体资产本身产生的物权以及由物权衍生出来的管理权利，尔后借助股份合作制实现集体成员对原集体共有产权的改革（夏英等，2020）。《物权法》规定，农民集体所有的不动产和动产，属于本集体成员集体所有。因此如何合理地、民主地界定村民成员资格是产权制度改革不可回避的问题，也是集体产权制度能否变迁为股份合作制的重要环节，更是集体成员共享集体经济发展的凭证。《意见》阐明，农村集体产权制度改革是以"维护农民合法权益、增加农民财产性收入的重大举措"为改革定位；以"着力推进经营性资产确权到户和股份合作制改革"为靶向目标的制度改革；且产权制度改革具有"坚持中国特色社会主义道路，完善农村基本经营制度，增强集体经济发展活力，引领农民逐步实现共同富裕"等必要性；产权制度改革的核心内容是赋予农民对集体资产股份权能和确认农村集体经济组织成员身份（许经勇，2019；房绍坤等，2019），全力保障农民作为集体成员的正当权益。

同时《意见》提出，"依据有关法律法规，按照尊重历史、兼顾现实、程序规范、群众认可的原则，统筹考虑户籍关系、农村土地承包关系、对集体积累的贡献等因素""成员身份的确认既要得到多数人认可，又要防止多数人侵犯少数人权益，切实保护妇女合法权益"。按照政策文件的要求确定集体成员要多方面统筹考虑，同时也要保护少数人和特殊人群的合法权益。产权理论中，产权主体是产权的基础和关键，即每份集体资产都要有明确的产权主体。界定农村集体经济组织成员是对集体成员的一种身份认同，也是对集体成员享有集体资产财产权利的认可。集体资产产权归属清晰后，更有利于克服"公地悲剧"和破解"集体行动困境"。

乡土社会和熟人社会是费孝通先生对我国农村实际社会情况的精准描述。实践中，确定集体成员的标准不仅要参考《意见》中的规定，更应充分考虑乡规民约、传统观念和历史习惯等因素的影响，对于特殊人员身份界定一般由股东大会民主讨论决定，即"有法依法，无法依民"。从试点初始阶段到试点扩大阶段再到扩面提速集成阶段，界定成员的标准越来越细致。一方面是因为试点范围的扩大，参与产权制度改革村的类型多样化；另一方面是因为前期改革成功经验的总结，为后期成员界定提供了样板。试点初始阶段，上海、湖南、河南、江西和安徽等地区已探索出户籍关系、承包地关系和权利义务等复合型界定成员标准。到试点扩大阶段，试点地区将标准进一步多元化，设计了对集体积累贡献等因素，探索出阶梯式确定成员方式。到了扩面提速集成阶段，在前两个阶段的基础上有些地区考虑以不动产权等作为界定成员的标准。总而言之，界定成员的标准随着试点范围的扩大呈现多元化，但都适合当地的实际情况。

通过成员界定已明确本集体成员属于农村集体资产主体，那么农村集体资产应以户还是以集体成员个人为单位进行量化，又该以哪种单位为标准进行收益分红呢？《意见》开宗明义地指出经营性资产应该确权到户，并以股份或份额形式量化到本集体成员，提倡家庭内新增人口通过分享家庭内拥有的集体资产权益获得相应的资产份额和集体成员身份。在具体实践中，多数地区以集体成员为单位量化农村集体资产，但以户为单位发放股权证书和管理股权。如安徽省滁州市来安县、山东省章丘区、天津市滨海新区等。采用农村集体资产股份量化到集体成员个人，而以户为单位进行管理的方式为何受到多数产权制度改革的青睐。但有学者提出集体资产应该按人量化和管理，因为以户为单位进行管理会以损失个人的公平和交易效率为代价，且土地承包需求与集体资产管理需求并不一致，不能采用相同的管理方式（张洪波，2019）。实则多数地区采用此类方式处理集体资产是有深层次原因的。（1）多数地区采用此种形式管理集体资产符合政策的要求以及村民的意愿。（2）农村集体资产量化到集体成员个人充分体现了此次产权制度改革的公平性，真正实现"人人有份"；以户为单位进行股权管理，符合农村以户为单位进行生产生活的实际情况，有利于提高集体资产的管理效率。（3）这种分开的处理方式以土地家庭承包户为基准，具有易操作、成本低且不易引起户内矛盾的特征（管洪彦，2019；孔祥智，2017b）。（4）集体资产股份落到集体成员个人，但股权管理却以户为单位，实现股份股权户内共享，以形成户内人口变化与集体股份数量分离的局面，将集体事务细化成为各个家庭户的内部事务，减少户与户之间的矛盾，提高农村社会的和谐与稳定。

6.1.3　股权设置与管理

1. 股份设置

股份合作制是股份制与合作制两者的结合体（牛若峰，1998），其兼具股份制和合作制的双重特征。股权设置是股份制的体现，有利于实现农村集体产权权利束的分离。分析各试点阶段股份设置类型发现以下情况。试点初始阶段，该阶段属于探索阶段，试点地区主要设置个人股和集体股。此阶段集体股比例高所占份额大，一般在30%~35%。如方正县集体股占比30%，大兴区集体股占比35%。集体股分红收益主要用于村集体公共服务支出。设置集体股是经过民主协商的结果，但有学者指出设置集体股存在隐患。即集体经济的不断壮大及人口结构的日益复杂，未来进一步深化产权制度改革时可能面临再分配再确权的问题。同时研究发现，集体股比例与农民收入、村集体经济收入间存在显著的负向影响（杨杰等，2015）。试点扩大阶段，随着对产权制度改革认识的不断提高和深入，后续参与产权制度改革个人股的类型多样化，且设置集体股的试点地区明显减少，即使设置集体股，占比也低于20%。如榆阳区和甘井子区等多个试点地区并未设置集体股，而是提取一定比例的公益公积金，用于村集体公共服务支出。榆阳区根据当地特色设置了旧房股，章丘区创设世居股、夕阳红股等。扩面提速集成阶段，试点地区基本不再设置集体股，个人股的设置基本无大的变化。

2. 股份管理

股份管理各试点阶段的做法基本一致。多数地区采用静态管理，部分地区根据民主意愿采用以 3~5 年为周期的相对静态管理。股份管理提倡试点地区实行"生不增、死不减"的方式。最终各地区采用何种方式管理股份并不唯一，由村集体民主商议决定。静态管理（固化管理）是指"生不增、死不减"，一次性将股权量化到集体成员，户内可共享。静态管理产权制度改革成本低，符合现代企业制度的特点，实践中三个试点阶段中多数地区采用此类方式管理股权，如天长市、德清县、章丘区、繁昌县、滨海新区、温泉镇和榆阳区等即采用了此类方式。但在城镇化和工业化较为发达的地区，股份固化管理与原有集体经济制度本质存在内生性矛盾，中西部地区应谨慎实施股份固化管理。相对静态管理股份方式也是产权制度改革中的常见方式，一般以三年或五年为一调整周期。实践中相对静态管理方式更受到集体成员的青睐。集体成员认为这种动态调整方式更公平合理。各地区不论采用哪种股份管理方式均是通过民主协商，充分尊重民众意愿，在公平的基础上追求提高股份管理效率。

三个试点阶段中股份设置与管理基本无差别，集体股设置比例存在差别。试点初始阶段集体股设置所占比例较大，随着产权制度改革的推进，其所占比例逐渐降低。按照产权理论，集体股仍属于集体资产产权主体不明晰部分，随着集体经济的不断壮大，集体股收益可能引发矛盾。但在产权制度改革过程中设置集体股的村集体比例和集体股在股权中所占比例均呈现下降趋势，极大地降低了集体股产生后续问题的可能性。至于股份管理方式，《意见》提倡采用静态管理，但具体采用何种管理方式要充分尊重民众意愿。

3. 股权管理

集体成员获得的六项权能体现了集体产权具有可分割性、可分离性和可让渡性。集体产权的可分割性易于集体资产权利的流动和交换，极大地提高了集体资产的配置效率，为多地探索跨区域流动生产要素发展集体经济奠定了基础。集体产权的可让渡性是指集体产权所有者有权将其所有的资产转让给他人。集体产权的可让渡性有利于资产由低生产力向高生产力转移，也有利于实现股权户内共享的静态管理方式。产权制度改革赋予农民的六项权能实现了"还权于民"，但距离真正的"赋能于民"仍存在一些差距。目前，晋江市已探索出农民个体、集体经济组织和社区共同体的多层次赋权链条（林雪霏等，2021）。

从政策文件层面分析，试点初始阶段，29 个试点地区承担了赋予农民对集体资产股份的占有权、收益权、有偿退出权和继承权的任务。其中，18 个试点地区新增赋予农民对集体资产股份抵押权和担保权的任务，但是开展产权制度改革的其他 11 个试点地区，农民获得的集体资产产权则具有残缺性和不完备性。扩大试点阶段，试点地区工作重点仍是落实占有权和收益权，有条件的试点地区审慎探索有偿退出权、抵押和担保权，以及制定继承权管理办法。扩面提速集成阶段，试点地区重点落实有偿退出权、抵押担保和继承权。随着产权制度改革范围的不断扩大，政策层面逐渐完善，赋予农民完备的集体资产产权（见表 6-1）。

表 6-1　　　　三个试点阶段政策文件层面农民获得产权的完备性

试点阶段	占有权、收益权	有偿退出权	继承权	抵押和担保权
试点初始阶段	真正赋予农民	规范		有条件地区探索
扩大试点阶段	重点落实	审慎探索	制定管理办法	审慎探索
扩面提速集成阶段	基本权利	重点探索落实		

集体资产各项权利的实现程度与政策文件中存在一定的差距（见表 6-2）。各试点阶段占有权和收益权已得到了较好实现，其余四项权能仍需各试点地区进一步积极探索。

表 6-2　　　　　集体成员六项权能实现情况及原因

六项权能	实现程度	权能实现典型地区	权能实现差异的原因
占有权	基本实现	开展农村集体产权制度改革全部地区	开展农村集体产权制度改革后的自然结果
收益权			

六项权能	实现程度	权能实现典型地区	权能实现差异的原因
有偿退出权	极少地区实现,更多仅停留在文件上	江苏省吴中区、北京市大兴区和海淀区、山东省章丘区、甘肃省金川区等	第一,收回股权的主体价格未确定;第二,多数地区缺乏回收股权资金;第三,集体成员主动退出的积极性不高;第四,改革时间短,集体成员变化不大
继承权			
抵押权	较少地区实现	安徽省天长市、陕西省高陵区和榆林市、北京大兴区、贵州省湄潭县、宁夏回族自治区平罗县、四川省温江区等	第一,农村集体资产股份变现能力较差;第二,目前农村集体资产股份价值较低,获得贷款金额少;第三,银行等金融机构主动性不强
担保权			

（1）占有权和收益权。占有权和收益权属于集体成员的基本权利,且已基本实现。占有权和收益权可以使集体成员与集体间通过产权关系和利益关系形成紧密的联系,有利于提高集体成员的主人翁意识和集体观念。

（2）有偿退出权和继承权。有偿退出权和继承权仅在北京市大兴区和海淀区、山东省章丘区、江苏省吴中区和甘肃省金昌市金川区等少数地区出现。集体成员获得的有偿退出权和继承权是集体产权可让渡性的充分体现,但这两类权利在实践中的实现程度有待进一步挖掘。限制两类权利实现的可能原因包括:一是农村集体产权制度改革开展时间较短,集体成员变动较小;二是谁有权收回股权及退出股权的价格标准等问题尚未得到明确解决;三是多数农村地区缺乏收回股权的资金;四是集体成员已经切身感受到集体资产股份带来的收益及未来发展势头,主动退出的积极性不高,一般是家庭发生重大变故等才会出现短期性退出现象。例如,江苏吴中区开展的股权退出试点,回购主体包括村集体和本集体成员两种。集体回购每股收益分配权的价格为上年度每股现金分红金额乘以退出年限;本集体成员回购价格以集体回购价格为依据,双方可自行协商。例如,吴中区临湖镇共计 6 名成员因家庭发生重大变故,按照农民集体收益分配权退出基本原则及退出程序自愿办理了股权退出手续,采用了集体回购和本集体成员回购两种退出方式,退出年限均为两年,共计兑付 5400 元。与江苏省吴中区股权退出不同,北京市海淀区温泉镇经济发展水平较高,在界定成员和股权设置时探索出老股金和劳龄股一次性有偿退出机制,以真正实现集体成员的起点公平。甘肃省金川区开展有偿退出试点，由于多种原因尚未实现预期成效。

（3）抵押权和担保权。相对于有偿退出权和继承权，抵押权和担保权的实现程度较高，但仍存在探索的空间。实地调研发现，安徽省天长市、陕西省高陵区和榆林市、北京市大兴区、宁夏回族自治区平罗县等地区已利用农村集体资产股份实现抵押权和担保权。抵押权和担保权两项权利未能充分实现的主要原因：一是农村集体资产股份变现能力较差；二是目前农村集体资产股份价值较低，造成集体成员可获得的抵押、担保金额较少，难以满足生产生活的需要；三是银行等金融机构由于没有上级部门的支持或授权，自创抵押担保产品和农村集体资产股份价值难评估和难兑现等约束，开展农村集体资产股份抵押担保的意愿不强。多地区虽探索"两权抵押""劝耕贷"及集体经营性建设用地使用权抵押贷款等多种形式，帮助集体成员解决生产生活中资金短缺问题，但具体实施情况并不如预期。农村集体产权制度改革完成后，多地建立的农村集体产权交易中心（市场），通过引入市场机制逐步健全农村市场，为引导形成城乡同物同价同权提供了可能性。

产权制度改革将集体产权的权利束分离并按股份分配给集体成员，不是产生问题的根源，而是解决农村农民农业发展的有效办法。同时集体产权某种意义上也是使用价值与价值的统一体。政策文件方面赋予农民对集体资产产权的完整性逐渐提高，但实践中部分集体产权权能仍处于探索阶段，并未真正落实，真正发挥产权制度改革效能。

6.1.4　建立农村集体经济组织

一般农村集体其集体成员数量较多，由于决策成本的限制每个集体成员参与决策的可能性不高。因此，各阶段试点地区根据自身实际情况产生了一个控制代表，这些控制代表形成管理团体，即农村集体经济组织。农村集体经济组织作为农村三大基层组织之一，产生于20世纪50年代初的农业合作化运动。从初级农业生产合作社到高级农业生产合作社到人民公社再到家庭经营的演变，农村集体经济组织的概念却变得更加模糊，职能逐渐被弱化和边缘化。为了更好地发展集体经济及提高集体成员的民主意识和促进农村社会和谐稳定，20 世纪 80 年代我国沿海发达地区自主探索的股份合作制改革以及 2015 年中央政府主导的农村集体产权制度改革，重新建立农村集体经济组织。集体资产所有权的主体是集体成员，但农村集体经济组织作为农民集体所有权的执行主体（王懋，2019），其具有管理运营集体资产、开发集体资源、服务集体成员等多重功能（刘合光，2021）。《民法总则》和《民法典》明确指出"本节规定的机关法人、农村集体经济组织法人、城镇农村的合作经济组织法人、基层群众性自治组织法人，为特别法人"。农村集体经济组织登记证书由农业农村主管部门颁发，并给出社会信用代码。温泉镇联合社获得编号为"001"的全国首批农村集体经济组织的登记证书。但集体经济组织在行使权利过程中多种市场行为仍受到限制，加之实践中各地区根据集体资产拥有量分别以股份经济合作社、经济合作社和村委会代理集体经济组织三种形式管理集体资产，难以发挥集体经济组织管理与运营集体资产的能力，进而严重影响农村集体经济的发展。现阶段农村集体经济组织实践经验已经远远超过理论和法律指导范围，出现如集体经济组织概念模糊及职能性质不确定等问题，因此，从立法角度化解集体经济组织"尴尬"境地是当前亟待解决的问题。

各个试点阶段完成产权制度改革后均重新成立农村集体经济组织。部分地区由于经营性资产匮乏、统一经营能力不足等原因，集体经济组织的职能并未真正恢复，空有虚名。因此，发挥农村集体经济组织集体资产产权主体职能仍是深化产权制度改革的方向之一。

综上分析，从时间维度结合产权理论纵向分析产权制度改革各步骤发现：（1）农村集体产权制度改革的做法是核查资产、确定资产主体、以股权形式分配到人、成立农村集体经济，内在逻辑是集体组织成员化、集体资产资本化，资本（资产）随成员走，成员随股份走；（2）清产核资是农村集体产权制度改革最核心和最基本的步骤；（3）界定成员是集体成员获得成员权的关键；（4）清产核资和界定成员自然衍生出股权设置与管理以及成立集体经济组织的需求。图 6 - 2 详细介绍了农村集体产权制度改革各步骤的具体细则，以及农村集体产权制度改革过程中各步骤的对应产权本质特征。

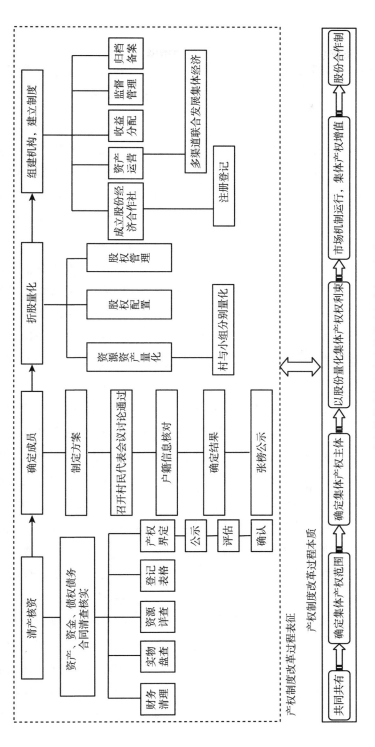

图 6-2　农村集体产权制度改革的过程表征及本质

6.2 农村集体产权制度改革与"三变"改革的关系

农村集体产权制度改革经过一系列操作明确了农村资产的范围和产权主体，并将资产产权以份额形式量化到集体成员。然而仅将资产明确到人并不能促进农民增收、资源增效和集体经济增长，重点是如何使农民（集体成员）获得资产价值甚至增值。"三变"改革则为发展集体经济形式提供了借鉴，但"三变"改革主要涉及集体所有但已分配到户的自然资源。即将农民的土地、水域等资源变成增值的生产要素，按照农民意愿作股入股新型农业经营主体或社会企业盘活利用，最终按照农民投入要素获得相应比例的分红。根据"三变"改革所涉及的资源类型，此类改革主要发生在较为贫困的山区或资源利用率不高的农村地区。"三变"改革中仅涉及划分到户的资源型资产的盘活利用，但并未涉及集体所有的经营性资产等集体资产，更没有涉及农村集体经济组织的参与，但却为完善产权制度改革拓宽了集体经济发展新形式。因此，"三变"改革的重点是发挥自然资源的价值，主要目的是提高贫困户收入，脱贫的同时保持收入来源的可持续性。与"三变"改革不同，产权制度改革开展的地区范围更具有广泛性，涉及的农村资源种类更具有全面性，惠及的农民更具有普及性。农村集体经济组织作为农村地区重要基层组织之一，产生于农业合作化运动时期，但在发展过程中其职能普遍逐渐被弱化，部分地区集体经济组织甚至消亡。而此次产权制度改革重新确立了农村集体经济组织的地位。现阶段法律法规虽尚未明确农村集体经济组织的职能，但产权制度改革默认恢复其发展集体经济的职能，即产权制度改革重新对农村集体经济组织"赋权"。农村集体产权制度改革与"三变"的关系如图6-3所示。

集体参与改革是产权制度改革与"三变"改革最大的差别。产权制度改革将权利给予集体成员和集体经济组织。依据产权理论的解释，赋予农村集体经济组织和农民个体权利具有较强的正向激励作用。（1）产权制度改革拓宽了参与"三变"改革资产的存量，一方面扩充了发展农村经济的生产要素实力；另一方面优化了农村资源配置，进而优化农村资源并提高

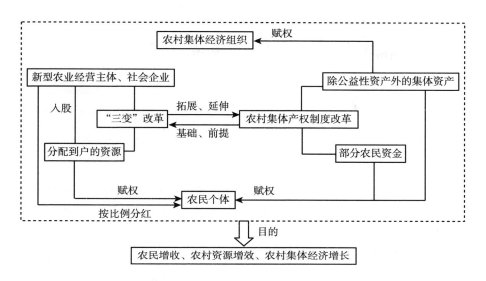

图 6-3 农村集体产权制度改革与"三变"改革的关系

其利用效率。（2）产权制度改革对农村集体经济组织进行制度赋权，有利于促进农村集体经济规范化和可持续发展。（3）"三变"改革为产权制度改革后如何实现并持续提高产权已明晰的集体资产价值提供了新的思考方向，实现农民增收、农村资源增效以及农村集体经济增长的目的。总之，产权制度改革与"三变"改革具有千丝万缕的关系，均从不同角度协助农民增收和农村经济增长。

6.3 我国农村集体产权制度改革的特征

2016 年底，《中共中央 国务院关于稳步推进农村集体产权制度改革的意见》的发布标志着农村集体产权制度改革正式开始。这是一次"自上而下"和"自下而上"相结合的农村制度变迁和集体资产产权逐渐明晰的过程。我国农村地区资源禀赋差异较大，农村集体经济发展不平衡，为推进改革落地，中央政府采用"先行试点、由点及面"，且确定基本原则和操作程序的试点法，形成顶层设计先行、分阶段分区域、由点及面、全面提速的改革态势。总体看，具有以下特点。

6.3.1 产权制度改革目标任务结构逐层递进

从上述各试点阶段产权制度改革的逻辑可以发现，产权制度改革逐批次展开且各批次试点地区承担不同的改革任务，但各个任务间又极具关联性。试点初始阶段，选择集体经济发展相对较好的地区作为试点，承担的任务主要是清产核资、界定成员等面上工作，实现农民对集体资产占有、收益、有偿退出、继承、抵押和担保权中的前四项或六项权能。试点扩大阶段，试点地区的任务已转变为深入探索实现股份权能和创新发展集体经济路径。此阶段跟初始阶段相比，试点地区已开始探索各项权能价值的实现。扩面提速集成阶段的试点任务是深入完善农村基本经营制度、审慎推进农村宅基地制度改革和推动农村建设性用地入市等，深化产权制度改革。从试点初始阶段到扩大试点阶段再到扩面提速集成阶段，产权制度改革试点地区的任务层层递进，集体产权各项权能逐渐完备并发挥其真正作用（见图6-4）。

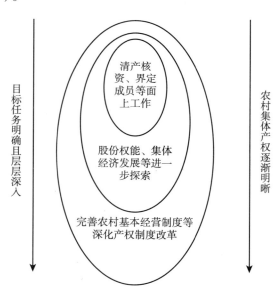

图6-4 我国农村集体产权制度改革目标任务的层次结构

6.3.2　产权制度改革相关政策制定富有弹性

产权制度改革过程中极具弹性的制度环境为集体产权制度创新创造了良好的氛围。我国开展的本轮农村集体产权制度改革急需地方政府提供补充性/次生性制度安排，弥合顶层制度供给弹性缺口，以及上下共同作用互补的特性（夏英等，2020）。从试点初始阶段开始，中央层次以指导性和方向性为原则制定相关政策，并未详尽地制定产权制度改革说明，为各农村地区自行探索留足了弹性空间。《意见》中"提倡农村集体经济组织成员家庭今后的新增人口，通过分享家庭内拥有的集体资产权益的办法，按章程获得集体资产份额和集体成员身份"等多处灵活性表述为各地区设计差异化产权制度改革方案留足了空间。各试点阶段实践中，各地区在清产核资方式、资产量化范围、界定成员标准和股权设置类型上各具特色，制定了多样化产权制度改革规章制度。一方面补充中央政策的留白，另一方面各地根据自身实际情况制定的相关规章制度具有更强的适应性和契合性。如《湄潭县农村集体产权制度改革整县推进工作方案》《繁昌县农村集体产权制度改革试点清产核资方案》《来安县大力发展村级集体经济指导意见》《天长市农村集体经济组织证明书管理暂行办法》《高陵区农村产权抵押贷款财政贴息项目建设方案》《江苏省苏州市吴中区农民集体收益分配权退出试验方案》等，多地区根据自身客观情况和试点任务的深度制定地方规章制度，以弥合上级制度的缺口和填补上级政策的空白。从开展产权制度改革以来，中央制定的顶层设计供给与地方制度创新需求间形成良性互动关系。因此，只有给基层留下一定的弹性制度创新空间，真正有用的、符合顶层设计且满足农村地区需求的制度创新才会形成，才能更好地发挥农村基本经营制度创新效能。

相对宽松的制度环境为各地区创新"自选动作"开展产权制度改革提供了发挥的空间。中央政策的留白，有利于产权制度改革在资源禀赋差异化严重的农村地区落地；通过地方实践经验填补中央政策空白，实践经验与中央政策形成螺旋式相互促进关系，相辅相成。如贵州六盘水"三变"经验分别写入 2017 年《中共中央 国务院关于深入推进农业供给侧结构性

改革 加快培育农业农村发展新功能的若干意见》、2018 年《中共中央 国务院关于实施乡村振兴战略的意见》、2019 年《中共中央 国务院关于坚持农业农村优先发展做好"三农"工作的若干意见》,"浙江经验"等写入 2018 年《中共中央 国务院关于实施乡村振兴战略的意见》,为完善顶层制度设计提供了实践经验。

6.3.3 产权制度改革评估体系极具系统性

评估是政府监测产权制度改革效果和及时发现问题的重要手段,通过自评估或者第三方评估参与及时发现并总结改革取得的阶段性成果和存在的问题,为中央政府完善顶层设计和后续扩大试点提供参考和指南。本轮产权制度改革具有涉及范围广以及逐批次展开的特征。因此,评估任务也采用逐批次开展,及时把握农村集体产权制度改革整体实施效果,梳理试点地区经验,发现并剖析问题的深层次原因。为保证能够如实反映农村集体产权制度改革情况,农业农村部特委托第三方通过实地考察的方式开展评估。第三方评估小组主要通过典型调查、实地考察、听取相关汇报以及座谈等方式了解试点地区产权制度改革的情况,并形成报告上报有关部门。试点地区同时结合自身情况及评估标准制定当地的试点方案,进行适当的补充完善,形成自评报告。2017 年以来,农业农村部已安排多次"中期"和"终期"评估,全面跟踪了解试点地区产权制度改革开展情况,为完善试点任务和健康发展提供指导意见。评估工作为扩大农村集体产权制度改革试点范围夯实了基础,具有极其重要的参考价值和指导意义。

我国以不同任务和规模逐次开展各批次的农村集体产权制度改革试点,因此政策试点地区评估重点和方式亦存在差异。农村集体产权制度改革具有涉及范围广、具体开展细节差异大以及承担试点任务复杂的特征,一般采用第三方评估和自评估相结合的方式。农村集体产权制度改革试点地区一般按照专家与政府部门共同设计的《农村集体产权制度改革情况调查表》自我考核,通过数据衡量试点地区农村集体产权制度改革完成情况。试点地区参照自评调查表各项内容对自身实际情况开展自评估,并形成系统的自评报告,报送试点工作小组,以便试点工作小组系统掌握试点地区任务开展的实际情况。试点地区对自身情况了解程度高，自行上报试点任务完成情况，提高了搜集信息的可靠性和有效性。同时，试点工作小组再委托科研院所和大学学者组成第三方专家小组，以学者第三方视角根据一系列评估指标，如试验任务进展评价及经验总结、创新点与政策含义、存在的问题与可能的风险等几方面内容展开实地考察，以客观掌握整批试点地区面上的进展情况，最终以第三方评估报告的形式呈报给工作小组。甚至为保证和提高评估质量，试点工作小组会安排不同专家组成的评估小组到同一地区进行复评估。试点工作小组结合试点地区的自评估报告和第三方专家小组报告全面真实地掌握试点地区试点任务实施情况，形成对当前时期产权制度改革的整体认识，为判断下一步工作提供参考。农村集体产权制度改革试点工作各项评估指标如表6-3所示。

表6-3　　　　　农村集体产权制度改革试点工作评估指标

序号	评估内容	评估指标
1	政府支持	1. 成立专门改革部门和专人专职 2. 主要领导牵头 3. 编印宣传资料及对村干部培训 4. 提供专项经费确保改革顺利
2	制度建设	5. 依据"一清三确一建"规定动作制定指导性文件或工作方案 6. 制定壮大集体经济指导性文件 7. 建立健全集体资产运营管理、评估制度 8. 建立督查督办制度
3	工作进度	9. "一清三确一建"完成比例及上报比例 10. 股权证书发放比例和收益分红比例
4	规范管理	11. 县乡两级自行核查清产核资数据 12. 建立集体资产管理平台和集体资产信息化监管平台 13. 建立集体资产台账 14. 县乡两级对集体财务审计
5	改革成效	15. 2017年经营收益5万元以及50万元以上的组、村、乡（镇）比例

资料来源：根据2018年中央农办秘书局、农业农村部办公厅《关于开展农村集体产权制度改革试点工作评估总结的函》整理而得。

由表6-3可知，第一，农村集体产权制度改革试点评估内容全面，包括产权制度改革前期的准备情况、中期产权制度开展情况、后期产权制度完成情况；第二，各项评估指标拥有不同的分值，评估专家根据评估地区的试点情况按照评估指标进行打分，保证评估结果的客观公正。

评估结果反馈与经验总结也是评估工作的一个重要环节，可以起到鼓励和警示的作用。试点工作小组制定一定的激励措施以奖励任务较快完成且质量较高的地区，并树立典型，为推开产权制度改革试点范围起到示范带动作用；对改革成效不理想的地区，及时提出整改意见，敦促其尽快改正。农业农村部为鼓励改革成效显著的试点地区，2019 年表彰了河北省馆陶县、山东省沂水县和陕西省榆阳区等 20 个典型试点地区。另外，在试点过程中，"试点经验交流会"多定在具有典型示范作用的试点地区召开。这样在交流会议结束后，与会代表可直接实地考察，将书面经验与实践观摩有效结合起来，形成更直观的感受。如 2017 年 12 月在安徽省天长市召开的产权制度改革试点工作交流会，2020 年 8 月在山西省太原市召开的全国深化农村集体产权制度改革工作会议等。这样便于把产权制度改革典型经验交流活动与实地观摩活动一并统筹开展，加深对产权制度改革的理解以及复制推广该地区的某些典型经验。因此，经验尤其是典型经验交流总结为我国制定农村集体产权制度改革相关政策以及进一步深化农村集体产权制度改革提供了实践经验和参考。

6.3.4 产权制度改革具有一定"政策势差"

有序开展产权制度改革主要有宏观和微观两个层面：宏观层面是指整个开展过程施以由点到面、从易到难、强力提速扩面的试点方法；微观层面是指具体实施过程中操作步骤明确但不固化，指导但不指示。其中，从宏观层面分析试点范围来看，2015 年至今已开展五批产权制度改革，第一批试点属于摸索阶段，选择集体经济基础较好地区试点，试验成功后再逐步扩大试点范围，一方面有经验可借鉴，另一方面提高了后续参与产权制度改革地区的信心。第一批试点地区包括北京市大兴区、福建省闽侯县、贵州省湄潭县、陕西省高陵区、安徽省天长市等 29 个经济较为发达地区，第二批试点地区包括安徽省繁昌县和来安县、河北行唐县等 100 个县（市、区），随后开展的第三批、第四批和第五批试点，已向全国农村地区开放，不再设限。截至 2019 年底，全国已有 59.5 万个村完成产权制度改革，共量化资产 19389.5 亿元，已累计分红 3420 亿元。[1]

产权制度改革在全国范围内推开时采用政策试点的方式，充分利用了政策试点的创造力以及灵活性。但同时不能忽略政策试点过程中可能出现的"政策时差"和"政策势差"[2]现象带来产权制度改革问题与困难（周望，2013）。我国在开展产权制度改革过程中存在试点地区"先行一步"和非试点地区"后行一步""政策时差"现象。从整个试点过程来看，新旧集体产权同时存在，"双轨"运行，若时间过长，可能会引起地区和部门间的利益冲突，严重时甚至影响新集体产权的形成。我国在开展产权制度改革过程中采用压茬推进"打时间差"的方式有效规避"政策时差"问题。"政策势差"主要体现在农村集体经济组织立法方面。产权制度改革已经复归集体经济组织地位，但试点初始阶段时至今仍没有一部专门的农村集体经济组织法律阐释其概念、职能以及保护其市场主体地位和权益。"政策先行实施，立法确认在后"造成产权制度改革呈现"政策势差"现象。2020 年农业农村部有关部门已启动农村集体经济组织立法相关事宜。

农村集体产权制度改革已在全国农村地区展开，但改革仅是农村地区发展经济的一种手段。按照传统各村单打独斗发展集体经济的形式，其资源要素数量与质量均难以真正实现规模经济。产权制度改革完成后创新形成的联营制集体经济发展形式，整合了村（组）的全部资源形成一定的规模联合发展，即形成规模经济。农村地区运用集体资产形成规模经济的方式包括村（组）的资产置换和整合两种类型。其中，资产置换是村（组）利用自身闲置或者在本村（组）难以实现真正价值的资产与发展农村集体经济所需的村（组）的资产相交换，置换后双方共同发展，共同受益。资产整合一般是指将村（组）间的集体资产整体整合，整合后借助项目共同提高经济发展水平。村（组）不论以资产置换还是以资产整合的方式扩大资产都可以形成规模效应，提高农村地区的市场竞争力和资源利用效率。通过置换或整合使农村资产得以跨区域优化配置、充分和高效使用，集体

①　根据《中国农村经营管理统计年报（2019 年）》数据整理。
②　"政策时差"是指试验点与非试验点间的政策摩擦；"政策势差"是指试验性政策与法律法规可能的冲突。

资产的使用广度、行业深度得以扩展，形成规模效应。加之资源规模的扩大和政策倾斜产生的虹吸效应吸引社会企业或自行成立项目公司，运用现代企业管理制度管理集体资产，使农村经济逐渐向市场经济靠拢。农村地区形成规模效应结束了过去单打独斗式的集体经济发展方式，抱团联合发展，打造农村地区更高统筹层面的集体经济

6.4 本章小结

本章基于 2018 年 8 月至 2020 年 9 月农村集体产权制度改革课题组陆续对北京、天津、山东、安徽、陕西、贵州、宁夏、甘肃、四川、海南等 11 个省（区、市）18 个县（市、区）的跟踪调研获取的资料，重点从产权理论角度分析了农村集体产权制度改革清产核资、量化资产、界定成员、股权设置与管理、建立集体经济组织以及深化农村集体产权制度改革的特征，及产权制度改革的整体特点。

通过研究得出以下四方面结论。

（1）按照解决农村集体资产数量不清、产权不明、保值增值难等基础性问题的思路发现，农村集体产权制度改革的内在逻辑是清产核资—确定集体成员—股权设置与管理—成立农村集体经济组织，且衔接紧密，环环相扣。

（2）清产核资是农村集体产权制度改革的最根本的步骤。清产核资及量化资产，明确了农村集体产权制度改革的客体和范围，有利于解决农村集体资产"规模清"和"价值清"的问题。界定成员明确了农村集体产权的主体，有助于提高集体成员对集体资产关心的同时公平合理地共享集体经济发展。股权设置与管理是农村集体产权制度改革后农村地区形成新的股份合作制的重要体现，有利于发挥股份合作制的制度优势。产权制度改革完成后自然地建立起农村集体经济组织，并制定相应的章程规范管理，同时参考先进的现代企业制度管理运营集体资产，极大地改善了农村集体资产的管理运营方式。

（3）贵州省六盘水市早期自主探索的"三变"改革与产权制度改革关

系紧密，如安徽省滁州市来安县雷官镇和天长市以及贵州省湄潭县等地区在开展产权制度改革之前在部分农村地区首先开展的是"三变"改革。在发展集体经济方式方面借鉴"三变"改革，打破自然边界限制，实现跨村并与社会资本合作的联合发展形式。

（4）农村集体产权制度改革具有目标任务结构层层深入、制定的相关政策富有弹性、评估体系科学有效的整体特征。农村集体产权制度改革是农村地区继家庭联产承包责任制之后对农村产权制度的再次创新。但采用政策试点方式开展农村集体产权制度改革带来诸多好处的同时也不能忽视"政策势差"引起"副作用"的可能性。

第7章

农村集体产权制度的改革方式

——基于制度变迁理论视角

截至 2021 年我国近八成的县（市、区）已完成农村集体产权制度改革，实地调研中发现，各地区产权制度改革的路径五花八门，各有特色。本章基于 2017 年以来课题组对多个试点地区的实地调研资料，结合对我国农村制度变迁具有较强解释力的制度变迁方式，包括农村基层组织主导的混合型制度变迁模式、中间扩散型制度变迁模式和供给主导型制度变迁模式，采用案例研究法着重分析我国农村集体产权制度改革的方式。

7.1 案例选取和基本情况

7.1.1 案例选取

案例研究中获取案例资料的途径应多元化以满足学术研究的需要。"三角测量"（Yin，2009）常用于社会调查学术研究。本书主要通过以下途径获取案例资料。（1）实地调研。笔者于 2018 年 8 月 10～13 日到陕西省榆林市榆阳区，2019 年 1 月 6～10 日和 4 月 14～21 日两次到安徽省滁州市来安县开展实地调研。笔者走访不同类型的村集体了解获取资料。

（2）入户访谈。作者与村干部、农户代表就农村集体产权制度改革实施过程中遇到的重要问题、关键环节等进行座谈，并深入农户详细了解农村集体产权制度改革对农户家庭生活的影响。（3）二手资料。根据文献、调研报告，统计局、人民政府等相关部门网站，新闻媒体报道，以及微信公众号推文等收集本研究所需的资料。

农村集体产权制度改革对解决我国农村大量外出务工导致农村地区资产闲置和浪费问题具有重要影响。根据国家统计局发布的《2015年农民工监测调查报告》显示，2015年外出农民工共27747万人，其中东部地区农民工10760万人，中部、西部地区农民工分别为9609万人和7378万人，但中部、西部地区农民工增长数量分别高于东部地区0.8个和0.4个百分点。中部、西部地区外出务工人员增速较快，加之中部、西部地区所占面积大，促使中西部农村地区资源闲置浪费现象更为显著。此外，据2016年《中国统计年鉴》显示，2015年我国东、中、西部农村居民人均可支配收入分别为14297.4元、10919.0元和9093.4元。中部、西部地区农村居民收入远低于东部地区。因此选择中西部地区作为产权制度改革典型案例加以研究更具有代表性。另外，所选的陕西省榆林市榆阳区和安徽省滁州市来安县真正开展产权制度改革的时间不同，但被选作试点的时间相同，且两地区外出务工情况、集体资产闲置情况一定程度上反映出中西部地区的实际情况。最终，本书选取陕西省榆林市榆阳区和安徽省滁州市来安县两个地区作为案例地区，基于制度变迁理论分析框架重点回答农村集体产权制度变迁的方式，不同变迁方式又存在何种差异。两地区农村集体产权制度改革基本情况如表7-1所示。

表7-1　　　　　两地区农村集体产权制度改革基本情况

地区	改革开始时间	最初发起主体	推开方式	制度环境
陕西省榆林市榆阳区	2013年和2017年9月*	村集体	2017年9月之前自主探索，之后成为试点地区	贫困地区，国家生态移民工程，后续各级制定政策文件
安徽省滁州市来安县	2017年9月	中央政府	2017年9月被批复为试点地区	各级制定政策文件

注：*表示2013年为榆阳区赵家峁村自行探索改革时间；2017年9月榆阳区被农业部和中农办正式确认为试点的时间。

资料来源：根据实地调研资料整理而得。

7.1.2 案例基本情况

1. 陕西省榆林市榆阳区

陕西省榆林市榆阳区自主开展农村集体产权制度改革的时间较早。2017年9月，陕西省榆林市榆阳区被农业部和中农办确定为第二批农村集体产权制度改革试点，但榆阳区早在正式被确定为试点之前的2013年就已开始了。陕西省榆林市榆阳区的赵家峁村在开展农村集体产权制度改革之前属于典型的贫困村，2012年前全村人均纯收入仅3000元左右，且农民经济收入的80%来自外出务工，进一步造成耕地撂荒严重。赵家峁村自主探索改革时期，村支部书记借助国家生态移民项目，以及成立农业公司和专业合作社带领村民致富。此外，赵家峁村的做法也得到上级政府的大力支持。陕西省榆林市榆阳区积极制定并落实执行相关农村集体产权制度改革政策，为创新农村集体产权制度营造良好的制度环境。及时制定《农村"三变"改革工作导引》《关于精准理解和落实农村集体产权制度改革政策的指导意见》《股份经济合作社章程》《关于深化赵家峁村集体产权制度改革的意见》《农村集体产权制度改革村（组）项目扶持奖励办法》等指导当地农村集体产权制度改革的开展。农村内部发展的需求、能人的带动作用以及多种政策的及时出台为榆阳区尤其是2013年早期开始自主探索的赵家峁村开展农村集体产权制度改革提供了较好的制度环境。

2. 安徽省滁州市来安县

与陕西省榆林市榆阳区相同，安徽省滁州市来安县2017年6月被农业部和中农办确定为第二批农村集体产权制度改革试点，与第一批试点相比，来安县有了可借鉴学习的经验，极大地降低了试错的概率。安徽省滁州市来安县拥有地理区位优势但劳动力转移明显。安徽省滁州市来安县属于南京都市圈的核心层，有"南京后花园"之称，凭借其独特的地理位置优势以及城镇化和工业化的影响，农村地区劳动力流动性较大，2015年底全县农村劳动力转移就业人数达14.1万人，占全部劳动力的54.4%。另外，一半以上劳动力外出务工造成农村劳动力的减少以及农业生产收益相对较低，导致农村闲置资源增多，撂荒现象进一步加重，进而严重阻碍了农村经济的发展。来安县积极制定并落实执行相关农村集体产权制度改革政策，为创新农村集体产权制度营造良好的制度环境。在全县 12 个乡镇和 130 个村召开专题动员会和培训会 142 期，制作展板和宣传栏，张贴宣传标语，悬挂过街横幅 1200 余条，编印发放《文件汇编》和《政策解答》宣传手册 300 多本，发放"农民一封信"12 万余件等。同时《安徽日报》《农民日报》和凤凰网等多家媒体对来安县产权制度改革工作进行了专题报道。此外，安徽省和来安县及时制定出台《安徽省人民政府办公厅关于发展壮大村集体经济的意见》、《关于改善生产经营条件发展壮大农村集体经济的指导意见》、《来安县农村集体经济组织成员资格界定指导意见》和《来安县大力发展村级集体经济指导意见》等多部政策文件指导当地农村集体产权制度改革的开展。来安县作为第二批试点地区，一方面，已经有可借鉴的经验；另一方面，农村地区的闲置资源以及开展产权制度改革之前的大力宣传为顺利实施农村集体产权制度改革做了充足的准备工作。

来安县虽是在被确定为试点后才开展的产权制度改革，但在改革过程中来安县自行按照"先行试点、由点及面"的方式展开，在六郎村、鱼塘村等经济发展水平较高的地区先行开展，随后普及整个县域。

7.2 案例分析

7.2.1 复合型农村集体产权制度变迁

榆阳区的产权制度改革是从赵家峁村自主探索产权制度改革开始，改革成效逐渐得到陕西省政府和中央政府的认可，榆阳区经过三次扩面改革，改革试点涵盖整个区。榆阳区开展农村集体产权制度改革方式的制度变迁如图 7－1 所示。

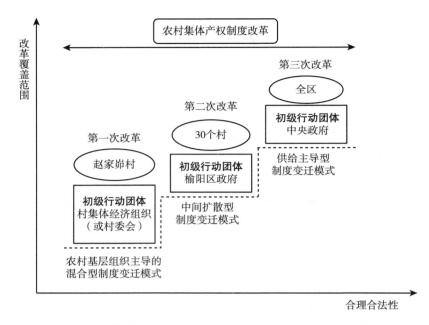

图 7 - 1　榆阳区开展农村集体产权制度改革方式的制度变迁

1. 第一次农村集体产权制度变迁

（1）制度环境和参与主体。农村集体产权制度变迁过程中，制度环境的变化引致潜在收益的产生，参与主体针对潜在收益做出相应的反应，即产生农村集体产权制度变迁的可能性。榆阳区赵家峁村自身所处的微观环境具有农业发展落后、农民收入低的特点。外在的宏观经济环境则是随着城镇用工需求的增加，劳动力价值逐渐提高，大量青壮年外出务工加剧了耕地闲置现象。据了解，2012 年之前全村耕地撂荒率高达 81.5%，进一步降低了农村资产价值，最终赵家峁村形成农村要素价格逐渐降低的恶性循环，严重影响农村农业发展和农民收入增加。此种特殊的社会经济制度环境迫使赵家峁村集体和农民对新的制度安排产生需求，即创新原有农村集体产权制度。于是 2013 年在村党支部书记的带领下借助国家生态移民工程赵家峁村开始了第一次"资源变股权、资金变股金和农民变股民"的农村"三变"改革。此时改革主要在民主自愿的基础上，将零散的个户和闲置土地集中整合入股，初步形成了"风险共担，利益共享"的股份经营机制。赵家峁村有了开展"三变"的想法后，积极寻求并得到了区级政府的支持。2014年初榆阳区制定《关于进一步加强"三农"工作的实施意见》，为赵家峁村开展改革营造了宽容的氛围。因此，正是赵家峁村所处内外部制度环境的变化，产生潜在收益和对新集体产权制度的需求，以村党支部书记为代表的农村基层组织识别到这一潜在收益，为"捕获"潜在收益，改革在赵家峁村展开。

（2）制度变迁方式。在制度变迁过程中，制度变迁的倡导者所具备的制度供给能力和意愿是决定制度变迁方式的重要因素。赵家峁村所处的制度环境已发生变化，且农村集体产权制度的倡导者——农村基层组织已意识到农村集体产权制度变迁的可能性。显然，赵家峁村第一次农村集体产权制度变迁方式符合"农村基层组织主导的混合型制度变迁模式"。村委会为初级行动团体开始探索新制度安排。在改革过程中通过"确权确股不确地"，建立了"归属清晰、权责明确、保护严格、要素流动"的现代化产权关系，初具股份合作制雏形。赵家峁村第一次制度变迁的主要特征是农村基层组织——村民委员会为初级行动团体，在此次制度变迁过程中是村委会与上级政府和农民之间进行三方博弈。因此，榆阳区第一次农村集体产权制度变迁方式根据倡导者的意愿和能力采用农村基层组织主导的混合型制度变迁模式。

（3）阶段性制度绩效。新的农村集体产权制度安排的产生使村集体和农民具备了获利能力，产生制度绩效。制度变迁产生的制度绩效短期内最明显且可度量的重要指标是农村居民收入。因此，本书选择农村居民收入作为第一次农村集体产权制度变迁绩效的主要衡量指标。赵家峁村村民的人均纯收入由2012年的3000元上涨到2015年的10679元，增长率高达52.69%，到2020年赵家峁村连续四年分红超过500万元，农民人均可支配收入达到22260元。同时村委会和新成立的股份经济合作社作为基层组织发挥了"顶梁柱"和"领头雁"的作用。农村基层组织主导的混合型制度变迁模式不仅能有效解决农村贫困，带领村民致富，也能巩固农村基层组织的稳定性和赋予其新时代的意义。在实地调研中，赵家峁村村民马某开心地说："现在（改革后）比之前好多了，村里的路也修了，房子也是新的楼房，下雨也不怕了。现在在村里打工就行，老人孩子可以照顾，晚上下班回家。除了工资年底还有分红。"

赵家峁村村委会第一次开展"三变"改革取得显著阶段性成效的主因包括以下三方面。第一，农村地区农民早已形成依靠村委会致富的思想。第二，制度环境对创新制度安排的影响。村民自治是国家层面自上而下形成的一种制度安排，村委会被定位为实行村民自治、协助行政的组织机构。《村民委员会组织法》指出，"村民委员会协助乡、民族乡、镇的人民政府开展工作"，使得村委会具有一定的权威性和信服力。而广大农民制度环境选择空间十分有限。因此农民与村委会之间更多的是领导与被领导关系，而非委托与代理关系（吴红宇，2004）。第三，农民参与的积极性高是"三变"改革顺利开展的关键。赵家峁村属于贫困村，当地农民为改善生活水平，多数人外出务工，但这并不是长久之计。如何让农民"不离家"工作成为迫切需要解决的问题。因此，当村委会提议开展"三变"改革时，虽开会时有激烈的争论，但农民参与的积极性很高。另外，上级政府的重视也为顺利实现第一次的制度变迁提供了保障。

2. 第二次农村集体产权制度变迁

（1）制度环境和参与主体。榆阳区的制度环境是一个稳步变化的过程，有了赵家峁村改革的成功经验，榆阳区的制度环境向更有利于改革的方向继续延伸。2017年2月，榆阳区第二次自行确定30个村开展产权制度改革。在榆阳区开展第二次产权制度改革之前，榆阳区陆续制定《关于东南部山区脱贫致富"幸福工程"的实施意见》等文件，被国家发展改革委等七部委确定为农村一二三产业融合发展试点示范区。这些文件的制定和选作其他试点改变了构成榆阳区生产、交换和分配的基本规则的制度环境，引致新的潜在收益再次出现。这种新的潜在收益促使榆阳区为获取它产生重新安排制度的尝试。此时榆阳区属于农村集体产权制度初级决策单位，村集体和农民帮助初级行动团体（榆阳区）获取潜在收益进行一些制度安排变迁和配合工作。

（2）制度变迁方式。社会中各利益集团构成的权力结构和社会偏好结构主要影响制度变迁方式的选择（樊纲，1993）。按照杨瑞龙（1998）的观点，榆阳区第二次产权制度改革属于中间扩散型制度变迁模式。在这一制度变迁过程中，地方政府（榆阳区政府）采用"先做不说"或者"做了再说"（杨瑞龙，1998）的方式"悄悄"打破中央政府选取试点的壁垒，以获取创新制度的潜在收益。同时，有第一次开展农村"三变"改革赵家峁村做样板，第二次参与农村集体产权制度改革的30个村集体和村民的意愿较强烈，对此榆阳区政府也有动力为村集体和村民捕获集体产权制度创新的潜在收益提供有利条件。加之，榆阳区政府相对于村集体和村民具有更强的集体行动和制度创新的能力。因此，榆阳区政府利用其一级行政代理人的政治力量调整榆阳区各利益集团的权力结构，即第二次产权制度改革的初级行动团体，以中间扩散型制度变迁方式完成第二次农村集体产权制度变迁。

（3）制度绩效。以经济指标衡量制度变迁产生的制度绩效仅是一方面，带有自下而上性质的制度变迁获得中央政府的认可和推广也是制度绩效的一种表现。榆阳区第二次开展产权制度改革的时间与第三次开展产权制度改革的时间相近，榆阳区在统计村集体和农民收入等相关数据时并未将两次区分清晰。因此，本部分仅以中央政府的认可作为该次制度绩效。榆阳区前两次的产权制度改革初级行动团体均非中央政府，那么事后中央政府追认其制度创新行为符合我国国家制度发展规律显得尤为重要。榆阳区自创的"三条改革路径"以及树立的典型，通过微信等新媒体和报纸等刊发文章宣传，推广榆阳区产权制度改革经验，扩大其影响力。2019年3月榆阳区被农业农村部确定为"全国农村集体产权制度改革试点典型单位"，属于对榆阳区整个产权制度改革的肯定。2021年陕西省制定的《陕西省国民经济和社会发展第十四个五年规划和二〇三五年远景目标纲要》囊括了榆阳区农村集体产权制度改革的经验。

3. 第三次农村集体产权制度变迁

（1）制度环境和参与主体。在现有的社会经济政治秩序和意识形态下，中央政府更倾向于渐进式改革。榆阳区属于全国第二批产权制度改革试点地区，中央政府在真正展开产权制度改革时并未贸然在全国同时铺开，而是采用小范围委托或者授权试点的方式，以降低因不确定性带来的风险。榆阳区作为正式试点后，各级政府部门重视程度更高。加之有附近村集体的成功改革经验借鉴，村民参与产权制度改革的积极性高，使得榆阳区剩余农村地区开展产权制度改革呈现小幅度跳跃性。但榆阳区南北部农村地区资源禀赋差异较大，榆阳区因地制宜的探索出不同产权制度改革路径。因此，有前期自主探索改革（农村基层组织混合型制度变迁和中间扩散型制度变迁模式）的经验借鉴与村集体和村民的积极配合，第三次的整区推进更加顺利。中央政府利用政治力量和资源配置权力优势，借助行政命令、法律规范等调动其他参与主体参与产权制度改革。

（2）制度变迁方式。中央政府依据认知程度、知识量以及前期开展情况推开并逐步深化产权制度创新。榆阳区第三次产权制度改革中央政府属于产权制度改革的初级行动团体，直观上具有自上而下的供给主导型制度变迁模式特点。此类制度变迁方式对于榆阳区来说最大的好处是消除了农村集体产权制度创新的政治风险，也可以独享制度性经济增长带来的红利。但杨瑞龙等（2000）指出，该类型制度变迁具有形式单一、范围狭窄、村集体和村民接受程度慢等种种障碍阻碍制度变迁过程。

（3）阶段性制度绩效。有效的农村集体产权制度安排可以促进农村经济的发展，而经济发展最直观的体现是收入的变化。根据榆林区人民政府公布的数据显示，2017年榆阳区村集体年收入5万元以上的村达50多个，15个股份经济合作社分红总额6035.2万元（马蕊，2018）。《中国农村经营管理统计年报（2018年）》数据显示，2018年有102个村集体突破年收入5万元，农村集体经济组织收益达2.34亿元，分红为9533万元。到2018年12月，榆阳区317个村中已有308个村完成产权制度改革，完成率为97.2%。其中，确认集体成员33.2万人，量化资源性集体资产627.4万亩，经营性集体资产29.5亿元，资金2517万元。因此，短期内农村集体产权制度改革的制度绩效在农民收入方面已得到较显著的体现。

总之，榆阳区开展产权制度改革的过程并不是单一的制度变迁方式，而是采用复合型制度变迁方式将农村地区原有的集体资产共同共有产权转变为股份合作制。榆阳区在创新制度过程中，榆阳区所处的制度环境不断向着有利于改革的方向发生变化，导致潜在收益出现。这些潜在收益被初级行动团体"识别"，为"捕获"这些潜在收益，初级行动团体做出积极反应，并动员次级行动团体（农民）配合。榆阳区农村集体产权制度变迁过程中经历了赵家峁村集体经济组织（或村委会）、榆阳区政府、中央政府三个初级行动团体，也决定了不同类型的制度变迁方式。并且在不同类型的制度变迁方式中，制度变迁的主体角色定位发生转换，其中角色转换显著的有集体经济组织和榆阳区政府。角色的转换意味着对产权制度改革的合理性和行为符合我国国家制度发展规律的追认和认可。复合型制度变迁方式从需求和供给两个角度互动形成阶梯状排列，稳步推进榆阳区产权制度改革的顺利开展。

榆阳区农村集体产权制度改革方式是较为复杂的方式，包含三种制度变迁模式。在实践中也存在包含两种制度变迁模式的产权制度改革方式，如安徽省天长市和山东省章丘区等农村集体产权制度改革方式就包含了农村基层组织主导的混合型制度变迁模式和供给主导型制度变迁模式。经过三次产权制度改革，榆阳区已经产生股份合作制形式的集体产权制度安排，出现一种新的稳定状态，再次获得了股份合作制制度安排下的潜在收益。

4. 榆阳区整体农村集体产权制度变迁绩效

新形成的股份合作制产生的制度绩效呈现先增速后平稳甚至可能出现下降的趋势。所以，现阶段产权制度改革产生的制度绩效较为显著。收入的提高是衡量制度绩效的重要且易观察的指标。陕西省榆林市榆阳区自2013年自主探索产权制度改革以来综合成效显著，极大地提高了榆阳区尤其是农村地区经济、社会、生态环境和水利等基础设施建设水平，为实现乡村宜居和生活富裕乡村振兴战略提供了保障。榆阳区共盘活90.8亿元的资源性资产，166个村分红已总计2.38亿元。[①] 2017年到2020年四年间，榆阳区农村居民人均可支配收入由12913元增长到16628元，年增长率为8.8%。[②] 榆阳区形成"打工家门口，不止工资年底还分红"的"榆阳案

---

① 分红越来越多 日子越过越美 [EB/OL]. 榆林市人民政府网站，2021 – 03 – 24.
② 根据榆林市榆阳区人民政府网站"政府信息公开"栏 2017 ~ 2020 年《榆阳区国民经济和社会发展统计公报》数据整理。

例"。在调研过程中发现，榆阳区多个农村地区成立老人幸福院，以积分兑换商品、设立红黑榜等多种形式提高农民的幸福感。总之，农村集体产权制度创新的制度绩效在榆阳区农村地区已经显现，农村居民收入、人文环境以及村民的生活生产环境发生了重大变化。

另外，榆阳区农村交通、水利安全水饮用等基础设施也得到较大的改善（见表7-2）。交通、水利等基础设施投资一定程度上反映出农村居住条件的便利程度。榆林市榆阳区全区公路建设总投入从2013年到2019年呈现先上升后下降的倒"V"型，辖区内公路总里程一直呈现增加趋势。从历年的《榆阳区国民经济和社会发展统计公报》中了解到，自2018年以后，公路建设总投入中高比例资金投入农村地区道路建设。2018年榆阳区投资3.58亿元建设农村道路456公里，占总投入的97.55%；2019年再投资2亿元（86.96%）建成278公里农村道路。[①] 农村交通体系的完善为农村致富、改善农村居住环境质量夯实了基础。榆阳区2013~2020年植树造林面积呈现高位波动。自2013年榆林市实施"三年植绿大行动"以及借助京津风沙源治理工程，榆阳区每年植树造林面积约14.2万亩。植树造林不仅缓解了京津地区沙尘天气，更改善美化了榆阳区的环境。水利建设也是基础设施投资的重要部分，一般包括治理水土流失、村民生产生活用水以及病险坝堤除险加固等多个方面。榆阳区每年会投入超过1亿元进行水利设施建设。2013~2020年已累计完成水土流失治理1018.82平方公里，解决了35.21万人的饮水安全问题，节水灌溉面积已超过8.64万亩。榆阳区每年新建、加固维修淤地坝保持在70座以上，极大地降低了农村生产生活用水的安全隐患。此外，赵家峁村建成了高空索道、晃晃桥、时令水果采摘等一体化景区，白舍牛滩村建成的沙滩索道等多样化设施，吸引了大批游客。此外，农村的改变不止于此，实地调研中发现，村集体的非正式约束如思想意识、传统文明和风俗习惯等也在悄然发生着好的转变。

---

① 根据榆林市榆阳区人民政府网站"政府信息公开"栏2017~2020年《榆阳区国民经济和社会发展统计公报》数据整理。

表 7 – 2　　　　2013～2020 年榆林市榆阳区交通运输、水利和环境变化情况

年份	全区公路建设总投入（亿元）	辖区公路总里程（公里）	全年植树造林（万亩）	治理水土流失（平方公里）	节水灌溉面积（万亩）	解决饮水安全人数（万人）	新建、加固维修淤地坝（座）
2013	2.89	2977.0	21.0	163.00	1.41	5.85	74
2014	3.53	3057.0	16.0	116.16	2.38	1.36	70
2015	3.70	3329.0	9.7	126.67	2.56	2.80	76
2016	9.20	3475.3	9.5	121.32	—	1.80	5[a]
2017	7.30	3553.2	11.5	121.30	—	4.10	72
2018	3.67	3633.8	11.5	122.37	2.10	5.80	75
2019	2.30	4820.0	13.5	128.00	—	5.40	70
2020	—	—	21.0	120.00	0.19	8.10	49[b]

注：a. 仅指 2016 年新建 5 座堤坝；b. 指 2020 年除险加固病险淤地坝 49 座。

资料来源：根据 2013～2020 年《榆阳区国民经济和社会发展统计公报》整理。

　　综上所述，榆阳区开展的农村集体产权制度改革的红利正在逐渐释放，且多样化成效已显现。产权制度改革不仅带来了经济收益，也提高了榆阳区尤其是农村地区的基础设施建设水平，农村由荒凉、贫穷、落后转变为富饶、美丽、宜居的乡风文明地区。通过产权制度改革，村民获得了极大的满足感、幸福感和安全感。

7.2.2　单一型农村集体产权制度变迁

　　安徽省滁州市来安县与陕西省榆林市榆阳区的产权制度改革不同，改革过程中虽存在部分村干部和村民开展及参与产权制度改革的积极性不高的现象，但中央政府作为初级行动团体，以其自身的权威促使来安县以较短时间和较快速度完成此次集体资产产权制度变迁，并在一定程度上弥补了来安县集体产权制度供给不足的短板。

1. 制度环境和参与主体

　　政府的命令等带有强制性形成的制度环境容易促成农村集体产权制度的变迁，但也存在些许的不足之处。来安县作为试点地区，各级领导高度

重视。成立工作小组、制定多个指导文件等，为开展产权制度改革营造了良好的政治、法律和社会环境。但来安县产权制度改革与榆阳区第三次产权制度改革不同，来安县没有前期自主探索改革的经验可循，仅靠几个村干部外出参观学习，村民没有亲眼见到产权制度改革的效果，农民不能真正理解这项改革的意图，很难扭转原有思想意识，参与的积极性不高。这种上层高度重视与农民参与积极性不高的矛盾关系，一定程度上延缓了改革的进程。但政府在政治力量和资源配置权方面具有较大的优势，且其具备较高的制度供给能力和意愿支配的创新制度安排。来安县先行选择有改革意愿的村集体作为试点，通过渐进式改革，逐步改变农民的思想意识。但仍有少部分村集体和村民参与的意愿不强烈，主要有三方面原因。（1）部分村干部和村民思想认识不到位。在开展产权制度改革之前，虽然进行了多次村干部培训，以及大量的宣传工作，但部分人仍未真正理解政策的含义，仅按照"政治任务"的要求开展工作。据了解，产权制度改革进程过半，仍有村干部不理解产权制度改革的真正意义。（2）对集体概念认识不清。如未真正认识到集体的作用，与人民公社时期的集体有什么区别，以及个人与集体间关系认识不到位等问题。人的意识形态具有相对稳定性，难以在短时间内发生变化，快速形成改革意识。（3）部分村干部认为村集体经济实力相对薄弱，难以承担产权制度改革试点所带来的风险。新形成的集体资产股份合作制意味着重新分配收入、财富和权力。我国农村地区特殊的制度使村干部不愿意因为改革失去权力。供给主导型制度变迁模式虽存在不足之处，但对于缺乏经营性集体资产、资源性集体资产丰富但利用率不高的农村地区，强制性开展产权制度改革更具有现实意义。来安县在开展产权制度改革过程中，虽然存在意识形态刚性、利益冲突和社会知识局限等干扰因素，但仍取得了预期效果，最终得到了村民的积极拥护，使得群众真正感受到这次产权制度改革所带来的好处。

为解决部分村集体和农民参与积极性不高的问题，及降低村集体和村民的抵触心理，缩短产权制度改革的时滞，来安县在县域内选择试点地区，待见成效后全县推开。来安县选择集体经济水平较高和村民意愿较为强烈的舞山镇和半塔镇展开改革工作，为其余地区"打样"。实践中六郎村村委会发现贫困户仅依靠成员股难以实现脱贫，因此特增设扶贫股。在利润分配过程中，首创"46235"分配法，即当集体产生利润时优先向贫困户发放，除去集体股部分收益，剩余部分利润在全部集体成员（包括贫困户）内再分配，贫困户获得两次分红机会。六郎村开展产权制度改革后，集体经济发展起来，村民已切身体会到产权制度改革带来的好处，思想意识也在悄然发生变化。来安县趁热打铁在全县内推行，到2018年底全县130个村已全面完成产权制度改革的规定动作（见图7-2）。

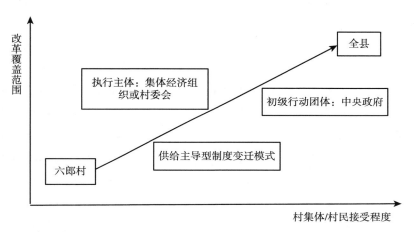

图7-2　来安县开展农村集体产权制度改革方式

2. 制度变迁方式

以中央政府为初级行动团体的改革仍以"稳中求变"为原则，且中央政府的预期政治成本小于政治收益时才会主动进行农村集体产权制度创新（杨瑞龙，1993）。所以，供给主导型制度变迁方式虽具有强制性，但在具体执行过程中仍具有较大的弹性。来安县整体的产权制度改革是以中央政府授权的供给主导型制度变迁形式。此时，政府直接属于初级行动团体，政府既要考虑满足自身的政治经济目标，又要尽可能满足各参与主体的利益需求。农村集体产权制度改革属于一项新的尝试，存在多种不确定性因素和未知的风险。当改革的面越广，这些不确定性的因素越多，改革产生风险的可能性就越大。因此，以试点方式限制改革空间是供给主导型制度变迁方式本身决定的。所以，来安县被确定为试点后仍以县域内自行试点的方式开展产权制度改革，以提高农民参与的积极性和降低不确定性因素带来的风险。

实践中供给主导型制度变迁模式是最常见的单一型农村集体产权制度改革方式。因为某地区以农村基层组织主导的混合型制度变迁模式开始探索产权制度改革取得成效后，中央政府一般过后将其确定为试点，一方面是对该地区前期的自主探索产权制度改革合理性合法性的认可；另一方面对前期自主探索不足的地方加以补充和完善，某种程度上补救自主探索制度变迁所产生的不足。

3. 制度绩效

一项新的农村集体产权制度产生，意味着制度绩效已经形成。中央政府作为初级行动团体开展的产权制度改革追求政治和经济的双重制度绩效。具体到来安县一个试点地区来说，经济制度绩效则更多的是经济的增长；获得的政治制度绩效是农村社会稳定、生产生活环境改善。截至 2020 年底，来安县 130 个村已累计分红 1219.36 万元。[①] 人均可支配收入从 2016 年的 10810 元跃升至 2019 年的 14361 元，增幅达 32.8%。其中，人均可支配收入收入中财产性收入由 361 元增加到 512 元，增长率为 12.4%，所占比重增加 0.23 个百分点（见表 7 - 3）。通过产权制度改革，农民财产性收入"短板"正在逐渐被补齐。因此，农村集体产权制度改革带来的制度绩效尤其是在提高农民收入方面作用显著。

表 7 - 3　　　　2016～2019 年来安县农村居民人均可支配收入构成　　单位：元/人

年份	人均可支配收入	工资性收入	经营性收入	财产性收入	转移性收入
2016	10810	4450	3127	361	2472
2017	11804	5393	3303	395	2713
2018	13000	5339	3638	435	2988
2019	14361	6421	4074	512	3354

资料来源：根据 2017～2020 年《滁州市统计年鉴》数据整理。

来安县交通和电信等基础设施投资得到了较大的改善（见表 7 - 4）。

———————

① 关于 2020 年国民经济和社会发展计划执行情况与 2021 年计划草案的报告 [EB/OL]. 来安县人民政府网站，2021 年 1 月 15 日。

其中，全县公路通车里程由 2016 年的 1915.0 公里增加到 2019 年的 1986.5 公里，增长 3.7%；全县民用汽车 2016~2019 年增长率为 22.4%；全县固定电话用户的使用量呈现波动性下降趋势，主要是由于固定电话使用的便捷程度低，同时不能连接互联网等先天劣势导致一般具有特殊要求的才会安装使用固定电话；全县移动电话用户 2016~2018 年呈现等差增长趋势，到 2019 年又呈现下降趋势，但仍高于 2017 年的用户使用量；2016~2019 年全县互联网用户呈现增长趋势，由 6.8 万户增长到 11.7 万户，增长 72.1%。所以，产权制度改革带来的制度绩效较大程度上改善了农民的生产生活环境，也使广大农民感受到改革带来的变化。

表 7-4　　　　　　　　2016~2019 年来安县交通和电信变化

年份	全县公路通车里程（公里）	全县民用汽车数量（万辆）	全县固定电话用户（万户）	全县移动电话用户（万户）	全县互联网用户（万户）
2016	1915.0	2.07	3.9	30.7	6.8
2017	1974.0	2.83	2.8	33.6	8.4
2018	1979.0	3.53	3.3	36.5	10.3
2019	1986.5	3.80	3.0	34.3	11.7

资料来源：根据 2016~2019 年《来安县国民经济和社会发展统计公报》数据整理。

总之，产权制度改革不仅使来安县农村集体经济这块"蛋糕"变大，农民获得更高的收益，更改善了来安县的交通和电信基础设施。产权制度改革使得来安县经济、环境、社会等多方面发生了综合性变化。

7.3　案例启示

制度环境是影响农村集体产权制度变迁的重要因素，制度环境的动态变化引致潜在收益的产生，为创新制度提供可能性。农村集体产权改革的制度环境是用来建立生产、交换和分配基础的基本的农村所处的社会、经济和生态等微观环境以及整个国家政治、经济和社会的宏观环境。参与主体尤其是初级行动团体根据开展农村集体产权制度成本收益的高低判断是否进行制度创新。当农村集体产权制度变迁的潜在收益高于成本时，初级行动团体选择适当的制度变迁方式进行制度创新。制度变迁理论中强制性制度变迁和诱致性制度变迁方式只是两种极端的制度变迁模式，且对我国制度变迁解释力不强。因此，本书借鉴杨瑞龙等（2000）和吴红宇（2004）关于我国制度变迁的理论分析两地区农村集体产权制度改革方式。当农村集体产权制度由共同共有变成新的股份合作制后，农村集体产权制度暂时达到新的均衡状态。

多层次主体协作结构是影响农村集体产权制度改革的高度与质量的重要因素。农村集体产权制度改革是一项多层次主体参与的制度创新，既包括直接参与主体村民、农村基层组织（包括村集体经济组织和村委会）、地方政府和中央政府，也包括间接主体如农业农村相关单位等。参与主体尤其是初级行动团体通过识别潜在收益、判断制度变迁成本收益的高低、选择制度变迁方式等一系列操作实现农村集体产权制度的新均衡，进而获得潜在收益。虽然两地区产权制度改革的方式不同，但参与农村集体产权制度改革的主体相同职能却存在差异。就农村基层组织而言，在不同类型制度变迁中的作用都是执行产权制度改革。但在农村基层组织主导的混合型制度变迁模式中，农村基层组织属于制度变迁的发起者，即初级行动团体，该类型制度变迁是从需求角度在地方政府"默许"的前提下由农村基层组织主动发起的。就地方政府而言，在中间扩散型制度变迁模式中位属初级行动团体，即地方政府主动参与产权制度改革使农村地区产权制度变迁轨迹呈现阶梯状，从而减弱了路径依赖对渐进式向股份合作制改革的约束。同时，地方政府还发挥着监督、配合与执行的作用。对于中央政府而言，在农村基层组织主导的混合型制度变迁模式和中间扩散型制度变迁模式中，其主要作用是事后对产权制度改革的合理合法性进行追认；在供给主导型制度变迁模式中，中央政府则是初级行动团体，结合自身特殊的强制力推行产权制度改革，从而可降低组织成本和实施成本。就农业农村相关单位而言，在农村地区开展的产权制度改革离不开农业农村相关单位的密切配合，如指导、监督等，以配合保证产权制度改革的顺利开展。农村基层组织和地方政府还具有中介作用，起到上传下达的桥梁作用。向上级汇报村民或村集体的需求和愿望，并向他们传达上级的政策，使中央政府——地方政府——农村基层组织——村民形成一个连通的双向互动循环，共同推动农村集体产权制度改革的开展，进而增加村民收入和农村集体经济的发展。因此，多层次主体参与产权制度改革，各主体各司其职高效协作，一方面高质量完成产权制度改革任务，另一方面"捕获"最大量制度绩效。

根据经验以及所处结构中的位置不同，对农村集体产权制度不均衡的程度和原因敏感度不同，以此形成差异化制度变迁方式。对于榆阳区来说，最初由农村基层组织感知到当地农村集体产权制度存在不均衡，意识到潜在收益的存在，并自主探索创新制度安排。获得相应的制度绩效后，榆阳区政府和中央政府依次发现农村集体产权制度不均衡产生的潜在收益，进而将股份合作制加以复制推广。由此可知，陕西省榆林市榆阳区整个产权制度改革过程中初级行动团体是一个变化的过程，由最初的农村基层组织到榆阳区政府再到中央政府。因此，初级行动团体的变化导致榆阳区农村集体产权制度改革属于复合型。这一过程中包含农村基层组织主导的混合型制度变迁模式、中间扩散型制度变迁模式和供给主导型制度变迁模式三种模式。对于来安县来说，当中央政府意识到通过创新农村集体产权制度可获得更高收益时，将来安县作为试点，即供给主导型制度变迁模式，表明来安县农村集体产权制度改革属于单一型。

榆阳区和来安县农村集体产权制度改革方式的对比如表 7－5 所示。

表 7－5　　　　榆阳区和来安县农村集体产权制度改革方式对比分析

项目	榆阳区	来安县
制度环境	村集体发展的客观需求、国家宏观环境的支持	国家宏观环境的支持
农村集体产权制度的变化	由共同共有变迁为股份合作制	
参与主体	村民、农村基层组织、地方和中央政府、农业农村相关单位等	
农村集体产权制度改革方式	复合型	单一型
具体包含的制度变迁模式	农村基层组织主导的混合型制度变迁模式、中间扩散型制度变迁模式、供给主导型制度变迁模式	供给主导型制度变迁模式
初级行动团体	农村基层组织→榆阳区政府→中央政府	中央政府

我国农村地区资源禀赋差异性和经济发展水平的不同导致实际开展农村集体产权制度改革的方式繁多，并不存在孰优孰劣之分。只要开展农村

集体产权制度改革的方式适合当地的实际情况和获得农民的支持，都可以产生预期的效果。

7.4 本章小结

本章主要基于 2018～2019 年农村集体产权制度改革课题组多次到榆阳区和来安县的评估调研获取的资料，结合制度变迁理论分析框架，运用对我国情况具有较强解释力的中国特色制度变迁理论分析对农村集体产权制度改革进行案例分析。主要根据杨瑞龙等（2000）和吴红宇（2004）创新的具有中国特色的中间扩散型制度变迁模式、供给主导型制度变迁模式和农村基层组织主导的混合型制度变迁模式三种方式分析农村集体产权制度改革。

（1）案例分析研究对案例的选取和获取资料的方式均有严格的要求。因此，本章通过实地调研、入户访谈和查阅二手资料三角测量法的获取研究所用材料。并根据资源闲置情况、外出务工情况、所处的制度环境，结合农村集体产权制度改革的目的和改革对象等方面选择陕西省榆林市榆阳区和安徽省滁州市来安县两个地区作为典型案例。

（2）制度环境是影响农村集体产权制度变迁的重要因素，制度环境的动态变化引致潜在收益的产生，为创新制度提供可能性。农村集体产权改革的制度环境是用来建立生产、交换和分配基础的基本的农村所处的社会、经济和生态等微观环境，以及整个国家政治、经济和社会的宏观环境。参与主体尤其是初级行动团体根据开展农村集体产权制度成本收益的高低判断是否进行制度创新。当农村集体产权制度变迁的潜在收益高于成本时，初级行动团体选择适当的制度变迁方式进行制度创新。制度变迁理论中强制性制度变迁和诱致性制度变迁方式只是两种极端的制度变迁模式，且对我国制度变迁解释力不强。因此，本章借鉴杨瑞龙等（2000）和吴红宇（2004）关于我国制度变迁的理论分析两地区农村集体产权制度改革方式，当农村集体产权制度由共同共有变成新的股份合作制后，农村集体产权制度暂时达到新的均衡状态。

（3）多层次主体协作结构是决定农村集体产权制度改革的高度与质量的重要因素。农村集体产权制度改革是一项多层次主体参与的制度创新，既包括直接参与主体村民、农村基层组织（包括村集体经济组织和村委会）、地方政府和中央政府，也包括间接主体如农业农村相关单位等。参与主体尤其是初级行动团体通过识别潜在收益、判断制度变迁成本收益的高低、选择制度变迁方式等一系列操作实现农村集体产权制度的新均衡，进而获得潜在收益。虽然两地区产权制度改革的方式不同，但参与农村集体产权制度改革的主体相同职能却存在差异。因此，形成多层次主体参与产权制度改革，各主体各司其职、高效协作，一方面高质量完成产权制度改革任务，另一方面"捕获"最大量制度绩效。

（4）根据经验以及所处结构中的位置不同，对农村集体产权制度不均衡的程度和原因敏感度不同，以此形成差异化制度变迁方式。对于榆阳区来说，最初由农村基层组织感知到当地农村集体产权制度存在不均衡，意识到潜在收益的存在，并自主探索创新制度安排。获得相应的制度绩效后，榆阳区政府和中央政府先后发现农村集体产权制度不均衡产生的潜在收益，进而将股份合作制加以复制推广。由此可知，陕西省榆林市榆阳区整个产权制度改革过程中，初级行动团体是变化着的，由最初的农村基层组织到榆阳区政府再到中央政府。因此，榆阳区农村集体产权制度改革属于复合型。对于来安县来说，当中央政府意识到通过创新农村集体产权制度可获得更高收益时，将来安县作为试点，即供给主导型制度变迁模式，表明来安县农村集体产权制度改革属于单一型。

第8章
农村集体产权制度改革经验借鉴

农村集体产权制度改革有利于盘活农村"沉睡"资产和激发农业农村发展内在动力,也是实施乡村振兴战略的重要抓手。2016年12月《中共中央 国务院关于稳步推进农村集体产权制度改革的意见》指出,有序推进经营性资产股份合作制改革。我国地域辽阔,资源禀赋差异较大,各地因地制宜探索出多种做法,对后续全面推开产权制度改革具有较大的借鉴意义。

8.1 北京市温泉镇农村集体产权制度改革经验

位于北京市海淀区西北部的温泉镇具有经营性集体资产规模较大和人口构成复杂的特点。2018年温泉镇常住人口5.9万人,其中非户籍人口占比高达49.2%。温泉镇属于改革起步较早、工作基础较好的城中村地区。在农村集体产权制度改革开展之初,温泉镇加强组织领导与宣传,制定严密改革方案,按照重点推进、尊重历史、照顾现实,顺利完成清产核资、确定成员等工作,因地制宜探索发展集体经济路径,取得显著成效。

温泉镇于2010年正式启动农村集体产权制度改革,滚动式开展农村集体产权制度改革,即全面培训、分批启动、重点推进,先期启动经济基础较好的两个村，并逐步扩大到全镇。在滚动式改革过程中，温泉镇的"工作扎实、程序严谨、质量上乘和社会稳定"为原则，在稳步推进改革过程中积累了不少成功经验和做法。并且温泉镇联合社在农业农村部召开的全国农村集体产权制度改革试点推进会上，获颁编号"001"的全国首批农村集体经济组织登记证书，取得了"身份证"。2019年海淀区被农业农村部确定为"全国农村集体产权制度改革试点典型单位"。

8.1.1　北京市温泉镇产权制度改革的主要举措

1. 前期工作准备充分

充分的前期准备工作是温泉镇顺利并较好完成农村集体产权制度改革的基础。前期准备工作包括组织领导、强化宣传以及制定方案等多个方面。（1）组织领导。领导机构是农村集体产权制度改革的行政保障和工作基础。2010年农村集体产权制度改革伊始，温泉镇、村两级按照党政"双组长"制成立改革领导小组，并在镇农经站设立改革办公室。镇产权改革领导小组制定了《温泉镇关于加快推进农村集体经济产权制度改革实施政策性奖励办法》激励各村积极开展改革。（2）强化宣传。农村集体产权制度改革是一项涉及农民切身利益的改革，但如何让农民真正理解支持并参与到此项改革是关键。调研了解到，宣传工作始终贯穿温泉镇整个改革过程。通过培训、广播、电视、宣传栏、"一封信"等形式广泛宣传动员，真正做到了人人了解、人人关心、人人支持和人人参与改革，营造了良好的改革氛围。（3）制定方案。温泉镇在成为试点之前已开始自主探索改革，详细全面制定了包含常规指导意见和特殊指导意见的多份指导意见。其中特殊指导意见包括改革的形式、改制基准日、人员界定政策、资产处置政策、股份量化政策等。同时，还明确了改制工作完成后成员变更、土地增值收益的再分配办法等。

2. 严谨开展清产核资

清产核资工作是产权制度改革工作中的关键一步，涉及社员的切身利益，也是群众最为关注的工作之一。温泉镇在清产核资过程中，遵循客观、全面、真实、准确、公开、透明的原则。并制定了《温泉镇农村集体经济产权制度改革清产核资工作指导意见》《改制村清产核资工作实施细则》作为参考依据。温泉镇在清产核资过程中针对不同资产采用差异化估值标准，清产核资过程中不浮夸、不遗漏。在盘盈固定资产方面，坚持按照历史建造价来计算价值；在固定资产计提折旧方面，坚持区分福利性固定资产和生产性固定资产，性质不同，计提折旧的方法也就不同。同时，针对各村盘盈的苗木较多现象，严把作价关，坚决杜绝浮夸，保证集体净资产的计算。温泉镇于2011年1月在先行改革村启动清产核资工作，后期逐批次开展清产核资工作，温泉镇共清查21.37亿元资产。

3. 合理确认集体成员

界定集体成员身份非常复杂，政策性极强，需要综合考虑多种因素。温泉镇在确定集体成员时坚持"尊重历史、照顾现实、程序规范、群众认可"的原则，同时坚持唯一性、包容性、合法性的原则；一般成员身份界定"应给尽给"，对于某些特殊群体成员身份界定，遵从"有法依法、无法依规、无规依民"的原则，创新探索出阶梯式确定集体成员模式。其一，针对老股金问题，温泉镇规定"原则上1956年入社时年满16周岁（含）以上的人员（年龄上不封顶），均视为老股权持有人，每个老股权持有人按照1800元标准退偿"。其二，针对已放弃集体成员身份的村民予以一定的补贴。1997年国家不包分配后和1997年以前毕业农转居大学生分别给与3万元和1万元补贴，同时给予政策性转居人员3万元补贴。其三，针对改革基准日在校学生按政策享有基本份额。最终温泉镇共确定集体成员9605人。

4. 民主设置管理股权

温泉镇各村经济发展水平和集体资产规模各异，但通过民主商议最终仅设置了集体股（30%）和基本股（70%）。在股权设置过程中，考虑历史贡献等因素设置了劳龄股。但是将劳龄股转为股份还是现金退偿，抑或留滞待资金足额后再予清退，留滞待退的劳龄款是否给付利息等问题也随之出现。在这个问题上，温泉镇采取的方式是通过村社员代表大会征求大多数社员意见自主决策。辛庄、温泉、杨家庄、白家疃均采取了一次性全额退偿方式；高里掌、太舟坞将老股金、已故和部分劳龄款、政策补贴款全额兑现，其他待土地补偿款足额后支付并支付利息；而东埠头无论何时发放只付本金。在股权管理方面，温泉镇采用不以人口增减变动而调整的静态形式管理股权。

温泉镇在股权占有、收益、有偿退出及抵押、担保和继承等权能方面进行了有益探索。通过出台相关指导意见明确落实集体成员的占有权和收益权。温泉镇针对老股金和劳龄股探索出不同的退出方式，同时积极探索集体资产股份抵押担保形式。温泉镇允许股权在本集体内部流转，但为防止股份过于集中，规定受让人持有股份不得超过本社总股份的 2%。

5. 拓宽集体增收渠道

农村集体产权制度改革的目的之一是发展壮大集体经济，发展壮大集体经济进一步为了农民增收和集体经济实力增强。一是温泉镇利用自身地理位置优势打造"一镇一园"中关村创客小镇，构建"1+3"经济发展格局，布局"镇园一体、三产联动、产城融合、离岸经济"的科技服务新路径。打造的"一镇一园"一期项目总投资 10.5 亿元。其中，温泉镇出资 3400 万元，七个行政村出资 6600 万元，海淀区配套 5 亿元，温泉镇从农村商业银行贷款 4.5 亿元（前三年免息）。目前，一期项目已投产使用，已有华为北京研究所、北京航空材料研究院、龙芯中科、中国人寿等一批国内顶尖的龙头企业和研发机构入驻，温泉镇实现租金收入约 1 亿元。2020 年 10 月二期项目启动，工期 2~3 年，采用市场化运作，建成后前 20 年每年温泉镇将获得租金 4000 万元，20 年后归集体所有。二是利用"资本立镇"理念，通过以科学、专业、规范的资本运营方式获取 6% 的保底收益，破题解难，焕发集体经济新活力。三是出租土地的租金和产权制度改革收益分红。

8.1.2　北京市温泉镇产权制度改革效果分析

开展农村集体产权制度改革明晰了农村集体资产产权归属，厘清了集体经济组织成员边界，明确了农村集体经济组织职能，盘活了农村集体资产，壮大了集体经济。明确的集体成员边界有效解决了温泉镇作为城中村外来打工人口与原村民间的矛盾。同时集体资产产权归属清晰后通过指标置换，解决了偏远农村或者交通落后地区的集体经济发展问题。总之，温泉镇农村集体产权制度改革综合成效显著。

1. 解决了历史遗留问题

温泉镇在开展农村集体产权制度改革过程中，以尊重历史和照顾现实为原则，真正实现了集体成员的起点公平。一是承认公社时期的集体资产积累。各村集体采用现金一次性兑付的方式，对1956年年满16周岁的劳动力进行老股金有偿退出。这一做法使得老股金的价值得到体现。二是简化了股权设置类型。温泉镇通过村集体有偿退出化解劳动贡献以及农转居等复杂问题，合理公平地解决了村集体内部各种利益群体的矛盾。

2. 提高了农民的获得感和幸福感

（1）提高了农民收入。农村集体产权制度改革的目的之一是增加农民财产性收入。温泉镇自2012年8月完成改革后，2013年开始分红，并呈现逐年增长趋势。温泉镇2013～2019年人均分红金额分别为3211元/人、4476元/人、6656元/人、7746元/人、8749元/人、10645元/人和12080元/人。通过改革集体成员获得分红，极大地提高了集体成员参与改革、关注改革的积极性。（2）真正实现了农民的民主权利。民主性贯穿在温泉镇农村集体产权制度改革的整个过程。针对老股金和劳龄股有偿退出、1997年之前和之后大学生农转居和政策性农转居等问题，充分尊重农民群众意见，发挥农民的民主权利。将清产核资、确定成员等结果进行三榜公示，保障农民群众的知情权和监督权等。（3）保障集体成员的成员权。在改革过程中，制定了界定农村集体经济组织成员身份的具体办法；建立健全集体经济组织成员登记备案机制，依法保障集体经济组织成员享有集体收益分配权。

3. 提升了农村集体经济发展能力

温泉镇树立"资金立镇"的理念，打造中关村创客小镇，形成产业链、创新链、人才链、价值链深度融合的新型科技服务生态雨林体系，"筑巢引凤"助推镇域经济高质量发展。温泉镇一期项目工程已建成并投入使用。园区入驻规模以上纳税企业 1000 余家，重点税源企业 90 余家，上市企业 30 余家，集聚了近 4 万名高新技术人才，社会税收贡献 30 余亿元，区域经济总收入 400 余亿元。二期项目将打造北京市单体面积最大的集"创业＋生活＋社交"于一体的新型产业园区——温泉镇"一镇一园"中关村创客小镇，已于 2020 年 10 月开工。这些项目极大地提高了温泉镇集体经济的发展能力，且具有较强的可持续性。

8.2 安徽省来安县农村集体产权制度改革经验

8.2.1 安徽省来安县产权制度改革的主要举措

1. 以宣传保障为切入点，营造改革浓厚氛围

（1）三级书记抓"产改"。县、乡镇、村三级书记为改革第一责任人，层层成立组织，"一把手"亲力亲为，各部门分工明确，齐抓共管。

（2）全员发动讲"产改"。在全县 12 个乡镇和 130 个村召开专题动员会和培训会 142 期，制作展板和宣传栏，张贴宣传标语，悬挂过街横幅1200 余条，编印发放《文件汇编》和《政策解答》宣传手册 300 多本，发放农民"一封信"12 万余件等，做到专家培训到组、政策宣传到户、改革内容知晓到人。此外，《安徽日报》、《农民日报》、新浪网、搜狐网、凤凰网等多家媒体都曾对来安县"产改"工作进行专题报道，为"产改"营造了良好氛围。

（3）谋划方案定"产改"，各乡镇和村结合各自实际，广泛征求民意，认真谋划制定实施方案，明确工作流程和实施步骤。"产改"期间，县农改办共出台 32 份"产改"推动文件，发布 10 期"产改"简报，召开 11 次"产改"推动会，配合县效能办、改革办开展了 8 次"产改"专项督查。

（4）落实经费助"产改"。县财政拿出 258 万元，按每村 2 万元的标

准一次性足额落实工作经费，没有增加镇村负担。

2. 以"人资"两清为关键点，精准核定集体产权

（1）严把"关口"，全面清理资产。按照"查全、分清、核准、管住"的原则，全面清理农村集体经济组织所有资源、资产和负债。把好清查登记关，做到"账实、账账、账证"相符。全县共清理各类集体资源性资产2.98万亩（村级），账面资产总额3.64亿元，其中集体经营性资产1.11亿元，非经营性资产2.53亿元，经村民代表大会讨论后用于折股量化的资产总额达2.29亿元，村级债权6795万元，债务7283万元，现金存款6388万元。把好核实公示关。全县村级所有"三资"清理项目都以流水账的形式公示到村组、公布到村民代表大会，充分接受村民监督，做到"资产清清楚楚，村民明明白白"。把好矛盾化解关。来安县本着边清理、边排查、边纠正的原则，及时化解资产权属争议、合同不规范、低价发包、租赁年限过长四大类21个问题，目前已全部整改到位。

（2）分类施策，合理界定成员。县农改领导小组制定了《农村集体经济组织成员身份确认指导意见》，各村结合实际制定确认办法。在操作过程中，坚持"宜宽不宜紧、标准看民意"的原则，认真调查摸底，民主决策。通过召开村民代表大会、张榜公布、签字确认，让村民认可，让群众满意。最终，全县共确认村集体经济组织成员12.1万户38.9万人。

3. 以量化股权为落脚点，实现农民身份转换

（1）"三类型"折股。为了让广大农民真正成为集体资产管理的主人，实现对本集体经济组织拥有资产的管理、监督、占有、收益。来安县通过清产核资将登记的集体经营性资产1.11亿元，部分可转化盘活的资源性资产以及村原有积累资金1.18亿元，总计2.29亿元资产以股份或份额的形式折股量化到集体内部成员，人均持股约600元，作为集体内部成员参加集体收益分配的基本依据。

（2）"三种股"量化。股权量化经集体经济组织成员大会或代表大会讨论决定，全县130个村中，有76个村设有集体股和成员股，集体股所占比例不超总股本的20%；有54个村仅设成员股；5个村对贫困户增设了扶贫股。

（3）"三不准"管理。农民股权"三不准"：静态管理，不随人口增减变动而调整；确股到人，发证到户，不准退股折现；户内共享，社内流转，不得突破本集体经济组织范围转让。

4. 以完善机制为发力点，创优环境助推"产改"

（1）村村成立集体股份经济合作社。县级政府主管部门向各村集体经济组织发放了组织登记证书，各村集体经济组织成员选举产生了理事会、监事会。全部实现了发证（组织机构证）、挂牌（××村股份经济合作社）、颁聘书（董事、监事）。农村形成了新的"三委一社"（村支委、村民委、村民监督委和股份经济合作社）组织治理机构。

（2）明确村集体资产权属。县政府统一制定了《关于村级资产确权实施办法》。将全县撤并的 127 所村小学、38 处老旧村部以及部分旧卫生室、老供销网点确权给村，同时对农村集体水面、山场、林地、预留地都明确了确权责任主体，让镇村组三级资源权属分清（其中确权到村的集体资源2.98 万亩），为盘活资源实现"资源变资产"，创优发展环境。

（3）搭建资产运营主平台。出台《来安县农村集体产权流转交易平台建设及运行管理办法》，设立县、镇互联互通的农村综合产权交易中心，创设村级集体资产统一管理经营平台，明确农村集体资产、资源依法采取转让、租赁、发包都必须在县级交易平台进行公开公平交易，实现阳光操作，提高资产保值增值能力。截至 2019 年 1 月，资产运营平台已进场项目15 宗，成交 13 宗，累计成交额 423 万元。

（4）培育壮大新型经营主体。县财政每年拿出 120 万元对获得的县级示范家庭农场和专业合作社进行奖补。同时，从 2015 年以来，安县紧抓安徽省首批开展融资风险补偿基金贷款支持农民合作社、家庭农场发展试点契机，投入财政资金 800 万元，按照 1∶5 比例放大贷款额度，共为 188 户新型主体担保贷款 6180 万元。2017 年县财政还拿出 560 万元进行贷款贴息，2018 年来安县又积极主动地与省农业信贷担保公司签订开展农业"劝耕贷"合作协议，扩大融资贷款服务，让新型经营主体日益壮大，为村集体资产经营承接奠定了坚实的基础。

（5）优化扶持村集体经济发展。县财政每年整合省扶持村级集体经济发展试点县资金以及扶贫产业项目资金约 3500 万元左右帮助 40 个村发展特色产业。另外,县财政每年还拿出 280 万元,对村"两委"发展集体经济进行专项奖补,提高镇村干部发展集体经济的积极性。同时,对来安县实施的城乡建设用地增减挂钩项目所取得的建设用地周转指标按村级土地征收面积 5%~10% 的预留比例,足额留给村集体使用(合计约 441.87 亩)。

5. 以分红收益为根本点,全面释放改革红利

"产改"的根本目标就是要壮大集体经济,实现农民分红收益。因此,来安县通过清产核资,对集体资源、资产进行开发盘活,采取入股、发包、村与新型主体合作共建等多种模式发展农业规模经营,增加集体和股民收入。

(1)"一镇一园"扶贫折股量化分红。从 2017 年起连续三年,每年来安县县财政增列 1000 万元,并整合安徽省下达来安县的扶持村级集体经济发展试点县资金以及贫困村特色产业扶贫资金(2017 年 3210 万元、2018 年 4220 万元),在每个乡镇每年至少建设一个扶贫产业园,带动 40 个左右村发展特色产业。2017 年、2018 年两年,来安县财政共投入 7430 万元,入股新型主体共建项目 57 个,项目形成的经营性资产确权给 95 个村,实现资产收益 587 万元,带动 7530 户、贫困人口 14310 人收益分红 381 万元,人均增收 266 元。舜山镇六郎村 2017 年整合扶贫资金 60 万元,投资建设蔬菜大棚 41 座,以每年每座 1600 元的价格对外出租,三年累计获得收益 2072 万元,村集体增加收入 8 万多元,42 户贫困户分红 12.43 万元,最多一户分红 4900 元。

(2)"一村一策"发展集体经济分红。坚持因村施策、分类指导、一村一品、典型带动,探索出"联建物业""公司经营""流转发包""入股分红""村企联营""有偿服务""广告收益"七种主要创收模式,走出一条村级集体经济又好又快发展的新路径。2018 年来安县 130 个村实现集体经济总收入约 6000 万元,其中,总收入 10 万元以上的村 120 个,50 万元以上的村 40 个。如半塔镇渔塘村成立村劳务服务公司,为美资嘉吉公司提供劳务服务年创收入近 200 万元,今年 10 月 17 日,村集体股份经济合作社拿出 82.24 万元分红,全村 3655 名股民,人均分红 225 元。

（3）"一户一证"开展土地入股分红。来安县早在 2016 年就在经济发展基础较好的半塔镇罗庄村开展了"三变"改革省级试点，依托国家级罗庄农副产品专业合作社，吸收农民土地入股 308 亩发展优质葡萄，2018 年 26 户入股农民靠"山岗地"分红 11.81 万元，户均增收 4542 元。2018 年又在全县挑选 10 个村开展农民土地入股分红试点，为整县推进"三变"改革做样板。

8.2.2 安徽省来安县产权制度改革效果分析

抓"产改"就是要实现三个目标：一是"三级资产"管起来，二是"集体经济"强起来，三是"农民腰包"鼓起来。

1. 部门联动，把村级资产厘清了、确准了

为彻底解决来安县农村集体资产闲置多、利用率低、机制不活、产权不清晰等突出问题，来安县通过多次调查，并会同国土、林业、水利、教体、财政等部门商讨，最后印发了《关于来安县农村集体产权制度改革村级资产确权实施方案》。该方案明确将全县撤并闲置的 127 所村小学所有权归属于村集体经济组织成员所有，仅此一项就为村集体增加经营性净资产 1500 万元。另外，来安农业工作委员会还与国土、林业部门联合下文，对全县所有林地、山场、水面进行清理登记确权，让镇、村、组三级资产清晰透明。目前这一做法已经滁州市农村工作领导小组在全市范围内进行了推广。

2. 盘活了沉睡资源，实现了"资源变资产"

通过清产核资，来安县确权到村的山场、林地、水面等资源性资产为 2.98 万亩，这些资源早期大部分被村委会发包出去了，并存在发包时间长、租金低、合同不规范，甚至被个人侵占等现象，通过清产核算，将其中的 1.2 万亩资源盘活并折价 1.05 亿元作为经营性资产折股量化到村集体经济组织成员。来安县用于折股量化的经营性资产总额达 2.29 亿元（原有 1.11 亿元 + 1.05 亿元 + 0.13 亿元现金），全县 130 个村实现村村都有经

营性资产。

3. 有效的整合财政资金，实现了"资金变股金"

为了增加村集体经营性资产，来安县从 2017 年起连续三年，每年县财政拿出 1000 万元，并整合安徽省下达来安县的扶持村级集体经济发展试点县资金以及贫困村特色产业扶贫资金近 1.3 亿元，在每个村建 1 个扶贫产业园，项目建成后形成的经营性资产全部确权给村集体。这样三年间实现全县各村经营性资产村村净增加 100 万元，同时产业园通过"企业 + 主体"联营，每年可实现保底分红 6 万至 8 万元。

另外，2018 年 3 月，滁州市委《关于稳步推进农村集体产权制度改革的实施意见》要求，今后各级财政投入试点村经营主体形成的经营性资产超过 10 万元的，原则上按不低于经营性资产的 30% 计入村集体经济组织所有。针对这一机遇，来安县积极争取中央及省市县对农村新型经营主体的财政投入，并与新型经营主体签订合作协议，制定入股方案，落实风险防控，实现收益分红。通过产权制度改革探索创新，第一年来安县 130 个村村村实现分红，人均分红 14.5 元，最多的一个村人均分红 225 元。

8.3 贵州省湄潭县农村集体产权制度改革经验

8.3.1 贵州省湄潭县产权制度改革的主要举措

1. "五抓五强"促改革成合力

（1）抓统筹，强保障。按照"定时间表、定路线图、定工作量、定责任人，集中人力、物力、财力"的"四定三集中"的要求，湄潭县成立了以县委书记为组长，县长为常务副组长，县政协主席为执行副组长，相关领导为副组长的工作领导小组，领导小组下设三个督导组，负责工作统筹与协调，强化工作的领导与督导。同时，建立了周督查、半月调度、月通报、年考评工作机制，强力推进改革工作。

（2）抓制度，强支撑。围绕确员、确权、确股、确管、建市场的"四确一建"的改革路径，设计了改革工作流程，制定了《湄潭县农村集体产权制度改革整县推进工作方案》《湄潭县农村产权流转交易中心筹建工作方案》《湄潭县界定农村集体经济组织成员资格指导意见》《湄潭县清理农村集体资产工作指导意见》《湄潭县组建农村股份经济合作社指导意见》《湄潭县农村股份经济合作社经营管理制度》等配套制度，为改革提供制度支撑。

（3）抓培训，强意识。为增强改革合力，采取县培训到镇，镇培训到村，村培训到小组的分级培训形式，让广大干部职工吃透改革精神，把握改革要点，掌握改革流程；以"群众会＋"等形式，广泛宣传改革的目的和意义，发动群众增强改革意识。湄潭县共召开县级培训会12次，镇级培训会122次1425人次，村级培训会536次2000余人次，村民小组会议4000余次7000余人次。

（4）抓督导，强进度。县级3个工作督导组共10人，镇（街道）60个工作指导组192人，村级143个指导组1573人，根据《湄潭县农村集体产权制度改革整县推进工作方案》确定工作量和时间表，严格督促检查，及时梳理问题和总结经验，确保改革任务顺利完成，取得了明显效果。2017年，县级督导组现场督导106次，编发工作动态13期、简报31期，下发督察通报5期。

（5）抓档案，强规范。抓档案管理，是改革"踏石有印、抓铁有痕"的关键举措，是对改革负责、对历史负责、对人民负责的具体表现。为规范档案管理，对集体经济组织成员确认、集体资产清查、股权设置与量化、股份经济合作社筹建等阶段工作，分别明确档案装订内容及顺序，要求试点镇（街道）、村实行"一户一档、一组一盒、一村一柜、一镇一室"规范管理。2017年，16个先行试点村已完成了纸质文档规范的装订，电子文档在进一步完善中。

2. "四确五定"推改革

（1）确员定股东。按照"两划定""五取得""五保留""五丧失"的成员界定标准和"六步三榜"操作流程，切实推进农村集体经济组织成员界定工作，努力划清农村集体经济组织成员与村民的权益与义务边界，厘清集体资产享有和分配的对象。

（2）确权定资产。按照成立机构、宣传培训、摸清底数、明晰权属、公示确认、登记造册、上报备案、确权颁证的"八步一公示"工作流程，对集体资金、资源性资产、经营性资产和非经营性资产，分别按资产来源、形成时间在原生产队、原生产大队、现建制村确定权属，逐一清理后登记造册，将按不动产登记确权的要求颁发产权证书。

（3）确股定归属。根据《湄潭县组建农村股份经济合作社指导意见》，"只设成员股、不设集体股和其他股""确权确股不确资"等要求，16个试点村制定了股改方案。将公益性集体资产登记后划转村民委员会统一管理，将集体资金、经营性和资源性资产在集体经济组织成员中按一人一股（份）平均量化，并以"人为基数，户为单位"核发股权证书，作为股东享受集体经济收益分配的依据。

（4）确管定经营。根据《湄潭县组建农村股份经济合作社指导意见》，16个试点村按照"政经分离"原则，充分尊重农民群众意愿，制定章程，完善股东代表大会、董事会、监事会"三会制度"，成立村股份经济合作社，确定村股份经济合作社为集体资产经营管理主体。为确保其正常运营，制定了集体资产股权管理、资金管理、效益分配等11项制度，明确股权可继承、可抵押、可在成员内部有偿退出，实行"增人不增股、减人不减股"的静态管理。使村股份经济合作社从成立之时起就有章可循、有规可依。

（5）平台定市场。根据《湄潭县农村产权流转交易市场（中心）筹建工作方案》，县财政拟投入资金5000万元，在湄潭中国茶城三期建设农村产权交易市场（中心），占地约10000平方米。湄潭县农村产权流转交易市场（中心）以政府引导、市场主导为原则，围绕信息收集、信息发布、组织交易、鉴证签约、产权变更、收益分配、资金监管等职责开展工作，引导农村集体各类产权、资产和集体股权进入平台公平交易，促进城乡要素平等交换。

8.3.2 贵州省湄潭县产权制度改革效果分析

1. 促进资源变资产，激活了沉睡资源

将农村集体的土地、山林、水域、公路占地等资源性资产，通过确权颁证，折股量化后，入股村股份经济合作社，开展股份合作，实现按股分红。截至 2017 年 5 月，湄潭县入股林地 244 宗 13868.049 亩，耕地 500 宗 3024.91 亩，四荒地 10 宗 95.5 亩，滩涂 11 宗 117.66 亩，山塘 73 口 398.63 亩，建设性用地 12 宗 300.83 亩。

2. 促进资金变股金，盘活了闲散资金

在集体资金清理过程中，16 个试点村按照"政经分离"的要求，将村集体逐年积累的资金共 147.6914 万元折股量化成股份分配给集体股东。如复兴镇两路口村股份经济合作社共有 61.25 万元集体资金，现以每股 175.904 元由 3482 个股民共同持有。

3. 实现农民变股东，激活了人力资本

通过农村集体产权制度改革，使农民真正成为集体资产的主人，引导农民自愿将承包地、房屋、技术、资金、劳动力入股合作社成为股东，自觉参与生产经营与管理，行使股东的权利与义务，推动了乡村治理结构更加科学，经营方式更加多元，促进了农民由自主经营向合作经营的改变。

8.4 甘肃省金川区农村集体产权制度改革经验

8.4.1 甘肃省金川区产权制度改革的主要举措

1. 有序推进，稳步开展农村集体产权制度改革

（1）开展清产核资，摸清家底。金川区在清产核资过程中以尊重历史、明确权属、程序规范、全程公开为原则，区、镇、村三级分别成立了清产核资小组。27个行政村共清理核实45621.03万元，且全部清产核资数据已录入"三资"管理平台进行监管。

（2）开展成员界定，明晰成员。金川区按照"尊重历史、照顾现实、程序规范、群众认可"的原则，在成员身份界定过程中统筹考虑户籍关系、农村土地承包关系、对集体积累的贡献等因素。全区27个行政村共确定集体成员4.8万人，非集体成员508名。

（3）开展折股量化，明确份额。通过对资产、资源、资金进行折股量化，按照"成员人人有股、依据贡献差异"的原则，合理设置5个股种，组建了27个股份经济合作社，均颁发了农业农村部监制的农村集体经济组织登记证，办证率达100%。金川区27个行政村设置总股数58970股（成员股47540股、劳龄股10753股、文明股636股、贡献股21股、扶贫股20股）。

2. 因村施策，探索集体经济发展新模式

金川区利用多项农村改革成果，引导资金、资源、资产入股村级股份经济合作社，其中，入股土地2.88万亩，入股农业设施等固定资产16915万元，入股财政资金1350万元，撬动社会资金投入37900万元，农户自有资金入股168万元，经营性商铺入股24660平方米，参与农户10915户。金川区从特色产业入手，通过"扩""引""建"等方式，引进培育60多家经营主体参与改革，成功探索出多种模式。

（1）"股份经济合作社＋供港蔬菜基地"模式。双湾镇九个井村依托金从玉农业公司，以土地、财政资金、劳动力、农机具等资源资产入股供港蔬菜基地，集体年增加收入5万元，入股农户年最低收益合计576万元，农机具每台收入8万元，劳务入股年收入50万元，人均收入3.85万元。

（2）"股份经济合作社＋肉牛育肥"模式。宁远堡镇新华村用50万元财政资金撬动农户自筹资金113万元，入股德恩普养殖农民专业合作社发展肉牛培育产业，入股农户每年分红9.04万元，集体分红4万元。

（3）"股份经济合作社＋企业＋商业运营"模式。宁远堡镇西坡村将

城乡一体化建设中以"以地换房"模式建设形成并分配到户（298户822人）的2.5万平方米商业综合体（西坡惠民市场）入股金昌慧云农民专业合作社，由合作社与甘肃陇尚众联投资有限责任公司合作发展"品广场"商业综合体项目，年收益达532.66万元，人均年收益6480元。

（4）"合作社＋企业＋贫困户"模式。打破镇域和村组界限，采取"合作社＋龙头企业＋贫困户（69户）"模式，将135.8万元扶贫资金入股中天羊业，按保底（9%）＋收益分红（20%）的方式（总计分红收益不低于10%）帮助脱贫户年户均增收1806元，有效解决了脱贫户持续增收难题。

3. 创新探索道德信贷模式和孝善基金养老模式

金川区将产权制度改革与乡村治理有机结合起来，切实发挥股权分红等经济杠杆作用，将产权制度改革成果运用到新时代文明实践活动中，发挥了产权制度改革的社会效应。

（1）探索建立了以"'文明股'＋道德信贷"模式。金川区27个行政村有17个村创新设立了636股"文明股"，以奖励形式动态配属给党员先锋、美丽庭院、敬老爱亲、诚信守法、勤劳致富等示范户，发挥示范引领作用，带动群众崇德向善，积极培育新时代的全新文明乡风，助推乡村治理。同时，金川区创新以文明作担保、以诚信作抵押，获得"文明股"的股东，优先评定为"星级文明户"，享受道德信贷信用户评定，可以从甘肃农商银行获得5万元到30万元不等的道德贷款，且享受10%的利率优惠，借款期限放宽至两年。2020年7月，金川区"道德信贷"认定星级文明户1856户，辐射带动普通评级授信农户6902户，享受农商银行评级授信金额87003万元；用信农户达1994户，用信金额29167万元。

（2）探索建立了孝善基金养老模式。依托村级集体收入，建立了"村集体资金补贴＋子女自愿缴纳赡养费＋帮扶单位＋爱心企业和爱心人士捐款＋'文明股'奖惩"的孝善基金养老模式，发挥孝善基金在乡村治理中的促进作用，大力倡树孝善敬老文明乡风，凝聚起孝善养老的正能量。2019年，金川区10个村439名70岁以上老人每月共领取孝善基金9.8万元，其他条件逐步成熟的村正在筹备设立孝善基金。同时，建立了"孝道红黑榜"、村民失德行为约谈等惩戒机制。金川区通过创新探索，因地制宜谋划改革举措，推动产权制度改革多点开花，实现了"资源变资产，资金变股金，农民变股民"，有效促进了农业发展、农民致富和农村稳定。

8.4.2　甘肃省金川区产权制度改革效果分析

金川区通过创新探索，因地制宜谋划改革举措，推动产权制度改革多点开花，实现了"资源变资产，资金变股金，农民变股民"，有效促进了农业发展、农民致富和农村稳定。

（1）完善了农村治理结构，夯实了农村基层治理根基。通过成立村级集体经济合作社，管理运营村集体"三资"，实现了村维护与股份经济合作社政经分离、经营性资产与非经营性资产管理分开、财务分开。由村党支部书记担任理事长，强化了基层党组织经济运营管理职能，形成以村党组织为核心领导，村民委员会、社区委员会、监委会和股份经济合作社各履其职，相互配合、相互促进、相互监督的"四委一体"新型农村治理结构。引导农民积极参加民主选举、民主决策、民主管理、民主监督活动，实现了"看得到、算不清、管不了"向"即当家、又监管、还分红"的转变，有效维护了农民的合法权益。

（2）实现了村民自治，提升了乡风文明。通过产权制度改革，建立了新型集体经济组织，由股民选举形成股东代表大会、理事会和监事会，实现了农村基层组织架构重大转变。农民变为股民，这一身份的变化使得农村群众更加明确自身权能，村民自治的主体作用得到充分发挥。改革后的农村集体经济组织事项现代化的法人治理结构，涉及成员利益的重大事项实行民主决策，进一步保护了成员合法权益。探索设置"文明股"，以奖励形式动态配属给带头践行社会主义核心价值观和村规民约的农户，使得乡村综合治理和乡风文明建设水平得到了有效提升。

（3）激活了沉睡的资产，实现了农业增效农民增收。产权制度改革化解了村集体资产产权归属不清、保护不严、流转不畅等问题。通过采取土地流转、规模经营、投资合作等方式，有效促进了农村集体资产的滚动增值，达到了集体资产家底清、看得见、能盈利、可分享的改革目的。资源配置更加有效，使各镇村现有的高原夏菜、食草畜牧、玉米制种、红辣椒等特色优势产业加速发展，现代农业发展的基础得到进一步巩固。截至2019年底，金川区已有23个行政村按照各村收益分配方案进行了入股分红，分红累计达2636.98万元；2020年1~6月，全区27个股份经济合作社收入合计504.47万元，平均每个村收入18.68万元，5万元以上的21个村，50万元以上的2个村，彻底清除了集体经济"空壳村"。

8.5 河北省石家庄市农村集体产权制度改革经验

石家庄市辖24个县（市、区），4156个行政村，总人口1008.82万人，耕地面积780万亩，基本农田666万亩。其中，农村县（市、区）有17个，乡镇220个，行政村3985个，乡村人口412.61万人，占全市常住人口的40.9%。

8.5.1 河北省石家庄市产权制度改革的主要举措

1. 各级领导高度重视，坚持高位推动

市委、市政府主要领导亲自挂帅担任领导小组组长（双组长），并多次专门听取了汇报，提出明确工作要求；市委、市政府分管领导也都深入改革一线调研、指导和督查。各县（市、区）、乡（镇）党委主要领导任组长，靠前指挥，逢会必讲，下乡必查，确保改革力度只增不减。各村均成立由党支部书记任组长的改革领导小组，分设3~4个工作组，确保改革工作有人管、有人推。初步形成了市级统筹指导、县级直接领导、乡镇级组织实施、村级具体操作、部门协调服务的组织领导网络。

2. 层层制发配套文件，做好制度设计

及时出台《关于稳步推进农村集体产权制度改革的指导意见》《石家庄市农村集体产权制度改革整市试点实施方案》《石家庄市农村集体资产清产核资工作指导意见》，对全市改革工作进行了全面部署。原市委农工委、市财政局制定了《石家庄市农村集体产权制度改革操作程序及说明》《石家庄市农村集体产权制度改革项目管理办法》《石家庄市农村集体产权制度改革补贴资金管理办法》等改革相关文件，对推进改革的任务、目标、时限、操作程序、验收归档、资金补贴等进行具体部署。

3. 创造多重保障条件，助推工作落实

（1）动员保障。市级召开由市、县、乡三级有关领导参加的农村集体产权制度改革工作观摩动员会议，市委分管领导对全市的改革工作进行动员部署。各县（市、区）、乡（镇）也都相继召开动员部署会推动工作。

（2）培训保障。先后召开了政策和业务培训会、农村集体资产培训班，组织各县（市、区）观摩学习外地改革典型，充分让有关人员了解政策、学习业务操作，并从观摩学习中找方法、破"瓶颈"。

（3）人员保障。领导小组办公室从原市委农工委、市农牧局等相关部门抽调，并实行集中办公，确保试点工作顺利推进。

（4）资金保障。明确村级改革所需经费由各级财政按规定配套补贴；市、县、乡改革所需工作经费列入同级财政部门年度预算；市财政拿出1亿元补贴资金，对改革完成村、示范村给予补助。

（5）管理保障。制定了《石家庄市农村集体产权制度改革项目管理办法》，每年按照"村级申报、乡级核实、县级验收、市级备案（确定）"的流程评定改革示范村，推动改革工作精细化、精准化。

（6）督导保障。市县（市、区）两级建立了季调度、月通报制度，分别发各县（市、区）和各乡镇党委、政府"一把手"。

4. 加强业务指导，分类推进改革

（1）积极稳妥，试点先行。全市每个乡镇选择5个不同类型的村作为改革试点；将中央、省和市确定的财政资金支持壮大的村级集体经济试点村以及全市贫困村列为试点；将行唐县、井陉矿区、栾城区娄底镇列为全域推进试点，努力打造先行示范点和示范区。

（2）因村施策，确定改革实施方案。石家庄市农村集体经济组织基本都是以村为基本核算单位，有两种改革组织实施方式。一种是占比较小的

城中村和部分城郊村，集体资产数量较大，矛盾纠纷较多，农民对改革看得重，多数聘请第三方专业机构帮助推进改革；另一种是大部分改革村，集体资产数额较小、经营性资产少，一般由乡、村两委干部和村民代表根据实际情况组织实施改革程序。

（3）统筹现实与预期，合理量化资产。集体资产量化以经营性资产为主，也有部分村把资源性资产进行了评估作价，并进行了量化。一种是占比重较大的传统农区村。由于集体资产数量较少，且短时间内不产生交易，经营性资产的评估作价多委托县、乡农经主管部门进行，以降低改革成本，资源性资产只登记不作价。另一种是占比重较小的城中村、城郊村和经济发达村。由于面临土地征收、城市化改造，故在对经营性资产进行量化的同时，也将土地资源以不同的形式进行了量化。由于此类村资产数量较大、资产业态复杂，多数聘请了专业评估机构对集体资产进行评估。

（4）依法依规依民，确好成员身份。坚持宜粗不宜细、宜宽不宜严，以照顾绝大多数人的利益。主要有四个依据：以户籍在本村作为主要依据；把承包地和户籍作为同等重要的主要依据；对户籍已不在本村的现役义务兵、士官及复员回村军官，在读大中专学生，国家移民政策落户本村的人员，均确认为集体经济组织成员；以表决为依据。凡法律、法规、规章和县级以上人民政府规定未明确规定为集体经济组织成员的村（居）民，在合情合理的情况下，经集体经济组织成员大会2/3以上成员表决通过后确定其股民资格。

（5）兼顾保障与公平，科学配置股权。在股权种类的设置及配置上，主要以成员股为主，设有人口股、基本股、村龄股、土地股、独生子女奖励股，一般不设置集体股。有四种方式。第一种，人口股。只要具备股东资格均配置，每人100股或者10股，适合西部山区、集体经营性资产较少、人员不复杂的村配置。第二种，"基本股+村龄股"。基本股为50股，凡符合股东资格的均配置50股；村龄股满股50股，自村里分地之日起，到股改基准日止，每1年配2股，配满为止。第三种，"人口股+独生子女奖励股"或"设置基本股+村龄股+独生子女奖励股"。为避免响应国家号召只生一个孩子的独生子女户在分配时吃亏，有的村设置了独生子女奖励股，以示公平合理。第四种，"人口股＋土地股"或"设置基本股＋村龄股＋土地股"。根据土地和集体资产情况，通过设置土地股来解决土地征占补偿分配问题，促进土地承包经营权流转，实施规模化经营。适用于需要解决土地征占地补偿分配问题和促进土地承包经营权流转，实施规模化经营的村配置。目前大部分村对股权实行不随人口增减而变动的静态管理，并通过继承和内部转让的方式解决新增人口的股权需求。

8.5.2　河北省石家庄市产权制度改革效果分析

石家庄市是 2018 年度农业农村部农村集体产权制度改革整市试点单位，其改革经验可以总结为六点。

（1）保障措施要跟上。在加强领导、完善政策、配备人员、经费支持等各方面，加强全方位保障，狠抓各项措施的落实，强化统筹部署推进，确保改革的顺利进行。

（2）借助第三方技术推进改革很重要。对集体资产数量较大、矛盾纠纷较多的城中村和城郊村尽可能聘请中立的第三方实施改革，有利于化解矛盾，取得共识，加快进度。

（3）成员确认标准要明确。要结合村情，明确是以户籍为主要考虑因素，还是以户籍和土地承包同时为主要考虑因素，把选择权交给农民，充分发挥农民主体作用。

（4）股权设置因村制宜。针对不同地区经济发展水平的不同情况，针对村情民意，合理设置股权，有单独人口股，也有人口股加村龄股，还有人口股加村龄股加各类奖励股等。

（5）资产量化范围有创新。部分城中村、城郊村和经济发达村，因面临土地征收、城市化的问题，把土地资源以不同的形式进行了量化，有效推动资源资产的股份合作制改革。

（6）要让农民有更多获得感。要始终把让农民群众共享改革发展成果，不断增加财产性收入，作为改革的出发点和根本目标，先易后难有序展开，不搞齐步走，不"一刀切""一锅煮"。

8.6 本章小结

　　本章详细总结了北京市海淀区温泉镇、甘肃省金昌市金川区、安徽省滁州市来安县、贵州省遵义市湄潭县和河北省石家庄市试点地区典型做法及取得的成效。通过总结各地典型经验发现，各地开展产权制度改革并没有采用"一刀切"的方式展开，而是结合当地特点采用"规定动作 + 自选动作"的方式展开。具有弹性的产权制度改革方式为各地创新探索提供了较大的空间，也为 2021 年底基本完成产权制度改革提供了多元化的经验借鉴。产权制度改革仅是厘清农村集体资产的关键环节，激发集体资产活力，发挥集体资产价值，提高村集体和农民收入与实现共同富裕才是最终目的。

第9章
我国农村集体产权制度改革效能及其损失分析

近几年，我国农村地区开展了农村集体产权制度改革、农村"厕所革命"等多项改革，为农村地区发展创造了良好的制度环境。产权制度改革作为一项关于农村集体产权制度的改革，其产生多方面效能，主要体现在提升农民财产性收入，厘清集体经济组织和村委会职能等多个方面。

9.1 农村集体产权制度改革参与主体动态博弈分析

农村制度是农村社会博弈的结果。农村集体产权制度改革是一项由政府、村集体、农民和农委部门以及其他参与部门分工协作的一项重大课题。为了更好地了解政府、村集体、农民和农委部门在不同选择下获得的效益，本章运用完全信息动态博弈的相关理论，对政府、村集体、农民和农委部门主要利益主体的博弈行为进行分析。当利益主体从农村集体产权制度改革中获得的收益高于付出的成本时，利益主体将会选择参与此项改革，否则将不会参与。

9.1.1 基本假设

在进行博弈分析之前，提出如下假设。

（1）局中人假设。本章的局中人包括政府、村集体、农民和农委部门，他们是博弈的决策主体和策略制定者。政府是参与博弈的直接当事人之一，是农村集体产权制度改革的主导者和委托人。农民是参与博弈的直接当事人之一，是农村集体产权制度改革的主要受益者和决策者。农委部门是参与博弈的另一个直接当事人，主要负责制定指导性意见、督查等工作。村集体是重要的博弈主体，是农村集体产权制度改革的具体实施者。因此，村集体也是农村集体产权制度改革中的重要利益集团。

（2）理性经济人假设。在实施农村集体产权制度改革过程中，政府追求的是社会经济效益和社会福利效益等整体效益的最大化；村集体追求的是集体经济效益以及群众认可最大化；农民作为最基层的群体，其目的不是追求最大利润，而是为了满足其家庭的消费需求（郭于华，2002）；农委部门追求的是部门效益最大化。

（3）动态博弈次序假设。在农村集体产权制度改革初期，开展形式分为两种：一种自下而上的农村自主探索改革形式；另一种是自上而下的政府强制改革形式。当农村集体产权制度改革属于自下而上的自主探索形式的改革时，博弈主体主要是村集体、农民和政府，博弈的次序是村集体是否自主探索改革，农民是否参与改革，政府认可与否。当农村集体产权制度改革属于自上而下的强制改革形式时，博弈主体是政府、农民、村集体和农委部门。

（4）行为决策空间假设。本章假设政府有不支持（非试点地区）和支持（试点地区）两种策略；村集体有成为试点和非试点两种策略；农民有参与改革和不参与改革两种策略；农委部门有积极监督和消极监督两种策略。

（5）完全信息假设。假设政府、村集体、农民和农委部门均了解对方的行为策略空间和收益函数，以及对方都具有完全信息。

（6）收益假设。当所有的局中人采取的策略确定后，各博弈主体将会得到相应的收益。这里采用支付函数表示局中人从博弈中获得的收益。

9.1.2 博弈模型构建

1. 两主体参与改革博弈模型构建

在改革中参与主体间的博弈方式存在差异，因此本章将分别介绍两种改革形式下参与主体的博弈过程。2015 年我国自上而下地开展农村集体产权制度改革试点，政府的主要任务是依据一定的标准选择试点地区并给予试点地区财政支持。试点地区农委部门的主要作用是监督试点地区农村集体产权制度改革进度，在此过程中农委部门根据试点任务将会积极督察工作。因此，试点地区参与博弈的主要是村集体和农民。假设 h、i、j、k 均为大于 0 的值，强制性改革动态博弈过程如图 9-1 所示。

		村集体	
		执行	不执行
农民	参与	h, i	j, 0
	不参与	0, k	0, 0

图 9-1　试点地区农民与村集体的博弈模型

在这个博弈过程中，村民和村集体均存在优势策略，即农民选择参与，村集体选择执行。因此，该博弈模型的纳什均衡为（参与，执行），均衡支付为（h，i）。此时农民和村集体各自偏好一致，形成博弈均衡点，且农民和村集体的收益最大。次轮农村集体产权制度改革已取得丰硕成果。2021 年底，全国农村集体产权制度改革阶段性任务已基本完成，全国共确认集体成员约 9 亿人[①]，农民在改革中有了更多实实在在的获得感、幸福感。

2. 三主体参与改革博弈模型构建

自主探索改革一般是取得显著成效后，政府认可其探索改革行为符合我国制度发展规律。由于集体资产规模的扩大以及产权模糊造成的内部矛

---

① 中央一号文件发布 农村集体产权制度改革阶段性任务基本完成［EB/OL］. 农业农村部官网，2022 - 02 - 25.

盾日益凸显，部分地区自主探索农村集体产权制度改革。在此过程中参与博弈的主体有村民、村集体、政府（主要指地方政府）和农委部门。其中博弈的顺序首先是村集体决定改革与否，其次是农民决定参与改革与否，最后是政府认可与否。农委部门主要职责是在权限范围内，对自主进行探索改革的农村地区进行监督和指导，防止出现大的纰漏。

农村集体产权制度改革自主探索改革过程中各参与主体的收益假设。

（1）村集体收益假设。村集体自主探索改革之前获得的收益为 a，改革后获得收益为 A，自主探索改革需要支付的成本为 C；若自主探索改革取得较好成效，并得到政府认可，村集体将会获得奖励 R；当村集体自主探索改革但农民不参与改革时，村集体获得收益为 0。

（2）农民收益假设。村民参与改革之前获得的收益为 b，农民参与改革后可获得收益为 B；若村集体自主探索改革取得成效，参与改革的农民可增加 ΔB 的分红收入。

（3）政府收益假设。政府的主要责任是判断开展自主探索改革地区改革的合法与否。在认可之前政府的收益为 d，认可后政府的收益为 D，认可自主探索改革的过程需支付成本 E。

根据假设分析，可以得到村集体、农民和政府三者之间的博弈树，如图 9-2 所示。根据博弈树和博弈策略可得出三方博弈结果（见表 9-1）。运用后向归纳法求解动态博弈中的子博弈精炼纳什均衡的解包括三种情况

第一种情况：当 $A-C>a$ 时，即不论政府认可与否，只要村集体自主探索改革，就可获得较高的收入。从村集体视角分析，最优解为 ① $|A-C+R \quad B+\Delta B \quad D-E|$。即村集体自主探索改革，农民参与，取得成效后得到政府的认可。从政府支出成本最小角度考虑，虽没得到政府的认可，但村集体和农民都得到了实惠，且政府也没有损失。由此可知此项自主探索改革是成功的。此时的最优解为 ② $|A-C \quad B+\Delta B \quad d|$。

第二种情况：当 $A-C<a<A-C+R$ 时，即在政府认可的情况下，村集体自主探索改革才能获得较高的收益。此时的最优解为 $|A-C+R \quad B+\Delta B \quad D-E|$。政府对自主探索改革地区的事后追认，一般是非物质奖励为主，物质奖励为辅。政府对自主改革合法性的认可，可提高改革地区进一步深化改革的积极性，增加村集体和农民的收入。

第三种情况：当 $a > A - C + R$ 时，即使政府对村集体自主探索改革成效给予认可，村集体自主探索改革后获得的收益仍低于改革之前的收益。此时动态博弈的均衡解为⑧$|a \quad b \quad d|$。在此种情况下按照理性经济人假设村集体不进行自主探索改革是最好的选择。

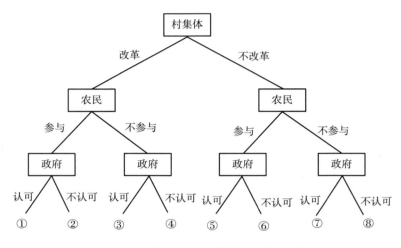

图 9-2   自主探索改革参与主体博弈树

表 9-1   局中人结果矩阵

序号	博弈状态			博弈矩阵
	村集体	农民	政府	
①	改革	参与	认可	$\|A-C+R \quad B+\Delta B \quad D-E\|$
②	改革	参与	不认可	$\|A-C \quad B+\Delta B \quad d\|$
③	改革	不参与	认可	$\|0 \quad b \quad D-E\|$
④	改革	不参与	不认可	$\|0 \quad b \quad d\|$
⑤	不改革	参与	认可	$\|a \quad B \quad D-E\|$
⑥	不改革	参与	不认可	$\|a \quad B \quad d\|$
⑦	不改革	不参与	认可	$\|a \quad b \quad D-E\|$
⑧	不改革	不参与	不认可	$\|a \quad b \quad d\|$

9.1.3   博弈结果分析

农村集体产权制度改革是我国农村制度的一次变迁。制度的变迁就相当于博弈从一种均衡向另一种均衡转移，其结果不仅与在战略（行动选择的规则）方面的整体质变相联系，而且与参与人在共同信念方面的变化也相联系（青木昌彦，1998）。农村集体产权制度改革使农村制度由"以家庭承包经营为基础，统分结合的双层经营体制"转变为"产权明晰的股份合作制"，也使干群关系更加融洽，农村社会更加和谐。如陕西省榆林市榆阳区赵家峁村在自主探索改革过程中未发生一起集体上访事件。

动态博弈的最优解为村集体为改革试点、农民参与，收益为（h，i）（$h > 0$；$i > 0$）。作为政府确定的农村集体产权制度改革试点，村集体和农民积极参与一方面可以按时完成上级政府的任务；另一方面也可以壮大集体经济，提高农民收入。

根据第一种情况的博弈均衡结果分析可知，激励村集体自主探索农村集体产权制度改革的条件，是农村集体产权制度改革前后村集体收入的高低。不论政府是否追认自主探索改革成效，当村集体自主探索改革后获得的收益高于改革之前的收益时，村集体将会自主探索改革。农村集体产权制度改革是集体成员按份共有集体资产（包括经营性资产、资源性资产和公益性资产），并按份共享集体收益。通过自主探索改革，村集体收益增加，壮大了集体经济，实则提高了集体成员的收入。根据第二种情况的博弈均衡结果分析可知，村集体自主探索农村集体产权制度改革后获得的收益低于产权改革前的收益，但若政府事后对改革进行追认，村集体将会自主探索农村集体产权制度改革。政府的认可可提高村集体深化农村集体产权制度改革的积极性，从而增强农民的获得感。

根据第三种情况的博弈均衡结果分析可知，此种效果是最无效的解。此时村集体不进行自主探索改革即保持原来状态是最好的选择。出现此情况的原因可能有：第一，农民对农村集体产权制度改革完全不感兴趣，进行农村集体产权制度改革属于"劳民伤财"；第二，村集体几乎没有集体资产，且当地城乡居民收入差距不大，没有必要自主探索农村集体产权制度改革。

综上所述，不论是自上而下的强制性改革还是自下而上的自主探索改革，村集体和农民积极参与是实现新的博弈均衡的重要策略选择。政府改革前的试点指定和事后追认，对开展农村集体产权制度改革地区来说都是一种合法性认可和鼓励。农委部门的主要任务是督导各地农村集体产权制度改革工作进度和因地制宜的制定指导性文件。

9.2 农村集体产权制度改革主观效能评价

农村集体产权制度改革最大和最直接的受益者是农民。因此，农民尤其是集体成员对产权制度改革的效能如何最具有发言权。笔者对天津市、山东省和安徽省的12个县（市、区）不同批次的试点地区进行了产权制度改革主观效能调查，共收回问卷650份。根据问卷共整理出八个效能的主观问题：是否愿意参加农村集体产权制度改革；对产权制度改革效果的满意度；收入水平是否提高；福利水平是否提高；邻里关系是否更加融洽；村庄环境是否有所改善；干群关系是否更加和谐；生活是否更有保障。村民（主要是集体成员）作为农村集体产权制度改革的主体，通过"还权于民"的形式实现村民按份共有集体资产、共享集体收益分红。因此，从村民（集体成员）视角研究产权制度改革主观效能具有重要的现实意义。

满意度是用数字来衡量村民对产权制度改革主观评价的一种心理状态，一定程度上反映出产权制度改革的效果。"对产权制度改革效果的满意度"这一问题的回答有效率为99.23%（645人回答）。对产权制度改革效果主观评价满意的有620人，占96.12%，其中非常满意的占比为53.95%，说明村民对产权制度改革效果的主观评价较高，此项改革得到村民的拥护和支持（见表9-2），但仍存在3.88%的村民对产权制度改革的效果不满意（见表9-2）。调研了解到，对产权制度改革效果不满意的家庭一般存在如外嫁女、农转非、嫁城女等特殊身份转换人群。如多地区按照约定俗成的规定，女儿一旦嫁出去便是"外人"，不论其户籍迁出与否，均认定其丧失集体经济组织成员资格，同时也不考虑外嫁女是否成为嫁入地区的集体经济组织成员，因此外嫁女群体"两头空"现象屡见不鲜（马翠萍等，2019），也成为部分村民对产权制度改革效能不满意的地方。

表 9 - 2	农村集体产权制度改革满意度分析				
对产权制度改革效能的满意度	非常满意	比较满意	一般满意	比较不满意	非常不满意
人数（个）	348	195	77	21	4
比例（%）	53.95	30.23	11.94	3.26	0.62

650 人中有 645 人回答了"是否愿意参加农村集体产权制度改革"这一问题。回答"是"的占 98.14%，回答"否"的占 1.86%。一方面说明产权制度改革关系到每个村民的切身利益，其参与度较高；另一方面说明政府尤其是农业单位以及村集体宣传力度到位。在调研过程中了解到，各地区一般通过"致村民的一封信"、电视、培训、宣传栏、微信新媒体等多种方式向村民宣传产权制度改革的好处。村民的支持和拥护也成为促进产权制度改革顺利开展的重要原因。

650 中有 647 人回答了"收入水平是否提高"这一问题。回答"是"的占 81.61%，回答"否"的占 18.39%。产权制度改革属于农村制度变迁，农村制度变迁得以发生的条件是预期收益高于预期成本。与其他变革不同，制度变迁的成效显现具有时滞性。产权制度改革是将农村集体资产以份额形式量化给集体成员，并使集体成员分享集体收益。对集体成员来说，最大的变化是股份分红，现阶段对增加成员财产性收入效果可能不十分显著，但随着产权制度改革的不断深化，持续发展壮大集体经济必将是深化改革的重中之重。在来安县调研时，村集体组织理事长介绍说："2018 年底我们村第一次分红，分红的金额不多，25 元/人。我们此次分红的重点不是分钱多少，而是告诉村民产权制度改革不是虚的，不是走形式，是实实在在可以给村民带来好处的改革。"目前大部分农村地区已经完成产权制度改革的规定工作，如何发展壮大集体经济，成为深化产权制度改革的重要问题之一，也是提高村民获得感和安全感的重要途径之一。

650 中有 643 人回答了"福利水平是否提高"这一问题。回答"是"的占 73.41%，回答"否"的占 26.59%。福利水平既包括集体成员的主观感受，也包括客观的基础设施建设等。与产权制度改革之前相比，通过产权制度改革将分散居住的农户聚集居住，既增加集体土地资源数量，又便于社区化管理。同时通过修建道路、增添基础设施，部分地区成立了养老院，允许符合条件的集体成员免费吃住，大大提高了村民的幸福感。

650中有642人回答了"邻里关系是否更加融洽"这一问题。回答"是"的占85.51%，回答"否"的占14.49%。我国社会是一个熟人社会，尤其是农村地区更偏向于礼俗社会，邻里关系是熟人社会的一种外在表现。产权制度改革通过折股量化集体资产和确定集体成员化解邻里之间的矛盾；通过民主协商方式体现产权制度改革过程中的公平公正性。少数村民持否定意见，调研了解到，主要原因是邻里之间存在几辈的恩怨，仅通过产权制度改革不能完全消除。

650中有642人回答了"村庄环境是否有所改善"这一问题。回答"是"的占90.97%，回答"否"的占9.03%。产权制度改革的不仅是增加农民财产性收入，对村庄环境的改善也是其目标之一。通过调研发现，90%以上的村民认为村庄环境已经得到改善。村内道路硬化清洁，住房整齐划一，绿化植被增多，这是笔者对产权制度改革多数地区的印象。

650中有647人回答了"干群关系是否更加和谐"这一问题。回答"是"的占89.18%，回答"否"的占10.82%。干群关系一直是农村地区的重要话题，干群关系的和谐与否，关系到该村集体的发展状况。按照科尔曼的"法人行动者"理论来看，目前干群关系问题突出表现在法人本质的偏离与代理人的过度权力，解决该问题的关键是协调与整合二者间利益关系（张超，2002）。产权制度改革从根本上改变集体资产管理和支配方式（方桂堂，2019），使其更加透明化和民主化，有利于化解干群之间的矛盾关系。

650中有643人回答了"生活是否更有保障"这一问题。回答"是"的占85.85%，回答"否"的占14.15%。产权制度改革与其他农村制度改革，如农村宅基地改革、农村土地改革、农村医疗改革等"相嵌"，从收入、医疗等多方面提升农村地区的生活保障能力，实现城乡社会保障制度的有效衔接。产权制度改革明晰集体资产产权归属，充分保障了流动人口的权益，有利于促进农村城镇化进程。

具体如表9-3所示。

农村集体产权制度改革逻辑与创新发展研究

表 9-3　　　　农村集体产权制度改革主观效能评价问卷调查情况

问题	回答该问题人数			比例（%）
	总人数	否	是	
是否愿意参加产权制度改革	645	12	633	98.14
收入水平是否提高	647	119	528	81.61
福利水平是否提高	643	171	472	73.41
邻里关系是否更加融洽	642	93	549	85.51
村庄环境是否有所改善	642	58	584	90.97
干群关系是否更加和谐	647	70	577	89.18
生活是否更有保障	643	91	552	85.85

9.3　农村集体产权制度改革实践效果

　　农村集体产权制度改革是对农村集体产权制度的一次创新，也是利益相关方（农民、村集体和政府）对外部利润的响应。随着城镇化和工业化进程的加快，农村结构发生重大变化，一方面大量农民尤其是青壮年转移到城市就业，使得农村人口结构发生重大变化；另一方面城乡间生产要素交换约束条件的减少使得农村生产要素相对价格发生变化。另外，中央政府对发展农村集体经济重视程度逐年提高。总之，农村所处外部环境和内部结构的变化导致集体资产增值困难，使得集体成员基于自身利益的追求而产生对现有集体资产产权制度的不满，原集体产权制度均衡状态被打破，迫切需要一种效益更高的制度替代旧制度，实现新的均衡（刘彬彬等，2018），农村集体产权制度改革应运而生。农民、村集体和政府（地方政府和中央政府）作为农村集体产权制度改革参与主体，股份合作制符合一致性同意原则，满足了参与主体的利益诉求。

9.3.1　农民层次产权制度改革实践效果

1. 农村集体产权制度改革有助于提高农民收入

　　农民属于农村集体产权制度改革的主要参与主体之一，也是最终的受益者。农村集体产权制度改革是一项涉及 6 亿农民、2.9 亿农民工和农村内特殊群体切身利益的群众性改革。因此，农民收入的变化是产权制度改革实践效能最直接的判断。财产性收入主要从房屋、土地等资源性资产中获得。按照原有土地制度和集体资产制度，这些"固定"资产难以自由流动。加之大量农民尤其是青壮年劳动力转移到城市就业，造成农村家庭结构失衡（妇女留守居多）和农村人口老龄化严重，出现资源闲置甚至浪费现象。农村集体产权制度改革通过清产核资将村集体资产规模厘清，为发掘集体资产增值潜力奠定基础。全国共清查核实集体土地资源 65.5 亿亩，占国土面积的 45.5%；集体账面资产 6.5 万亿元，其中经营性资产 3.1 万亿元，占集体账面资产的 47.69%。产权制度改革按照"产权明晰—成员界定—要素流动—包容性增长"的逻辑思路，对农民增收具有显著效果，但其持续提高农民财产性收入能力有限（梁春梅等，2018）。成员分配机制由按劳分配转变为按劳分配与按股分红相结合的多元化分配方式，使得集体经营性资产收益分红成为农民财产性收入的重要组成部分，为促进农民增收做出贡献。据农业农村部统计，2009～2019 年，全国农村集体经济分红总量达到 2427.62 亿元，2009 年人均分红高达 662 元。农民居民人均可支配收入由 2013 年的 9429.6 元增长到 2020 年的 17131.5 元。陕西省榆阳区×村是典型的产权制度改革受益村。该村在土地承包经营权稳定的条件下，采用"确权确股不确地"的形式进行土地承包经营权流转，同时盘活村内窑洞、废弃学校等闲置资产。×村根据资源特征多元化发展集体经济，2018 年首次分红，实现人均 1580 元，户均 4504 元；2020 年人均分红 2540 元，户均 7340 元。对农民而言，收入增长是认可这一改革的前提，同时农民居住环境的改善也是关键。榆阳区在产权制度改革过程中，修路架桥，整合民居，修建养老院，推进乡村美化绿化等，提升农民居住环境，让农民获得更多安全感、满足感和幸福感。此次产权制度改革真正得到农民的支持和拥护，也为进一步深化产权制度改革提供了群众基础。

2. 农村集体产权制度改革提高了家庭内部以及社会的和谐度

农村地区青壮年外出务工现象导致农村地区出现"386199"部队留守

的局面，造成土地抛荒现象严重。农村地区多以男方外出务工为主，留守妇女需独立承担小孩的生活和教育、赡养老人等家庭责任，长期的生活压力和缺乏沟通，导致农村家庭不和谐。研究表明，随着村庄流动劳动力比例的增加，农村离婚率显著上升；高离婚率又引起如代际失调、家庭教育缺失、留守子女抚养和老人赡养等一系列社会问题，进而影响社会的和谐稳定（罗猛，2005）。农村集体产权制度改革通过盘活农村闲置资产，吸引农民（尤其是外出务工人员）以农家乐、种养殖等多种形式的小微企业提高自身经济实力。实地调研时发现，榆阳区×村的刘师傅一直在外做水电工，日常照顾孩子、赡养老人以及农田劳作完全由妻子一人承担。农村集体产权制度改革后，×村根据自身优势建成休闲旅游村，刘师傅借此机会返乡，在园区内谋得水电工工作。刘师傅说："现在在村里干活，一年下来可以挣五六万元，关键是每天可以回家。"像刘师傅一样的人还有很多，如在园区开农家乐，在园区找到工作的老年人等。实际走访中可以切身感受到农民的幸福和心里的满足。吸引务工人员返乡工作，修建养老院，分红制度向贫困户倾斜，设立奖惩监督制度等多项举措，一方面保障产权制度改革成果得以发挥；另一方面促进农村家庭内部和农村社会的和谐。

9.3.2 村集体层次产权制度改革实践效果

村集体是直接执行并全程参与产权制度改革的重要主体，可以说村集体对产权制度改革实践效能如何是最有发言权的。对村集体而言，农村集体产权制度改革有利于解决农村公共财政乏力、公共物品供给不足的问题；有利于实现村集体多重职能的目标；有利于明晰集体资产产权归属；有利于激励村干部工作积极性以及实现自身价值。

1. 农村集体产权制度改革有利于实现村集体发展的经济目标和政治、社会等多种职能非经济目标

村民委员会属于村民自治组织，应主要负责村内部公共事务、提供公共产品和服务等；农村集体经济组织主要负责村内经济发展（钱忠好等，

2006）。但现实中村集体组织行政化倾向明显（登姆塞茨，1967）。不仅担负原本的经济职能，还负责非经济职能，如提供公共物品、协助基层政权等行政任务。村集体的多重角色使其目标具有多元化，不仅包含经济目标，也包括政治、社会等多重非经济目标。农村集体产权制度改革逐步实现农村政经分离，通过发展集体经济实现村集体的经济目标，通过提取公积公益金或者设置集体股帮助村集体实现非经济目标。农村集体产权制度改革有利于缓解农村财政支出紧张的状况，提高公共物品供给能力。农村集体产权制度改革旨在将政经分离，但囿于客观因素限制，多数农村地区政经尚未完全分离。因此，村集体仍承担着提供公共物品的责任。农村财政支出的不足影响公共物品的供给，进而阻碍农村集体经济的发展。部分农村地区在农村集体产权制度改革过程中设置集体股或提取公积公益金，在一定程度上弥补了公共财政的不足，为实现村集体的非经济目标提供了可行性路径。2015 年全国集体股股东分红总额 43.11 亿元，随着产权制度改革的不断完善，部分村集体将集体股改为提取公积公益金，到 2019 年时，全国集体股分红 710.69 亿元，提取公积公益金 737.12 亿元。有效增强了农村集体经济实力，加快农村城镇化进程。如×村产权制度改革的"蝶变"效应，累计投资 3500 多万元用于农村建设，幸福院、新民居、幼儿园、卫生室、老年活动中心等一应俱全。

2. 农村集体产权制度改革有利于明晰集体资产产权

按照新制度经济学的观点，产权是界定人们如何受益以及如何受损。产权作为一种社会工具，其重要性就在于，事实上帮助一个人形成他与其他人进行交易时的合理预期（Demsetz，1967）。农村集体产权制度改革通过户籍、生活事实以及"户籍＋复合标准"确定农村集体成员，将集体资产产权主体明确。明确的产权能够激励人们将受益效应或者受损效应内部化，从而在市场机制调节下促进资源实现最优配置（傅夏仙，2004）。通过多样但又合理的标准划定集体成员后采用等额或差额以股份形式量化到人（户）的方法，将集体资产经营权价值化，进而实现农村集体资产产权的对象化和具体化，一定程度上展示出我国农村产权制度具有集体所有制的特征（高强等，2019）。实践中发现，各农村地区采用多重标准确定成员资格：广东、山东、河北和青海等以纯户籍为标准；天津和重庆等地区采用"户籍＋"标准，如村民必须参与本村农业生产或生活在本村等；安徽等地区仅以生活事实为界定标准；部分地区如河南以土地承包经营权为界定标准。总之各地区界定标准存在差异，但均明晰了集体资产的产权，提高了集体成员参与集体事务的积极性。调研中某村干部说："产权制度改革之前让村民参加村里的会议，每人发50元都没人来。现在，在村里的喇叭上喊一声，大家都来了。"

3. 农村集体产权制度改革一定程度上满足村干部的诉求

村干部在农村地区一般属于精英层。从静态和结构主义视角研究发现，村干部具有国家代理人和村庄当家人的"双重身份"，实则实践中村干部角色和行为存在"双重边缘化"的倾向（高强等，2019）。Y市在开展产权制度改革时村干部存在疑虑，一怕群众不配合。产权制度改革是涉及农民群众切身利益的一项改革，农村地区情况复杂，加之群众对参与集体事务的积极性不高，影响产权制度改革的效果。二怕上级政府不满意。Y市属于第一批开展的试点地区，村干部根据上级任务安排开展工作，害怕全力以赴后仍未取得预期成果或得不到上级政府的认可。三怕失去权力。产权制度改革之前，村干部对村集体事务和资产处置基本"自己说了算"，农民对此也不过问。但产权制度改革后，所有集体事务的决策及集体资产的处置都要在阳光下运行，村干部担心因此失去权力。造成村干部存在上述疑虑主要是因为其"尴尬"的"双重身份"。村干部既不是国家干部，又不食国家俸禄，既不是行政管理者，又不是执法者，却要完成只有行政、执法人员依靠强制手段才能完成的工作任务（唐振宇，2001）。为解决上述村干部的疑虑，农村地区积极探索多种途径改变村干部的思想意识，主动参与到产权制度改革中。实践中随着农村改革不断开展，村干部已经由传统意义上的村干部逐渐转变为现代意义上的经济人（Demsetz，1967）。

农村集体产权制度改革为实现村干部利益和权力诉求奠定了基础。第一，农村集体产权制度改革完成后，多数农村地区将土地等资源流转促成规模经营，为发展集体经济奠定了基础。这与"壮大集体经济、实现规模经营"的现代化观念相一致，有利于实现村干部的政治目标（高强等，一般而言，村干部的特殊利益大体可以分为当村干部获取的物质报酬和精神报酬（吴毅，2002）。安徽省滁州市制定的《关于进一步激励村干部干事创业的实施意见（试行）》从村干部职级管理、报酬差异分配制度等诸多方面激励村干部。这一试行意见的制定让村干部转为正式编制成为可能。第二，产权制度改革激励村干部真正从为农民谋福利出发发展经济。现阶段，村干部积极主动发展集体经济，"攀比心"极强。如 Y 市某村干部介绍说："集体经济没有发展，一年不分红可以，两年不分红自己脸就红了，三年不分红村级事务就难办了，等换届时，群众肯定不会选我们了。村干部压力大了，也就有了干劲，现在各个村相互比着干，村干部对发展集体经济从以前'不尽心'到现在'很上心'。"第三，通过产权制度改革激活农村生产要素，盘活闲置资产，进一步发展壮大集体经济，农民得到分红，村干部得到支持的同时也产生压力，在产权制度改革地区形成"干部积极参与—激活集体资产—发展集体经济—农民拥护共享—干部产生动力"的良性循环，最终村干部的利益和权力诉求得以实现。

4. 进一步完善了农村基本经营制度

通过产权制度改革明显的渐进和增量改革（曾祥炎等，2011），体现了社会主义公有制的优越性以及有利于完善农村基本制度和破解"三农"难题（张红宇，2015）。因此，农村集体产权制度改革为农村地区带来了多种变化（见表 9–4）。治理主体方面。乡村治理主体由单一化向多元化转变。按照现行法律的规定，农村集体资产管理事务应由农村集体经济组织承担，依法代表成员行使权利。村民委员会、基层党组织和农村集体经济组织"三驾马车"分别负责村自治事务、党的事务和农村经济事务。但产权制度改革之前，村民委员会和基层党组织是健全的，多数农村地区未设置农村集体经济组织。截至 2014 年底，全国有 59.8% 的村由村民委员会代行村集体经济组织职能[①]。产权制度改革后，乡村治理主体变为村委会、村集体经济组织和基层党组织"三驾马车"各司其职。全国农村集体经济组织的村由 2014 年的 40.2% 上升到 2018 年的 50.3%。同时，2020 年

---

① 张红宇. 关于农村集体产权制度改革的若干问题 [J]. 农村经济管理，2015（8）：6–10.

新修订的《中华人民共和国民法典》将农村集体经济组织视为特别法人，一定程度上了奠定了农村集体经济组织的市场主体地位。决策主体和产权制度方面。决策主体由村干部的"一言堂"变为成员民主决策的"群言堂"，成员按份共有集体资产，使集体经济组织成员成为真正的决策主体。民主决策一直是我国农村地区管理群众事务的决策方式。在产权制度改革之前，村集体事务由村干部一人说了算，村干部以权谋私、贪污受贿、生活腐化等腐败问题凸显（唐金培，2013），"小官大贪"的现象屡见不鲜。这与村干部个人原因有关，也与农村基层制度不完善密切相关，如成员对集体资产的漠视、村集体账务不明确、缺乏对村干部的监督机制等。产权制度改革后，农村基层制度相对更加完善，成员按份共有集体资产，提高了成员的主人翁意识。同时通过监理会、股东代表大会决策村集体事务，在"阳光"下操作。分配制度方面。通过产权制度改革，农村的分配制度由单一的按劳分配向按劳分配与按股分红相结合的方式转变。《中华人民共和国宪法》规定，坚持按劳分配为主体、多种分配方式并存的分配制度。我国特殊的城乡二元结构，使我国农村地区的分配制度经历了"全面按劳分配—平均主义—按劳分配与按要素分配并存—按劳分配与按股分红相结合"的发展过程（韩文龙等，2018）。随着分配制度的变化，农村收入分配中公平和效率问题逐步得到改善，同时也解放和发展了农村生产力，促进了经济的全面协调发展。要素配置和管理方式方面。传统的农村管理方式使得农村地区要素间联系松散，难以整合，实现要素的最优配置。产权制度改革后，农村的管理方式逐渐向社区管理转变，同时也促进了农村地区要素整合，逐渐形成最优配置。产权制度改革使村集体综合变化显著，印证了人类对客观事物的认识是螺旋式上升的过程。

表9-4 农村集体产权制度改革前后变化

内容	产权制度改革前	产权制度改革后
治理主体	村委会	村委会、集体经济组织
决策主体	村干部"一言堂"	成员民主决策"群言堂"
产权制度	村民共同所有	成员按份共有
分配制度	按劳分配	按劳分配与按股分红结合
要素配置	要素间联系松散	整合要素，优化配置
管理方式	传统农村管理	社区管理

9.3.3　政府层次产权制度改革实践效能

政府（中央政府和地方政府）作为集体资产产权科层结构的最高层，农村集体产权制度改革产生的效能范围更广，影响更深远。产权制度改革有利于实现发展农村的目标，利于完善农村基本制度，进而有利于健全我国现代化治理体系。

1. 农村集体产权制度改革有利于实现乡村振兴的目标

随着农村一系列改革的开展，农村发展已取得显著成效。但农村长足发展后劲不足、城乡居民收入仍存在差距、城乡要素价值和流动性方面存在差异等问题制约着农村的发展。产权制度改革通过盘活农村集体资产、建立市场交易平台等多种操作动作，有利于促进农村发展，提高农民收入，缩小城乡差距。2017 年浙江实施村集体经济"消薄"行动，多渠道为村集体"输血"和提升村集体"造血"能力，到 2019 年底已全面消除集体经济年收入低于 10 万元、经营性收入低于 5 万元的薄弱村。2020 年，浙江农村集体资产总额超过 7200 亿元，集体经济总收入 610.3 亿元，省定集体经济薄弱村全面"清零"。

2. 农村集体产权制度改革有利于完善农村基本经营制度，更有助于提高国家治理能力和完善国家治理体系

按照经济学观点，当生产力发展到一定阶段时会引起生产力与生产关系的矛盾，进而推动生产关系发生变革。我国农村地区集体资产产权归属不清和价值不详、集体资产承包合同不规范，以及农民对集体事务漠不关心等诸多问题说明共同共有的集体产权制度已不能满足现代农村发展的需要。党的十九届四中全会通过的《中共中央关于坚持和完善中国特色社会主义制度 推进国家治理体系和治理能力现代化若干重大问题的决定》提到"深化农村集体产权制度改革，发展农村集体经济，完善农村基本经营制度"。这一表述说明农村集体产权制度改革与我国农村经营制度有联系，若要完善我国农村基本经营制度需进一步深化农村集体产权制度改革。我国农村实行统分结合的农村基本经营制度，家庭联产承包责任制改革将"分"落实到位，但"统"却未能真正实现。"统"的实现需要利益联结吸引农民自愿参与各种社会组织，实现社会化组织功能。农村集体产权制度改革完成后，村集体成立合作社，或入股合作社，或由能人创办合作社等多种形式，逐渐形成社会化组织体系，发挥"统"的功能。农村集体产权制度改革一方面逐步完善农村基本经营制度，补齐我国农村制度"短板"；另一方面也为健全我国国家治理体系和增强我国治理能力现代化创造了条件。

9.4 农村集体产权制度改革效率损失分析

囿于对改革理解偏好的差异、执行力的不同以及改革地区经济社会发展水平的差别，农村集体产权制度改革在理论上产生的效能与实际中产生的效能存在差异。农村集体产权制度改革在不同视角、不同层次取得了多方面效能的同时，但同时我们也应注意到，由于我国特殊的治理结构，在产权制度改革过程中必然存在效率损失。

农村集体产权制度关系如图9-3所示。

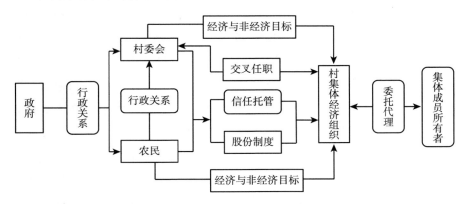

图9-3　农村集体产权制度关系示意

1. 农村集体产权制度改革内生的行政关系约束经济自由，导致效率的损失

按照对村集体经济组织的一般理解，村集体经济组织应单纯的定性为经济性质的法人（钱忠好等，2006），不应隶属于政权体系；村委会作为政府权力的一种延伸，承担更多行政职能。但现实中村集体经济组织与村委会之间人员交叉任职，职能模糊。加之本轮农村集体产权制度改革由政府主动推行，造成村委会与政府之间、村集体经济组织与政府之间、农民与政府之间以及农民与村委会之间的行政关系更加明显。对农民而言，理应代表和传达农民利益诉求的村委会（村集体经济组织）却成为政府权力的"代言人"和执行者。部分地区将产权制度改革政治化，将经济决策纳入政治过程，仅考虑自身的利益问题，最终也将削弱农民参与产权制度改革的自愿性。当经济决策成为某个政治过程的均衡结果时，经济活动产生的效能将会受到影响。主要是因为政治契约包含的内容范围一般大于经济契约的内容范围，存在逃避责任和指责第三方以转移过失的漏洞（Dixit，1998）。

2. 村集体经济组织内部成员间缺乏平等性，产生效率损失

农村集体产权制度改革引入现代企业管理制度，成立董事会、监事会和股东代表大会，形成权力制衡机制。在农民与村集体经济组织之间形成信任托管关系，集体成员与村集体经济组织间形成委托代理关系。实则在村集体经济组织内部成员间存在不平等现象。一方面表现在成员个体间成员资格获得存在不平等。在实践中集体成员资格认定矛盾主要集中在身份转换人群，其中"两头空"现象屡见不鲜。另外，某些农村地区将集体成员和股东身份分离，规定18岁以下符合条件的村民属于集体成员但不属于股东。这些不平等现象一定程度上损害了特殊人群的权益，进而影响产权制度改革追求公平起点的初衷。另一方面表现在集体成员个体（农民）与村委会、村集体经济组织间的不平等。集体成员个体（农民）与村委会间存在领导与被领导的行政关系，村集体经济组织与村委会之间又存在交叉任职的现象。这样在产权制度改革过程中可能造成村委会凭借地位优势谋求自身利益最大化，进而削弱农民参与产权制度改革的积极性。农村集体产权制度改革的初衷是追求集体成员间的公平平等。在开展产权制度改革过程中行政关系、委托代理和信任托管关系的存在导致部分效率损失。

3. 村集体经济组织多元化目标与农民单一经济目标间的矛盾，引致效率损失

村集体经济组织与一般性质的企业存在差异，且与村委会职能并未完全分离。由此造成村集体经济组织职能模糊。调研发现，村集体经济组织除承担发展集体经济的任务外，还承担着村集体环境卫生绿化、养老、村内基础设施建设等工作。村集体经济组织需自行承担经营成本和社会管理成本，结果必然造成分红金额的减少。对农民而言，他们更看重经济目标。不仅要获得等于或高于原来收入的纯收入，甚至要求逐年增长，且要达到与其成员权相对应的收入水平。村集体经济组织的多元化目标与农民追求单一的经济目标间的矛盾将会阻碍农村集体经济的发展和降低农民获得的净分红比例，最终引起产权制度改革效率的损失。

4. 村集体经济组织法人地位缺失与市场经济不匹配，导致效率的损失

2017 年新修订的《民法总则》将农村集体经济组织视为特别法人，2018 年十三届全国人大常委会立法规划将农村集体经济组织方面的立法列为第三类项目，赋予了村集体经济组织法人资格。截至 2021 年 4 月底，全国共有 50 多万个村领到农村集体经济组织登记证书。农村集体产权制度改革已逐渐将农村经济向市场经济靠拢，逐步削弱了城乡间生产要素流动的限制和价值的差异化，最终提升农村集体经济组织的市场法人主体认可度。2021 年 12 月 17 日，全国人大常委会法制工作委员会举行记者会，介绍农村集体经济组织立法已纳入 2022 年立法工作计划。从立法到市场认可，农村集体经济组织市场法人地位存在时滞性。这一突破已经为确立农村集体经济组织市场法人地位和提高其竞争力奠定了良好的基础。

5. 村集体经济组织股权退出的限制性以及流转的封闭性，导致效率损失

农村集体产权制度改革通过赋予集体成员六项权能，使集体成员以股份份额形式共享集体经济收益。笔者调研发现，集体成员行使有偿退出权

的情况较少。南京市江宁区探索实施农村集体资产股份有偿退出、社内流转，但行使有偿退出权的农户仍较少。退出权具有处分权能的特性，也是成员权益完整性的外在体现。目前行使有偿退出权发生较少的原因主要有以下三方面。第一，产权制度改革开展时间较短。第二，股权有偿退出机制尚未健全，如何确定退出股权价值，退出的股权是集体经济组织收回还是其他集体成员有权购买，非集体经济组织成员是否有权购买股权，持股比例是否存在限制等问题尚未得到妥善解决。第三，集体成员本身退出意愿不高。股权的自由流转过程是股权价值增值的过程。村集体经济组织和股权流转的封闭性，制约着股权的自由流转。在市场经济体制下，集体资产股权只有自由流转，才能实现生产要素的优化组合和真正发挥其增值作用。为防止农村集体资产"僵化"，部分农村地区建立农村产权流转交易市场，为股权流转搭建平台。但相关政策法规的不健全，村集体经济组织股权流转的封闭性，以及农村对股权市场的不了解，极大地制约着股权的自由流转。总之，股权退出权的限制以及流转的封闭性，影响股权的增值，进而导致潜在效率的损失。

9.5 本章小结

本章主要从多个视角对农村集体产权制度改革的效能及其损失进行了解析。研究表明，若按照动态博弈理论分析，产权制度改革各参与主体一般按照博弈收益高低决定是否参与。但实地调研发现，本轮开展的农村集体产权制度改革带有明显的中国特色。即在我国农村地区熟人社会背景下，政府是此轮产权制度改革的主要推动者，村集体是实施者和执行者，村民是参与者。主观分析一定程度上能反映农民对产权制度改革的满意度。然而实地调研中也存在部分村民因村内其他人参与，不想被"孤立"，而放弃"理性人"选择参与产权制度改革。另外，村集体属于政府职能在农村地区的延伸组织，负责管理村民及村集体事务，一定程度上给农村地区蒙上了政治色彩。因此在产权制度改革过程中，存在一定的行政关系、委托代理关系等，产生效率损失。农村集体产权制度改革内生的行政关系束缚着经济自由发展，村集体经济组织内部成员间缺乏平等性，村集体经济组织多元化目标与农民单一经济目标间的矛盾，村集体经济组织法人地位缺失与市场经济的不匹配，村集体经济组织股权退出的限制性以及流转的封闭性，这些矛盾的存在导致产权制度改革效率存在损失的可能性。因此，需进一步深化产权制度改革，逐渐弱化各主体间的行政关系，减少农村集体经济组织立法时滞，增强市场经济机制，尽可能充分释放产权制度改革效能。

第10章

农村集体经济有效发展的关键影响因素分析

人民公社解体后，我国一直探索实现农村集体经济有效发展的新形式，原有农村集体经济形式不能适应农村农业结构、就业结构、人口结构和社会结构发生的变化，难以满足农民在经济发展、生活改善、子女教育、养老保障、社会治安、乡村治理等方面提出的新要求。中央及地方政府高度重视农村集体经济发展，制定相关政策构建农村集体经济发展的顶层设计，为其发展提供宏观政策保障。事件的发生常常是多个因素组合影响的结果，已有研究以组合因素为切入点的研究较少。本章重点分析哪些组合因素共同作用影响农村集体经济的发展，以期为未来农村集体经济的发展提供理论参考。

10.1 框架分析与研究假说

农村集体经济是农村双层经营的重要组成部分，对于促进农业持续发展、农村社会稳定发挥了重要作用（农业部课题组，2009），受到社会各界的广泛关注。研究发现，能人效应（黄振华，2015）、政府扶持（熊彩云，2015）、产权改革（陈军亚，2015）以及管理引领（李华胤，2017）等单个因素对农村集体经济发展具有重大影响，然而农村集体经济的发展作为社会问题，仅考虑单个因素的影响已不能满足中国特色社会主义新农村建设的需要。而通过此次调研发现，资金、技术、知识、人才以及相关政策的缺乏是目前制约农村集体经济发展的重要因素。

10.1.1 框架分析

1. 精英带领和管理引领

精英或能人在农村集体经济发展过程中发挥着重要作用，能人的引领和带动作用是集体经济有效实现形式的重要条件。精英缺失制约着农村集体经济的发展，充足的精英或者人才支持，不仅能科学有效地规划农村集体经济的发展内容和方向，还能拓宽农村集体经济发展渠道以壮大农村集体经济（王文彬，2018）。精英带领或能人效应的发挥需要带动潜能和道德感两方面因素的共同作用（黄振华，2015），但现阶段农村地区存在精英或人才流失现象，严重影响了农村集体经济的发展。将农村精英联合成一个经济组织，通过精英组织的影响，有效促进农村集体经济的发展。本章采用是否成立村级经济股份合作社作为衡量管理引领的指标。管理引领是集体经济有效发展的基本条件之一（李华胤，2017）。村级股份经济合作社主要从清产核资、确定股权、制定章程和建立治理机构等方面规范农村集体经济发展（杨茗，2005）。

2. 基础保障和制度保障

基础保障本章采用的衡量指标是经营性资产，该类资产主要由集体统一经营，制度保障主要是指是否进行农村集体产权制度改革。通过农村集体产权制度改革盘活集体资产，提高农民财产性收入，壮大集体经济。农村集体产权制度改革是农村集体经济有效发展的内在动力，通过摸清农村集体"家底"，发挥各种资源的优势，真正做到物尽其用，促进农村集体经济的有效发展。

3. 村民认知

村民是农村集体经济的主要参与者和受益者，村民的认知程度与农村集体经济的发展息息相关。一般情况下，村民的认知程度越高，越有利于农村集体经济的有效发展；反之，则可能会阻碍农村集体经济的有效发展。农村集体经济的发展需要村民的配合和精英的管理，二者共同作用，有助于促进农村集体经济的发展。

4. 政府保障

政府保障一般包括政府出台的相关法律法规和政府的财政拨款对农村集体经济发展提供扶持，本章主要指财政拨款。根据国家财政资金的性质，将国家财政转变为集体股金，结合集体权益的实现形式，以此撬动农村集体经济的发展壮大。资金、人才、技术等相对缺乏的农村地区，集体经济的有效实现，一般与政府的财政保障密切相关。政府保障作为一种外部推力，除与扶持强度有关外，还与扶持期限等有关。不同组合产生的效果各异，因此在加大政府投入力度的同时应加大经营、约束和监管力度（李扬，2005），防止出现相反的结果。

10.1.2　研究假说

基于以上分析，本章提出以下研究假说。

假说1：精英带领进行农村集体产权制度改革（制度保障）将促进农村集体经济有效发展。

假设2：在村民认知程度较高的农村地区，拥有精英的带领和良好的基础保障将促进农村集体经济的有效发展。

假设3：在缺乏政府保障的农村地区，但村民具有良好的认知，丰富的基础保障，如若再加上制度保障，同样可以促进农村集体经济的有效发展。

10.2 样本及变量定义

10.2.1　样本

本章数据是2016年6月笔者到宁夏回族自治区红寺堡区和盐池县进行实

地调研所得。本章采用的数据主要是根据村级问卷整理而得，原因是村级问卷能更好更全面地反映该村集体经济的发展状况。此次调研共发放村级调查问卷40份，剔除内容严重缺失的问卷，共得到25份有效问卷，有效率为62.5%。

10.2.2 变量定义

1. 结果变量

本章的被解释变量是农村集体经济发展状况（$RCED$），目前学术界暂时没有统一的衡量标准。本章根据调研的实际情况，以"本村集体经济运营状态"为衡量标准，分为基本停滞状态（0分）；仍在运行，但成效较差（1分）；有一定收益，但不占主导地位（3分）；实力很强，能起到带动作用（5分）。本章以分值低于3分为0；等于或者大于3分为1进行赋值。

2. 原因变量

（1）精英带领（EL）。研究发现，精英（能人）带领与农村集体经济的发展息息相关。因此，本章参照黄振华（2015）的研究以及调研的实际情况，将被调查者是书记或者村支书时为1，否则为0。

（2）政府保障（GP）。农村集体经济的有效实现程度和实现形式离不开政府扶持（熊彩云，2015）。因此，本章选择是否有财政拨款来考察政府保障的影响。

（3）制度保障（SP）。农村产权制度改革是推动农村集体经济发展的内生动力。因此，本章以是否开展农村集体产权制度改革来考察制度保障的影响。

（4）基础保障（BP）。经营性资产是一个农村地区的"家底"，一般"家底"越丰厚，集体经济的规模越大。基于此，本章以是否有经营性资产来考察基础保障的影响。

（5）村民认知（FC）。主要以对本村集体经济发展状况的满意度为衡量标准，满意为1，否则为0。

（6）管理引领（ML）。研究发现管理引领（管理理念和管理方式的组合）是农村集体经济发展的基础条件。由于管理理念这一因素很难以具体指标衡量，因此本章选择是否成立村级经济股份合作社来考察管理引领。

各变量定义如表 10 − 1 所示。

表 10 − 1　　　　　　　　　变量定义

变量		变量定义
农村集体经济发展	*RCED*	本村集体经济运营状况
精英带领	*EL*	书记或者村支书为 1，否则为 0
政府保障	*GP*	有财政拨款为 1，否则为 0
制度保障	*SP*	进行农村集体产权制度改革为 1，否则为 0
基础保障	*BP*	有经营性资产为 1，否则为 0
村民认知	*FC*	对本村集体经济发展状况满意为 1，否则为 0
管理引领	*ML*	成立村级经济股份合作社为 1，否则为 0

10.3　检验结果与分析

10.3.1　描述性统计分析

表 10 − 2 主要针对"制约本村集体经济发展壮大的主要因素"这一问题进行描述分析，共有 38 人回答。被调查者认为制约本村集体经济发展壮大的主要因素依次是缺乏资金，占比 37.36%；缺乏知识、技术、人才支撑，占比 20.88%；缺少政策支持，占比 15.38%；缺乏资源，占比 9.89%；缺乏适合的发展方案，占比 8.8%；村民或基层干部对集体经济信心不足，占比 3.3%，其他因素包括缺乏水资源、缺乏项目、企业小以及交通不便等。

表 10 − 2　　　　　　　制约农村集体经济发展壮大的因素

影响因素	缺乏资金	缺乏知识、技术、人才支撑	缺少政策支持	缺乏资源	缺乏适合的发展方案	村民或基层干部对集体经济信心不足	其他因素	基础组织管理混乱
频数	34	19	14	9	8	3	4	0
比例（%）	37.36	20.88	15.38	9.89	8.8	3.3	4.39	0

通过以上的分析初步发现，首先，资金是制约农村集体经济发展壮大的主要因素，资金的性质和用途可以有效撬动集体经济发展壮大。其次，人才、知识和技术的短缺也是阻碍集体经济发展壮大的一个因素。农村的精英一般具有知识、技术、经验等方面的优势，易产生能人效应。再其次，政策支持是一个集体经济发展的宏观环境，较为完善的制度顶层设计，可以保障其有序健康发展。但现阶段相关政策缺乏，妨碍了集体经济的发展壮大。最后，资源是一个农村发展的基础，相当于"家底"。调研中发现缺乏资源也是阻碍集体经济发展壮大的一大因素。

10.3.2　定性比较分析结果

1. 构建真值表

通过描述分析将影响农村集体经济发展的因素分为六个方面，共产生 64（$2^6 = 64$）个条件组合。采用 fsQCA3.0 软件，删除连续性低于 80% 的案例编码，并根据一致性原则（越接近于 1 越理想；当小于 0.75 时，无法解释现实案例）构建真值表（见表 10 - 3）。

表 10 - 3　　　　　　　　　　案例变量真值表

精英带领（EL）	政府保障（GP）	制度保障（SP）	基础保障（BP）	村民认知（FC）	管理引领（ML）	集体经济（RCED）	共享案例数
1	1	1	1	1	1	1	4
1	0	0	1	0	0	1	1
1	0	1	1	1	0	1	1
1	1	1	0	1	1	1	1
0	0	1	1	1	0	0	2
1	0	1	1	0	1	0	2
1	1	1	1	0	0	0	3
1	1	1	0	0	0	0	7
0	1	1	0	0	0	0	1
0	0	1	0	0	0	0	1
1	1	0	1	1	0	0	1
0	0	0	1	0	1	0	1

2. 实证结果分析

表10-4显示了农村集体经济发展的定性比较分析结果。

表10-4 条件组合分析

项目	EL	GP	SP	BP	FC	ML	必要性水平	覆盖率	充分性水平
条件组合	●	●	●		●	●	0.5	0.5	1
	●	⊗	⊗	●	⊗	⊗	0.1	0.1	1
	●	⊗	●	●	●	⊗	0.1	0.1	1
总体覆盖率							0.7		
总体一致性							1.0		

注：●表示条件存在；⊗表示条件缺少；空白代表该要素出现与否无关紧要。

QCA分析结果显示，fsQCA软件列出的6个变量所构成的3个最优条件组合形式，具有较强的解释力，总体覆盖率达到0.7。每个条件组合的充要性水平达到理想范围，条件组合的一致性均为1。农村集体经济发展共有三种途径：（1）有精英带领、较为充裕的政府保障、较为完备的制度保障、较高的村民认知水平和较为有效的管理引领；（2）有精英带领和较为丰富的基础保障；（3）有精英带领、较为完善的制度保障、较为丰富的基础保障和较高的村民认知水平。三个最优条件组合的覆盖率分别为0.5、0.1和0.1，第一个最优组合的净覆盖率是0.5，为三个组合中对结果影响最大的条件组合。

条件组合1的核心条件是精英带领，表明精英带领可以帮助农村集体经济实现有效发展；辅助条件是充裕的政策保障（充裕的财政资金支持）、完善的制度保障（进行农村集体产权制度改革）、较高的村民认知程度以及合理的管理引领；基础保障是无关紧要的条件。这一结果和条件组合2与条件组合3最大的不同是，农村集体经济有效发展需要政府保障（财政拨款）和管理引领（成立股份经济合作社），但基础保障（经营性资产）是无关紧要的条件。

条件组合2的核心条件是精英带领和良好的基础保障以及非制度保障（没有农村集体产权制度改革）和不成熟的村民认知。该结果表明，在没有制度保障和村民认知不成熟的条件下，精英效应和资源优势共同作用可以有效促进农村集体经济的发展。辅助条件是没有政府保障（财政拨款）和先进管理引领。

条件组合 3 的核心条件是精英带领和良好的基础保障，表明拥有精英带领和良好的资源优势可以实现农村集体经济的有效发展；辅助条件是非政府保障，完善的制度保障、良好的村民认知水平和非管理引领。该结果表明没有政府保障和管理引领的地区，需要具有优秀的精英带领和良好的基础保障，同时需要制度保障和成熟的村民认知，以化解资金缺乏和管理不善的不足，促进农村集体经济的发展。

对上述三个条件组合构成的方程进行布尔代数简化：

$$RCED = EL \times GP \times FC \times ML + EL \times BP + EL \times SP \times BP \times FC$$
$$= EL \times SP \times FC + EL \times BP$$
$$= EL \times (SP \times FC + BP)$$

在 QCA 分析中，既在简约解又在中间解中出现的条件为核心条件，只在中间解中出现的条件为辅助条件（杜运周和贾良定，2017）。根据布尔代数简化式，构建农村集体经济有效发展的最优条件组合发现：精英带领（EL）是农村集体经济有效发展的必要条件，是农村集体经济有效发展的必要条件或关键因素，该关键因素的缺失将抑制农村集体经济的有效发展，即农村集体经济的有效发展离不开村中精英的有效带领。

10.4 本章小结

本章在农村集体经济有效发展的构成条件研究中得出以下结论。第一组条件组合是以精英带领、完善的政府和制度保障、村民有较高的认知程度以及较先进的管理引领为核心条件，表示在基础保障存在与否无关紧要的情况下，只要其他条件具备仍能促进农村集体经济的有效发展。第二组条件组合是以非制度保障、非村民认知、精英带领和基础保障为核心条件，表明在没有进行农村集体产权制度改革和村民认知不高的地区，较强的精英带领能力和良好的基础保障也可以促进农村集体经济的有效发展。

第三组条件组合是以精英带领和基础保障为核心条件，以制度保障和村民认知为辅助条件，条件组合3是条件组合2的变形，结合制度保障和村民认知更加有利于农村集体经济的有效发展。还发现，三组条件组合中精英带领均是核心必要条件，即对农村集体经济的有效发展具有重要影响。

农村集体产权制度改革逻辑与创新发展研究

第11章

联营制：农村集体产权制度改革创新发展路径探索

通过对集体资产产权科层的分析，已明确不同类型集体资产的产权主体，明晰的产权主体为农村地区开展联营制发展奠定了基础。联营制合作发展集体经济的前提条件是投入的生产要素归属清晰，清晰的归属也是后期共享收益的基石。实践中部分地区探索出联营制集体经济发展新模式，真正解决了发展农村集体经济的难题。联营制充分利用了农村集体产权制度改革的优势，打破地域行业等壁垒限制，同时使集体经济薄弱村获得了突破性发展。实地调研发现联营制发展集体经济的形式并不唯一，那么这些集体经济发展形式的共同点是什么？采用"联营制"发展集体经济的关键又是什么？本章试图给出答案。

11.1 联营制的内涵机理

联营制顾名思义是指村（组）、农民和社会企业等主体相互同意共同采用某种经营方式的联合。尤其是产权制度改革后，农村集体资产的产权归属与边界已经清晰，且过去单打独斗发展集体经济的形式难以满足发展的需求。农村集体产权制度改革红利之一是探索出农村集体经济发展新路径，而联营制可有效破解农村集体经济发展困境。联营制创新发展路径的内涵可概括为以产权制度改革产权归属清晰为基础，通过打破农村发展的封闭性实现资源自由流动并优化配置，由村集体、农民和社会企业等多元主体联合参与合作发展的，具有主体多元化、发展结构立体化、涉及领域宽和联合性特点，形成规模化发展并促使农村集体产权的价值显化的一种集体经济发展新模式。联营制发展集体经济模式的关键是突破农村集体经济组织本身的封闭性，前提条件是产权归属清晰。（1）农村集体资产科层结构的个体层次主要是村民，产权制度改革界定成员环节将个体层次细化确定集体成员，共享集体资产收益。（2）集体资产科层结构主体明确有利于充分依据不同类型集体资产的特性，探索不同集体经济的发展形式，最大限度挖掘其价值。（3）农村集体资产产权科层结构清晰有利于村集体（组）间的联合发展，按照过去单独发展形式难以形成规模适应市场经济和抵抗风险。总之，农村集体资产产权科层结构归属清晰，为探索联合发展集体经济新形式提供了可能性，而且在实践中已有部分地区进行了相关探索。

联营制发展集体经济形式恰好突破此困境，满足现阶段农村经济发展的需要。联营制集体经济发展模式中，农村主要以土地等资源性资产或扶贫资金等要素联合，可以由村集体自主经营；或由新成立的公司经营；或以村为单位采用股份形式入股社会企业，由社会企业经营。根据联合要素来源不同，可分为村内联营和村外联营两种，且这两种联营制形式均可有社会企业参与。其中，村内联营是指根据发展集体经济的需要，将不同村民小组的资源进行置换，或整合贫困户的扶贫资金等属于村内部的资源进行优化整合，实现内部资源的联合发展；村外联营则是指整合本村与非本村的资源联合发展。联营制集体经济发展模式的形成得益于我国农村以熟人社会为主，村内或镇内的各主体相互熟悉，在发展集体经济过程中容易形成相对和谐稳定的合作环境。此外，借助社会企业资源优势主要包括资金和先进的现代企业管理制度等发展集体经济，易与市场衔接，促使农村经济在优化供给结构、改善供给质量和形成国内市场大循环方面发挥重大作用。该模式本身极具特色。首先，联合抱团发展使各村集体形成利益目标一致的联盟性组织，并借助具有内聚力的制度设计联合不同利益主体共同助推集体经济发展。其次，村内资源的有效集聚和村外资源的有效整合形成规模效应，同时产生虹吸效应，吸引社会企业联合村集体发展集体经济。最后，通过资源整合扩大了产业范围，不仅是产业链的延伸，也可以包括跨行业联合发展。总之，联营制集体经济发展模式通过村内外资源整合，破解了农村发展内生动力不足的难题，实现了"1 + 1 > 2"的效果。但也应该注意到，农村集体经济组织与其他农村组织的关系亟待理顺，以提升农村集体资产的市场化管理运营程度。

11.2 联营制实践探索

农村集体产权制度改革创造了新的农村集体产权制度，为创新探索集体经济发展新路径提供了天然的制度屏障。专项推进产权制度改革并继续探索发展集体经济新路子是目前党中央多次强调的。2020 年 10 月 26 ~ 29 日召开的党的十九届五中全会发布的《中共中央关于制定国民经济和社会发展第十四个五年规划和二〇三五年远景目标的建议》明确，"深化农村集体产权制度改革，发展新农村集体经济"。但现阶段完成产权制度改革地区创新发展方面存在多重阻碍，如农村集体经济组织法人地位市场不认可、创新发展造血功能不足、法人治理结构不完善、农村集体产权结构封闭等。同时，过去"单打独斗"的集体经济发展方式已难以满足农村发展的需要，且农村集体经济弱化和被边缘化的趋势仍未改变。但随着农村集体资产产权归属逐渐清晰，城乡要素流动通道逐渐畅通，不同农村集体经济组织间甚至农村集体经济组织与社会企业间的要素流动与资源整合必将成为趋势。并且"释权"将是发展集体经济由难到赢的关键（张浩等，2021）。

农村集体产权制度改革对农民、村集体和国家来说成效已显现，其中村集体作为中间层次，向下对农民的生产生活负责，向上对国家的农村社会稳定负责，属于中坚力量，承担着利用集体资产发展集体经济的重任。农村集体经济得以发展，一方面农民获得的分红收益提高，另一方面国家获得税收、社会等多方面综合效益增加。此外，产权制度改革的意图是发展农村新型集体经济，管理运营好并实现集体资产保值增值。作为中坚力量的村集体最能体现农村集体产权制度改革的绩效。而新型农村集体经济发展形式是提高村集体绩效的关键和外在体现。农村地区开展农村集体产权制度改革只是一种手段，发展集体经济才是最终目的。农村地区传统的"单打独斗"式发展已难以满足市场经济发展的需要，且通过农村集体产权制度改革虽已盘活农村集体资产，但单村发展过程中面临的"无产业、无区位、无资金、无项目"的"四无"问题仍限制农村集体资产价值的显化。《中共中央 国务院关于稳步推进农村集体产权制度改革的意见》指出，"鼓励整合利用集体积累资金、政府帮扶资金等，通过入股或者参股农业产业化龙头企业、村与村合作、村企联手共建、扶贫开发等多种形式发展集体经济"。农村集体产权制度改革完成后新形成的股份合作制为探索新型集体经济联合发展提供了多种可能性。本章结合笔者 2020 年 8 月 22～25 日、10 月 19～22 日及 11 月 10～14 日到陕西省西安市高陵区、四川省成都市简阳市平武镇尤安村和彭州市龙门山镇，以及海南省临高县的实地调研，重点分析采用联营制集体经济发展模式的关键。此外，从实地调研的情况来看，联营制已取得显著成效，存在可复制性且可持续发展潜力大。因此，联营制作为农村地区创新探索的一种抱团联合发展新路径，可有效解决多数农村单独发展尤其是集体资产薄弱村发展实力不足和后续发展耐力不持久的问题。实践中发现，联营制发展过程中所利用的资源不仅包括农民长期劳动积累的集体资产，也包括扶贫等多种名目的转移支付所形成的集体资产。

探索新型集体经济发展形式，不仅是深化产权制度改革的一项重要任务，更是农村地区破解发展集体经济困境的迫切需要。从实践来看，各地区结合自身特征，通过构建联营制发展集体经济，创造出多种各具特色的新型农村集体经济发展形式。

高陵区位于西安市北部，全区总面积 294 平方公里，辖 7 个街道，86 个行政村，总人口 35.11 万人。① 临高县位于海南省西北部，面积 1317 平方公里，有黎、壮、苗等 6 个少数民族，辖 8 乡 10 镇，2 个国营农场，

农村集体产权制度改革逻辑与创新发展研究

---

① 根据西安市高陵区人民政府网站数据整理。

902 个村民小组,共 34.92 万人。① 尤安村占地面积 11.2 平方公里,其中耕地面积 533.33 公顷,共计 29 个村民小组,户籍人口 5086 人,尤安村以无公害桃产业和莲藕产业为主。② 龙门山镇距彭州市中心 38 公里,全镇总面积 384.34 平方公里,下辖 5 个行政村、1 个场镇社区、81 个村(居)民小组,总人口 1.11 万人。近年来,这些地区通过深化产权制度改革,在明晰集体产权边界的基础上探索出联营制集体经济发展模式,不仅解决了农村地区集体经济发展面临的发展动力不足、能力不强和边界限制等困境,更为农村集体产权价值显化和进一步深化产权制度改革提供了参考。

11.2.1 联营制实践模式

1. 指标置换模式

陕西省西安市高陵区张家村位于高陵区东北部,人民公社解体后张家村共成立 9 个村民小组。2015 年高陵区全区开展农村集体产权制度改革,并灵活顺利地完成清产核资、成员界定和股权设置与管理等步骤,明确了各组资源的边界和个人的股份权能。通过产权制度改革,村内各组资产产权边界已经清晰,接下来重点任务是如何借助产权制度改革红利发展集体经济。

张家村早在 2012 年就与西安市源田农业技术开发有限公司合作树苗培育项目。随着农业农村所处制度环境的变化,以及产权制度改革的顺利完成,西安市源田农业技术开发有限公司根据市场需求调整了项目定位,即创建现代农业、文化旅游、田园社区为一体的田园综合体。建立的田园综合体仅需流转张家村八组和九组两组的土地,但八组和九组却没有可用建设用地指标。根据 1999 年制定的《中华人民共和国土地管理法》中第三十条规定,非农建设经批准占用耕地的,按照"占多少,垦多少"的原则,由占用耕地的单位负责开垦与所占用耕地的数量和质量相当的耕地。2018 年张家村采用复垦一组和二组 126 亩耕地,置换出 126 亩经营性建设

---

① 根据海南省临高县人民政府网站数据整理。
② 根据成都市基层公开综合服务监督平台网站数据整理。

用地指标，并将这126亩经营性建设用地指标调整到八组和九组，经过复垦—置换—调整一系列操作实现了张家村资源的整合配置（见图11-1），并在2018年11月将126亩经营性建设用地指标以作价入股的方式入市，共估价4111.43万元。张家村股份经济合作社以126亩经营性建设用地价值2998万元作股（占比33%），西安市源田农业技术开发有限公司及关联公司以6000万元现金及资产入股（67%），合资成立的源田梦工场。张家村党支部书记程军说，"这样算下来，每亩地的底价可达到31万余元，地价升了，村民分的钱也自然多了"。

农村集体产权制度改革逻辑与创新发展研究

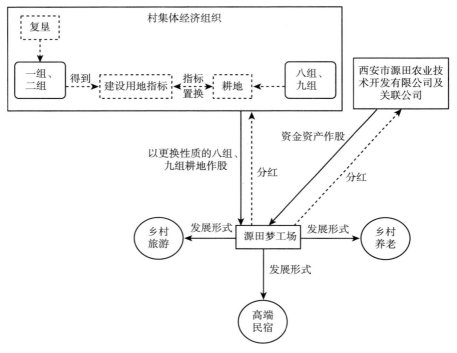

图11-1 张家村组间指标置换集体经济发展模式示意

　　村集体是直接执行并全程参与产权制度改革的重要主体。可以说村集体对产权制度改革实践效能如何是最有发言权的。对村集体而言，农村集体产权制度改革有利于解决农村公共财政乏力、公共物品供给不足的问题；有利于实现村集体经济的和非经济的目标；有利于明晰集体资产产权归属；有利于激励村干部工作积极性以及实现自身价值；有利于健全农村治理结构，发挥治理效用。

高陵区张家村联营制集体经济发展模式主要突破村民小组集体产权边界，与社会企业（西安市源田农业技术开发有限公司）合作，联合发展集体经济。将一组、二组复耕获得的建设用地指标置换到八组、九组，转变八组、九组耕地的性质，利用转换性质的土地，以入股形式与西安市源田农业技术开发有限公司联合发展，发展集体经济的收益由全部集体成员共享。

2. "合作社 + " 模式

与张家村指标置换发展集体经济模式不同，"合作社 + "产业发展模式是临高县针对贫困户制定的发展集体经济新形式。即村集体经济组织为控股股东，贫困户为主要成员，成立农民专业合作社，并引进龙头企业，农民专业合作社作为多种优惠政策叠加（如有地方特色的农业保险、贷款担保等）的实施载体，形成一个具有优质资源互补、组织内各利益相关方互利共赢的"合作社 + "集体经济创新发展模式（见图 11 - 2）。

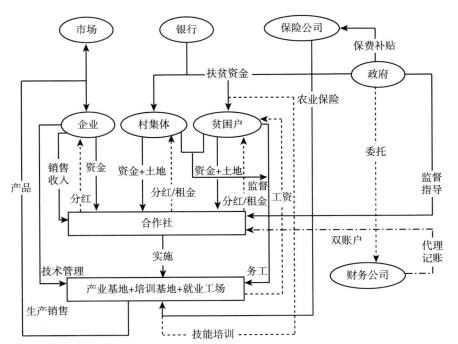

图 11 - 2　临高县"合作社 + "集体经济发展模式

（1）合作社是产业扶贫项目实施主体。"合作社＋"模式的显著特征是村集体、农户和社会企业同为合作社社员，以合作社为纽带，形成农村集体资产主动与市场对接和社会企业资源与农村资源配合的良性循环。村集体、农户尤其是贫困户与社会企业身份平等，按约定的比例入资。

（2）多主体参与整个模式内部运行。其中，社会企业主要负责合作社内部运营和日常管理，牵头组织项目的生产到销售整个过程；村集体和贫困户社员代表担任监事，主要对企业社员运营过程进行监督；合作社制定种苗和农资采购环节、产品销售环节的市场询价机制，解决社会企业、村集体和贫困户/农户社员之间信息不对称问题。此外，该模式还涉及镇政府，其主要参与合作社的月度预算审批。

（3）现代化财务核算体系和完善的内部资金管理方式。政府委托的第三方机构对"合作社＋"项目统一记账，政府对第三方代理记账工作给予补贴，第三方机构定期向各级政府汇报"合作社＋"项目的财务管理情况。对入资合作社的财政扶贫资金实行负面清单管理和专项科目核算。同时，合作社采取"一般户＋基本户"双账户管理制度，一般账户用于收集各方融资及销售回款，基本账户用于支付月度生产费用。双账户采取月预算和月报账制度，每月预算分为扶贫资金和其他资金下达后，清单外的支出方可在扶贫资金中列支。当月预算实际执行超出月预算安排但未超出年度预算时，允许相关责任人垫支后由下月预算弥补，从而在确保资金使用风险得以防控的同时提升了经营效率。

（4）参与主体构成复杂，降低项目风险。一是严控项目前期论证。所有的"合作社＋"项目均经过县主管部门严密的事前论证。同时，村集体和贫困户凭借房屋、土地使用权和人力等多种生产要素获得收益，贫困户可将扶贫贷款作为自有资金入社，规避"户贷企用"的风险，也为金融资本介入组织化项目打开了通道。二是逐步打造完整的产业链，增强项目抗风险能力。三是空间维度多点布局，规避单个项目风险。如参与合作社项目的龙头公司天地人公司、泉杰公司，县内有多个生产基地，合作社单个项目发生风险，可被其他项目平衡。四是在时间维度通过购买农业保险规避品种风险。2020年安排1408.69万元用于农业保险地方特色险，其中对深海网箱养殖保额达到1亿元，对超过4800亩的凤梨种植基地实行成本保险法。五是生猪生产和农旅融合项目等重资产项目实行资产担保。

综上，"合作社＋"模式通过村集体与农户尤其是贫困户间的抱团合作，探索了发展集体经济新的实施主体形式问题和产业发展内核问题。以合作社为纽带，有效平衡了合作社内部相关利益方的权责利关系，充分释放财政扶贫资金转型为帮扶集体经济发展资金后的政策效用。同时，打通了金融资本介入渠道，实现多方共赢，尤其是集体成员不仅利益得到保障，还参与到合作社的资金审批和生产技术培训等环节，生产技能和市场风险意识都得到了较大提高，逐渐成为新型职业农民，形成共融共建乡村产业的新格局。

3. "四合一"模式

与上述两种村内发展集体经济模式不同，成都市简阳市尤安村的"四合一"发展集体经济模式则是村外联合发展，即"村集体股份经济合作联合社＋土地股份合作社＋农民专业合作社＋集体农业开发公司"形式的"四合一"集体经济发展模式（见图11－3）。（1）尤安村借助产权制度改革成立了股份经济合作联合社；（2）尤安村村民以宅基地入股形式成立土地股份合作社；（3）尤安村集体经济组织成员以土地承包经营权和现金作股建立农民专业合作社；（4）成立现代农业开发有限公司。其中，邻村可参与农民专业合作社，实现村与村间的合作发展，进而实现共同富裕。但农民专业合作社的原始资本来源仅限于尤安村，邻村仅按照收益标准获得分红。

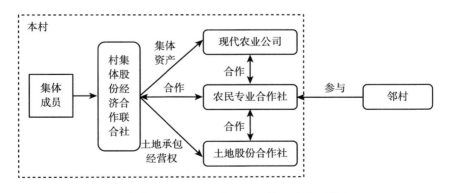

图 11－3　尤安村"四合一"集体经济发展模式

4. 纵深合作模式

与尤安村"四合一"集体经济发展模式以农民专业合作社为纽带连接村间的联合发展不同，龙门山镇则是整个镇域内全部村集体联合发展。龙门山镇集体经济发展模式集合全镇农村资源优势，成立镇级联合公司，根据所立项目特征选择合适的村集体成立相应的项目公司，其余村集体则根据资源情况入股该项目公司。该模式整合镇域内全部农村资源要素，形成镇域内资源要素大循环，同时成立现代企业项目公司管理经营农村资源。

龙门山镇开拓创新了跨村整合集体资产发展集体经济的新模式，并取得显著成效。龙门山镇打破村级集体经济组织原有范畴，建立了镇、村和项目的三级投资架构，构建了高效抱团发展利益共同体。其构建过程如下：首先，使用集体建设用地指标出让资金3000万元，组建龙门山乡村旅游联合社有限公司（以下简称"镇联合社公司"），重建镇集体经济组织实体；其次，龙门山镇的10个村级集体经济组织为股东，最低股份200万元；最后，镇联合社公司与村集体经济组织共同通过该村资源优势投资组建项目公司（见图11-4）。联合组建的镇联合社公司一方面强化资金统筹和资源整合配置，打破行政村（社区）区域壁垒；另一方面各村（社区）形成联合利益共同体，实现抱团联合发展，有效破解单个村集体经济发展能力不足的困境。

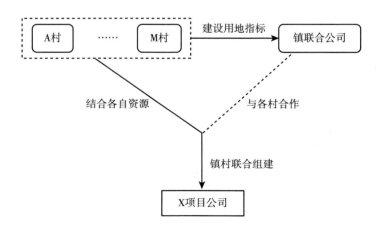

图11-4 龙门山镇集体经济发展模式

龙门山镇发展集体经济模式最大的亮点是全部村集体经济组织组成镇联合社公司,针对具有发展优势的项目集各村资源,镇联合社公司以村集体经济组织牵头创办的项目公司为投资对象,联合成立相应的项目公司。其中,项目公司属于具体负责实施项目的独立市场法人;镇联合社公司不直接参与项目的管理和运营,仅具有监督和中介作用。利润分配方面,经过10个村(社区)集体经济组织的协商达成"一项目三次分红"的分配协议:第一次是根据持股比例,取得分红收入;第二次是根据占用项目所在村资源和村干部参与项目经营管理情况,将镇集体经济组织应得的分红收入,让渡30%~50%给项目所在村集体经济组织;第三次是镇联合社公司获得收益后,村集体经济组织按照在镇联合社公司中的持股比例,再次获得分红或增加股东权益。据实地调研了解,截至2019年,龙门山镇已建设运营集体经济组织联合出资的乡村旅游项目10个以上,共带动集体经济收入高达1.1亿元。

5. 四种模式比较

农村地区探索的创新发展路径存在多样化特点,其共同点是农村集体资产产权归属清晰,打破自然或行业边界跨区域联合发展,并按照相应的投资比例获得分红收益。但"四合一"模式中邻村参与农民专业合作社的社员仅可获得相应比例的收益,并不能同尤安村集体成员一样获得分红收益。在纵深合作模式中项目所在村可获得二次分配的机会。四种创新发展模式最大的区别是联合资源的方式不同,前三种属于村内资源联合方式,第四种属于村外联合资源方式。其中,指标置换模式是村内组间经营性建设用地指标的置换,通过高陵区指标置换入股社会企业,以新形式盘活农村资产并实现联合发展,共享集体经济收益。临高县"合作社 +"模式则是整合贫困户的扶贫资金与村集体资产,以扩大和提高扶贫资金的持续增值能力。尤安村"四合一"模式,通过整合村内资源,成立村集体股份经济合作社、土地股份合作社和农民种植专业合作社。成立的农民种植专业合作社允许邻村农民以土地加入合作社,根据专业合作社的统一标准管理,提高邻村农民收入水平,实现共同富裕。龙门山镇的纵深合作模式是将镇域内全部村集体的资产整合,并根据项目的特点及各村的情况,在各村成立相应的项目的公司。相比其他三种模式，该模式整合资源的规模更大，且更容易吸引项目，并根据项目需求落地在不同村集体。具体如表11-1所示。

表 11-1　　　　　　实践中"联营制"创新发展路径比较分析

项　目		指标置换模式	"合作社+"模式	"四合一"模式	纵深合作模式
相同点		农村集体资产产权归属清晰，打破自然或行业边界跨区域联合发展			
不同点	联合资源类型	经营性建设用地指标置换	扶贫资金、土地等资源整合	资源整合	镇域内资源整合
	联合资源方式	村内组间	村内贫困户与村集体	村内联合，但邻村可加入专业合作社	村外
	收益分配方式	整个村均分	社会企业、村集体和贫困户按比例分配	村内共享分红，邻村参与合作社的仅获得收益	镇域内各村按投资比例获得分红；项目所在村获得二次分红
适用条件		闲置资源与所需资源存在"错位"	全部脱贫之前有扶贫资金且未分配到户	村集体已有成型产业，但尚未整合整个村的资源	各村资源优势不明显，纵向整合后可显著提升整体优势

由以上四个案例分析发现，发展集体经济的关键是打破农村边界限制和采用股份合作形式联合发展。其中，打破农村边界限制的前提是集体产权归属清晰，而采用股份合作形式联合发展的前提是农村生产要素具有较高的价值，城乡要素流动制度障碍减少甚至消除，农村集体经济组织市场主体地位得到法律认可。目前，我国开展的产权制度改革已使农村集体产权归属清晰，未来深化改革的方向是逐渐清除城乡要素流动的制度障碍和法律层面认可农村集体经济组织的法人地区。

11.2.2　联营制深度解析

农村集体产权制度改革完成后，各地区探索多种集体经济发展形式。这些集体经济发展模式以实现多村共同富裕和村民共享发展为目标，通过打破自然或者行业边界跨区域合作，并通过置换或整合集体资产形成规模效应联合发展，产生虹吸效应吸引社会企业入驻，通过入股或者参股农业产业化龙头企业、村与村合作、村企联手共建、扶贫开发等多种形式发展集体经济。

1. 联营制的优势

（1）农村集体产权归属清晰是基础。联营制发展集体经济模式的特点是入股形式联合发展。村（组）、农民和社会企业以劳动、资产、资金等多种生产要素入股项目公司，或者社会企业按照股份制合作发展集体经济，共享集体发展收益。而股份制的经济主体具有天然的资产权能明晰和界定清晰的特点。经济主体集体产权归属清晰，一方面有利于厘清资产的来源，便于监督划分责任权利；另一方面按照份额分配共享发展收益。高陵区、临高县、尤安村和龙门山镇均已通过产权制度改革清产核资、股权量化等一系列操作明晰了集体产权归属和边界，明确了集体产权主体。为采用联营制联合发展集体经济奠定了基础。

（2）打破农村村（组）本身的封闭性是关键。过去"单打独斗"发展集体经济的形式以不能满足市场经济的需要，且多数农村地区存在资源匮乏，或资源利用率低，或资源收益分配失衡等问题。这些问题迫使农村集体寻找新的发展路径，即突破边界限制，融合开放式现代产权结构思想，整合资源，探索抱团发展的新路径，即共建共治共享新模式（周立等，2021）。一是对于资源丰富但利用率较低的农村地区来说，可借助社会力量形成科学现代的治理体系，提高资源的可持续性和利用率。二是对于资源匮乏的农村地区来说，需要聚集资源形成公共池塘资源，创造发展集体经济的基础和条件。三是对于资源产生收益但分配失衡的农村地区来说，可通过股份形式使相关主体共享收益。高陵区、临高县、尤安村和龙门山镇采用多种形式打破村（组）限制壁垒，同时扩大农村集体产权结构的开放性，探索出科学的集体经济发展路径。其中，高陵区通过村民小组间置换的建设用地指标入股社会企业发展集体经济。"熟人社会"是我国农村社会的显著特征，指标置换模型最终收益由全村集体成员共享。临高县的"合作社＋"模式则是巧用扶贫资金与村集体资产联合，既解决了贫困户脱贫问题，又缓解了村集体资金不足的问题。尤安村的"四合一"模式直接成立农民专业合作社，允许非本集体成员可以参与种植专业合作社，共同发展胭脂脆桃和莲藕等种植产业，具有较强的带动能力。调研了解到，种植专业合作社种植莲藕 40 公顷，晚白桃 333 公顷，年产值达到 2500 万元，带动农民人均增收 5000 元。龙门山镇模式则是将镇域内全部村集体的资产整合，通过不同村集体成立相应的项目公司，整镇共同发展。2016 年以来，龙门山镇乡村产业发展迅速，农村集体资产总量由 1.8 亿元增长到 5 亿元。2019 年龙门山镇农民年人均可支配收入比 2016 年增加 5437 元，年均增长超过 10%。所以，村村（组）抱团发展通过打破农村边界限制，形成抱团联合发展发挥外溢效应，实现为人民谋福利和农民共同富裕的根本目的。

（3）资产整合产生规模效应和虹吸效应。以股份经济合作社为新的增长极，通过打破农村边界限制，数个股份经济合作社联合形成规模效应，以规模效应吸引社会资本参与农村集体经济发展，发挥虹吸效应。规模效应是推动现代化大生产和现代市场经济发展的重要理论。农村集体经济发展同样需要规模化经营，以满足市场经济的需求。农村地区通过置换或整合资源形成规模效应，同时近几年政策向农村地区倾斜，促使农村地区形成虹吸效应，吸引社会企业积极主动参与农村集体经济发展或从事农业产业。高陵区、临高县集体经济发展模式产生虹吸效应吸引社会企业参与。社会企业不仅带来了先进的现代化管理技术，也带了资金、社会资源等优势资源，加快了集体经济发展进程。

（4）各地区结合自身特点探索出多元化农村集体产权制度改革创新发展路径。共同原因：一是四个地区虽已核查清楚集体资产的规模及价值，但发展集体经济的内生动力并未真正激活，仍缺乏发展动力；二是单村（组）发展受到投资能力、经营能力和资源规模的多重限制，造成发展集体经济能力不足；三是由于政策的制约和农村集体经济组织的封闭性，农村集体经济组织多以农业形式发展集体经济。此外，农村集体经济组织并不能引入社会资本激活农村内部资源，创新发展新形式。上述原因共同促使各农村地区积极探索新的发展路径，但各村形成不同的发展路径又有其特殊性。不同原因。陕西省高陵区张家村已拥有联合发展的基础，即新建项目之前已存在与社会企业合作的基础，仅是新建项目所需资源与闲置资源的位置和性质存在"错位"。解决的办法是经全体村民一致同意将村集体内"错位"资源加以置换，并共享资源收益。海南省临高县有特殊资金（扶贫资金）的支持形成创新发展的公共池塘资源，政府调动多方参与，发挥各自的专业优势，为实现贫困户脱贫和集体经济可持续发展创造条件。四川省成都市简阳市尤安村以村集体股份经济合作社为基础，将不同类型集体资产成立相应的公司（合作社）进行管理。同时以农民专业合作社为纽带，将邻村相同种植产业加以整合，构建资源收益共享机制，最终实现共同富裕的目标。对于四川省成都市彭州市龙门山镇来说，单个村发展能力不足，难以发挥农村资源的价值。因此通过整合所有村集体资源形成规模效应，扩大并夯实了创新发展的资源基础，提升农村资源的整体优势。总之，不同地区发挥自身的优势弥补不足，创造适宜的发展路径。

2. "联营制"存在的问题

产权制度改革完成地区通过指标置换模式、"合作社 +"模式、"四合一"模式以及纵深合作模式等多种形式做大做强集体经济"蛋糕"，实现农民收入与城镇居民收入趋同，农村集体经济向市场经济转型。但在实践中发现上述四种模式存在多重优点的同时也存在一定程度上的不足。

（1）共性问题。一是农村集体资产产权主体已明确但尚未就位。《物权法》已明确规定本集体成员拥有农民集体所有的动产和不动产，即农村集体资产属于集体成员，而农村集体经济组织仅是集体资产产权的执行主体。学者们对农村集体资产产权归集体成员的观点基本认可。在四种创新发展模式中，均是农村集体经济组织全权代表集体成员行使权利，使得集体成员仅获得收益，监督、决策等其余权利并未真正的实现。但农村集体经济组织法人地区尚未得到法律认可。按照《民法典》和《民法总则》的规定，"本节规定的机关法人、农村集体经济组织法人，为特别法人"，但在市场经济中，农村集体经济组织的地位与其他市场主体仍存在一定的差距。联营制集体经济发展模式一定程度上缓解了农村集体经济组织法人地位缺失的尴尬，在未来集体经济发展过程中仍存在隐患。尤其是对没有社会企业参与的地区，集体资产由村集体经济组织自行经营管理。由于集体经济组织的法人地位未得到法律的正式认可，其市场活动可能受到限制，影响集体资产价值的增值。因此，联营制集体经济发展模式虽已探索出解决集体经济发展的新路径，但农村集体经济组织法人地位获得法律层面的认可仍是进一步深化产权制度改革的重要方向。二是农村集体经济市场化程度不高。市场化程度有待进一步提升是发展集体经济面临的共同问题，且表现在多个方面。其一，市场化信息传递不畅通出现信息不对称现象。农村地区仍属于信息相对较为闭塞的地区，且受到村民自身素质的限制，对消息的敏感度不高，错失良机。其二，农村地区生产要素市场自主性不高。农村地区更多的生产要素并不是按照农村市场需求进行调控，而是根据城市或者国家的需求进行调整。如农村劳动力转移情况由城市需求决定，农村土地的用途根据国家的需求调整，等等。其三，农村集体资产管理市场化程度不高。发展农村市场化经济不仅接近完备的信息和生产要素的市场化，更需要先进的管理制度和理念。四种模式中多有村（镇）成立项目公司，管理层多以村干部为主，缺乏真正懂管理的专业型人才，导致农村地区出现有公司经营农村集体资产，但缺乏专业的管理制度和人才的现象。三是农村集体经济发展形式相对单一。市场经济对产品需求具有多样化和多层次性。实践中发展新型集体经济的模式具有多元化特点，但各地区发展的产业具有极高的相似性，即同质化现象严重。指标置换模式中发展种植、旅游、民宿等产业，"合作社＋"模式主要包括种植、养殖等产业，"四合一"模式则主要是种植产业，纵深合作模式以旅游产业为主，这些发展新型集体经济模式仅是一小部分，发展形式已存在较高的同质比。据《中国农村政策与改革统计年报（2019年）》统计，我国乡镇有36082个，村583573个。加之我国农村地区资源禀赋存在差异但局限性较强，多以种植业、养殖业和农业旅游等为主。因此农村发展产业类型的限制以及庞大的数量共同作用，导致农村集体经济发展形式更加单调，缺乏特色，可能导致农村集体经济发展持续性不高。

（2）特有问题。此外，四种创新发展集体经济模式存在特有的不足。一是复制推广指标置换模式需要具备三个条件：其一，农村地区同时存在闲置集体资产与项目所需资源，且二者间地理位置存在"错位"；其二，两类资源的所有者有置换的意愿；其三，该农村地区有能人精英带动且已存在或有即将参与的社会企业。上述三个条件同时满足才具备采用指标置换模式的可能性。但现实中一般缺乏通过指标置换实现集体经济发展的思想意识或者由于缺少精英带动导致两类资源所有者置换的意愿不强，造成指标置换模式的"流产"。二是"合作社＋"模式属于村民、村集体、社会企业、金融机构和政府等多方主体相互配合的一种合作紧密型发展集体经济方式，缺失任何一方都难以形成。采用此种模式需要各方参与主体风险偏好和追求的目标相一致，同时需政府的主动做为甚至要借助政府"权威"来实现。在市场经济中，主要借助市场依据供需自由调控资源，政府仅在市场失灵时发挥及时干预作用，并不是主导作用。现"合作社＋"模式中政府发挥着极为重要的作用甚至主导作用，若管控力度过大易导致市场经济失去自由、公平和效率；反之，若政府把控力度不强，多主体很难达成合作意愿，进而导致集体经济无法发展。三是"四合一"模式的特有问题是扩大产业规模后如何保障甚至提高产品的品质以满足市场的需求。此外，该模式虽成立了现代农业公司，但其与真正意义上的公司存在差别，由村主任担任董事长。这样在与市场对接过程中可能存在市场主体地位不均等、市场变化敏感度不高等问题，影响集体经济的发展。四是纵深合作模式面临的最大问题是资源整合后如何招商引资并选择合适的项目，即如何规划利用整合后的资源真正发挥资源整合优势。总之，集体经济发展形式已打破村集体经济组织的封闭性产生突破性进展，并逐渐向市场化经济靠拢。但四种典型模式发展中仍存在共性和特有问题，其他地区在借鉴该类发展经济模式时，需结合自身特征以及市场需求选择性借鉴。

3. 联营制运行机理

农村集体产权制度的创新使农村地区形成广义上的经济增长极，通过扩散效应和虹吸效应带动经济发展。（1）农村集体产权制度改革产生村（组）级股份经济合作社，以此形成农村地区新的增长极核。（2）将数个村（组）级股份经济合作社联合形成联合社，形成规模经济效应，发挥农村集体产权制度改革红利的外溢效应。（3）村（组）级股份经济合作社入股联合社共同发展，一定程度上缓解了回流效应的冲击，有利于实现共同富裕。（4）新形成的增长极继续发挥扩散效应和虹吸效应，吸引社会资本进一步优化资源配置。总之，农村集体产权制度的创新促使农村地区形成以村（组）级股份经济合作社为新的增长极核，由内向外扩散发展集体经济的新形式。具体如图 11 – 5 所示。

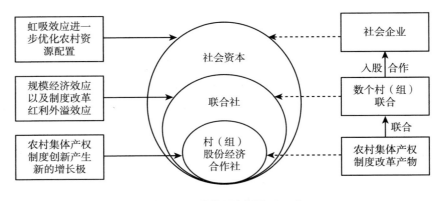

图 11 – 5　联营制发挥作用示意

农村集体产权制度改革逻辑与创新发展研究

11.3　本章小结

本章基于 11 省（区、市）18 县（市、区）农村集体产权制度改革评估获得的资料，梳理分析四类典型创新农村集体产权制度改革的模式。深入剖析其内涵机理，并进一步以高陵区、临高县、尤安村和龙门山镇的案例加以佐证。主要结论如下。

（1）四类典型创新农村集体产权制度改革创新模式的共同点是联营制，关键是突破农村集体经济组织本身的封闭性，前提条件是产权归属清晰。即在产权制度改革明晰集体产权边界的基础上，通过打破村（组）自然或者行业的封闭性，借助置换或整合手段使集体资产形成规模效应，并运用规模效应和政策倾斜形成虹吸效应吸引社会企业入驻，农村资源以入股或者参股农业产业化龙头企业、村与村合作、村企联手共建、扶贫开发等多种形式联合发展集体经济，纵深推进农村集体产权制度改革。

（2）四个案例创新农村集体产权制度改革外在表现形式多样化。高陵区以村内组间资源置换为基础整合资源，探索创新农村集体产权制度改革发展路径。临高县和尤安村则以村内资源整合为基础，且允许非本村村民参与，实现农村集体产权制度改革创新发展。龙门山镇则是整合镇域内全部村的资源，实现纵深联合发展，创新农村集体产权制度改革发展。这四个案例存在上述优势的同时也存在一定程度上的不足，在选择时应慎重借鉴和参考。

（3）联营制仅代表多种创新发展农村集体产权制度改革路径中的一种创新路径，但联营制创新产权制度改革模式对解决农村集体产权结构封闭性较高，单村发展集体经济内生动力不足等共性问题也不失为一种好的选择。但四种创新发展农村集体产权制度改革的模式仍存在各自特有的问题，在复制推广时应因地制宜地选择。

（4）由农村集体产权制度创新产生的村（组）级股份经济合作社成为农村地区新的经济增长极，通过数个村（组）级股份经济合作社联合形成的联合社，形成规模经济效应，充分扩散产权制度改革红利的外溢效应，对社会资本产生虹吸效应。社会资本入股农村集体经济，进一步优化了农村资源配置，加快了农村经济适应市场经济的步伐。

第*12*章
主要结论及政策启示

12.1 主要结论

农村地区所处环境和内在需求的变化促使农村集体产权制度进行改革；作为一项产权制度创新，农村集体产权制度改革以政策试点方式压茬开展。2015年贵州省六盘水市为帮助贫困户脱贫，自主探索了"三变"改革。"三变"改革开展的时间虽早于农村集体产权制度改革的开展时间，但"三变"改革却是产权制度改革的拓展与延伸。产权制度改革将集体资产的产权归属厘清后，借鉴"三变"改革利用资源方式发展集体经济。同时，产权制度改革扩大了生产要素范围，盘活了农村资产存量，形成了规模性资产，为持续发展集体经济奠定了坚实的基础。

农村集体资产嵌套性规则体系及其双向互动机制说明，开展农村集体产权制度改革的重点是明确农村集体资产产权归属。成员权的获得为农民共享集体资产增值收益提供了合理的身份。农村集体产权制度改革实际是对农村集体资产的产权制度的改革，基于科层视角分析得出四方面结论。一是农村集体产权制度改革最关键的是要厘清农村集体资产产权归属。清晰的集体资产产权归属不仅为厘清农村集体产权制度改革的内在逻辑提供理论参考，更有利于探索创新发展新型农村集体经济。二是农村集体产权制度改革产权科层规则构成嵌套性制度体系，通过正向促进和反馈的双向机制形成动态良性循环制度体系，推动农村集体产权制度改革。在农村集体产权制度改革过程中，国家层次对产权制度改革提出一个具有指导性的总体政策框架；集体层次依据此框架采用"规定动作"搭配"自选动作"，因地制宜，在国家政策框架指导进行细化并差异化改革；个体层次按照各自意愿决定参与改革与否，集体层次按照一定标准评判农民是否可获取成员权，共享集体经济发展收益。三是农村集体经营性资产产权改革与农村集体资源性资产产权改革产权科层结构在国家主体这一科层存在差异，但农村集体经营性资产产权改革同样需遵循国家大政方针。四是各级地方政府具有执行者与领导者的双重身份特征，二者在政策制定针对的对象、政策制定的特点存在差异。另外，各级地方政府具有连接中央政府和农村集体的中介作用。

农村集体产权制度改革的做法是核查资产—确定资产主体—以股权形式分配到人—成立农村集体经济，内在逻辑是集体组织成员化、集体资产资本化，资本（资产）随成员走，成员随股份走。通过对11省（区、市）18县（市、区）的实地调研发现，农村集体产权制度改革的做法表现出的逻辑如下。一是界定成员。确定了产权制度改革的主体，有助于提高集体成员对集体资产的关心度，同时也可公平合理地共享集体经济发展收益。二是清产核资是农村集体产权制度改革的最核心和最基础的步骤。清产核资及量化资产明确了农村集体产权制度改革的客体和范围，有利于解决农村集体资产规模清和价值清的问题。三是股权设置与管理将农村集体资产按份额形式分配到集体成员，并采用多元化管理方式管理股份。该步骤充分体现了新形成股份合作制的特征。四是建立农村集体经济组织。该步骤顺理成章地构建农村集体经济组织，新建的农村集体经济组织制定相应的章程规范进行管理，同时参考先进的现代企业制度管理运营集体资产。一方面恢复其地位，有可能改善农村集体资产的管理运营方式；另一方面可在清产核资的基础上有效解决集体资产保值增值难的问题。

农村集体产权制度改革具有目标任务结构层层深入，制定的相关政策富有弹性，以及评估体系科学系统性、整体性的特征。但采用政策试点方式带来诸多好处的同时也不能忽视政策势差带来副作用的可能性。

　　制度环境是影响农村集体产权制度变迁的重要因素，制度环境的动态变化引致潜在收益的产生，为创新制度提供可能性。多层次主体协作结构是决定农村集体产权制度改革的高度与质量的重要因素。农村集体产权制度改革是一项多层次主体参与的制度创新，既包括直接参与主体村民、农村基层组织（包括村集体经济组织和村委会）、地方政府和中央政府，也包括间接主体如农业农村相关单位等。参与主体尤其是初级行动团体通过识别潜在收益、判断制度变迁成本收益的高低、选择制度变迁方式等一系列操作实现农村集体产权制度的新均衡，进而获得潜在收益。虽然两地区产权制度改革的方式不同，但参与农村集体产权制度改革的主体相同职能却存在差异。因此，形成多层次主体参与产权制度改革，各主体各司其职高效协作，一方面高质量完成产权制度改革任务，另一方面"捕获"最大量制度绩效。根据经验以及所处结构中的位置不同，对农村集体产权制度不均衡的程度和原因敏感度不同，以此形成差异化制度变迁方式。本书借鉴杨瑞龙等（2000）和吴红宇（2004）阐释的对我国制度变迁具有较强解释力的制度变迁模式分析两地区农村集体产权制度改革方式。对于榆阳区来说，最初由农村基层组织感知到当地农村集体产权制度存在不均衡，意识到潜在收益的存在，并自主探索创新制度安排。获得相应的制度绩效后，榆阳区政府和中央政府依次发现农村集体产权制度不均衡产生的潜在收益，进而将股份合作制加以复制推广。由此可知，陕西省榆林市榆阳区的整个产权制度改革过程中，初级行动团体是一个变化的过程，由最初的农村基层组织到榆阳区政府再到中央政府。因此，榆阳区农村集体产权制度改革属于复合型。当中央政府意识到通过创新农村集体产权制度可以获取更高收益时，将来安县作为试点，即进行供给主导型制度变迁模式改革，因此来安县农村集体产权制度改革属于单一型。

　　实地调研发现，本轮开展的农村集体产权制度改革带有明显的中国特色。即在我国农村地区熟人社会背景下，此轮产权制度改革政府是主要推动者，村集体是实施者和执行者，村民是参与者。主观分析一定程度上能反映农民对产权制度改革的满意度。但实地调研中发现，也存在部分村民因不想被"孤立"，而选择参与产权制度改革的例子。另外，村集体属于政府职能在农村地区的延伸，负责管理村民及村集体事务，因此在产权制度改革过程中，带有一定的行政关系、委托代理关系等，导致效率损失。农村集体产权制度改革内生的行政关系束缚着经济自由发展，村集体经济组织内部成员间缺乏平等性，村集体经济组织多元化目标与农民单一经济目标间的矛盾，村集体经济组织法人地位缺失与市场经济的不匹配，村集体经济组织股权退出的限制性以及流转的封闭性，这些矛盾的存在导致产权制度改革效率存在损失的可能性。

影响新型农村集体经济发展的因素不是单一形式而是组合形式。运用定性比较分析法分析发现：一是以精英带领、完善的政府和制度保障，村民有较高的认知程度，以及较先进的管理引领因素构成的组合可有效促进新型农村集体经济的发展，即在基础保障存在与否无关紧要的情况下，只要其他条件具备，仍能促进农村集体经济的有效发展；二是以非制度保障、非村民认知、精英带领和基础保障为核心条件形成的条件组合，表明在没有进行农村集体产权制度改革和村民认知不高的地区，较强的精英带领能力和良好的基础保障也可以促进农村集体经济的有效发展；三是第三组条件组合是以精英带领和基础保障为核心条件，以制度保障和村民认知为辅助条件，条件组合三是条件组合二的变形，结合制度保障和村民认知更加有利于农村集体经济的有效发展。同时发现，三组条件组合中精英带领均是核心必要条件，即对农村集体经济的有效发展具有重要影响。

联营制充分利用了农村集体产权制度改革的优势，打破了地域、行业等壁垒限制，使新型集体经济获得突破性发展，满足了现阶段农村经济发展的需要。一是联营制创新发展农村集体产权制度改革的关键是突破农村村（组）本身的封闭性，前提条件是产权归属清晰。也就是说在产权制度改革明晰集体产权边界的基础上，通过打破农村集体经济组织本身的封闭性，借助置换或整合手段使集体资产形成规模效应，并运用规模效应和政策倾斜形成虹吸效应吸引社会企业入驻，农村资源以股份形式参与农业产业化龙头企业、村（组）与村（组）协作、村企共建合作、扶贫开发等多种方式共同发展集体经济。二是各地区创新发展农村集体产权制度改革的路径外在表现形式多样化，大致可分为村内和村外两种形式。其中，村内形式如高陵区组间指标置换、临高县和尤安村的村内资源整合；村外形式如龙门山镇内全部村资源的纵深联合。三是不同模式具有可推广的适用条件。指标置换模式适用于闲置资源与所需资源存在"错位";"合作社＋"模式的适用条件是全部脱贫之前有扶贫资金且未分配到户;"四合一"模式的适用条件是村集体已有成型的产业,但未利用全部的集体资产;纵深合作模式的适用条件是各村自愿优势不明显,纵向整合后可显著提升整体优势。联营制仅代表多种创新发展农村集体产权制度改革路径中的一种创新路径,但联营制创新发展农村集体产权制度改革路径对解决农村集体产权结构封闭性较高,单村发展集体经济内生动力不足等共性问题也不失为一种好的选择。四是村(组)级股份经济合作社成为农村经济发展新的增长极核,通过多种形式联合形成的联合社,发挥产权制度改革红利的外溢效应和规模经济效应,并通过虹吸效应吸引社会资本,一方面优化农村资源配置结构,另一方面加快农村经济市场化。

12.2 政策启示

自开展农村集体产权制度改革至今,全国完成农村集体产权制度改革已达到八成左右,并且取得的效果也得到社会各界尤其是农民(集体成员)的高度认可。笔者在实地调研过程中强烈感受到农民对农村集体产权制度改革的支持和拥护。以新制度经济学中的产权理论和制度变迁理论阐释农村集体产权制度改革发现,完成改革地区的农村集体产权结构框架已搭建完成,创新形成新的农村集体产权制度安排,即股份合作制。那么,进一步深化农村集体产权制度改革又需要从哪些方面跟进和突破,根据本书的研究得出以下政策启示。

(1)明确农村集体经济组织的法律地位,加强集体组织带动作用。农村集体产权制度改革将农村集体经济组织和村民委员会的权责明确,农村集体经济组织的主要职能是发展农村集体经济。但通过本书的研究发现,目前农村集体经济组织自身实力不强、作用较弱,尚未有效实现增加其成员财产性收益的效果。究其根本原因,主要是集体经济组织没有专门的一部法律确认其市场主体地位,财务不独立,管理不专业,发展动力不足。

因此，产权制度改革恢复农村集体经济组织地位，深化改革要乘势而上，首先，核心是加快农村集体经济组织立法进程，明确农村集体经济组织法律地位，从权责、审计、社会服务等方面理顺村民委员会、村集体经济组织与村党委三者间的关系，相互配合促进农业农村的发展。其次，应转变思想意识，农村集体经济组织作为特别法人，也必须具有独立法人地位，尽管其功能作用有别于其他市场主体，但独立法人地位没有差别。再其次，完善集体经济组织运行机制。从集体资产运营、利益分配、奖惩、财务管理、风险防控等诸方面厘清农村治理结构内部运行机制。激发集体经济组织内部运行动力，形成内部良性治理机制。最后，内外部合力，发挥现代化农村治理结构效能。集体经济组织内外部形成促进集体经济组织发展的良性循环圈，既可以形成稳定有效的农村治理结构，又利于提升集体经济组织治理效能。

（2）纵深推进农村集体产权制度改革，将集体产权制度优势转化为治理效能。党的十九届四中全会报告指出，深化农村集体产权制度改革，发展农村集体经济，完善农村基本经营制度。我国农村改革已进入"深水区"，接下来需进一步深化以土地制度改革为核心的农村基本经营制度的改革与完善，将我国农村地区集体经济制度优势转化为治理效能。因此，从深度和广度进一步深化产权制度改革是今后农村集体产权制度改革的方向和重点，也有利于完善农村基本经营制度。首先，总结完善产权制度改革试点经验，为拓宽产权制度改革广度提供更为完善的样板。其次，农村集体产权制度改革已经实现"还权于民"，如何实现"赋能于民"，探索实现本轮产权制度改革赋予农民的成员权权能的途径，通过成员权制度效能真正发挥集体经济在稳定与完善农村基本经营制度中的作用。最后，针对我国东中西部存在的差异化问题制定具体的集体经济发展完善方案。如东部地区聚焦如何提高集体资产运营能力，实现保值增值；中部地区聚焦如何做大做强集体经济组织，促进集体经济提质升级；西部地区现代化产权治理结构已搭建完成，聚焦如何释放产权制度改革红利，重新培育集体经济发展动能。对整个农村地区来说，如何因地制宜地探索集体经济可持续发展路径是改革与发展的重要任务。

总之，我国农村集体产权制度改革面上工作已基本完成，各地区存在的发展差别，可以通过政策环境营造、综合改革配套、因村施策等释放农村集体产权制度改革红利，将我国农村基本经营制度优势转化为进一步发展的动力和效能。

（3）构建动态政策支持保障系统，发挥产权制度改革的外溢效应。充分释放农村集体产权制度改革红利，吸引社会资本参与农村集体经济发展，提升农村集体经济持续发展能力。财政、金融服务、乡村振兴、农村福利、持续脱贫、社会治理以及生态环境等诸多方面的政策影响着农村集体经济的发展，因此构建动态政策支持保障体系以充分发挥产权制度改革的外溢效应。一是查找农村集体经济发展支持政策供需间的"缺口"，根据供需缺口制定或修改支持政策，为建立政策支持保障体系提供基础。二是构建包括中央顶层制度设计和地方政府次生制度补充的财政、金融、农村福利以及生态环境等诸方面在内的动态支持政策保障体系，形成"一省一策"，发挥产权制度改革的外溢效应。三是实时监测政策支持动态保障系统，及时发现并补救供需缺口，以保障农村经济的持续健康发展。

（4）全面开展配套改革，形成农村综合改革联动效应。我国农村的基本制度是极具嵌套性的融合性制度，因此，只有统筹对多种配套制度进行改革，方能发挥农村基本经营制度效能。一是适时开展针对农村土地资源的配套改革。农村集体产权制度改革对农村集体统一经营、农村基本经营制度产生积极影响。其一，在产权制度改革过程中涉及农用地、宅基地、集体经营性建设用地等土地资源，对此要大胆开展实践探索，尤其是对农村宅基地制度改革大胆探索，盘活闲置农房以及宅基地，以此吸引社会资本拓宽发展农村集体经济途径，有效助力乡村振兴战略的实施。其二，在承包地"三权分置"改革中，切实稳定和保护农户土地承包权、放活经营权的同时，真正落实集体所有权。集体所有权的落实，有利于集体经济组织创新发挥"统"的作用。二是制定相关税费政策。目前农村集体产权制度改革已基本完成，但作为特别法人的集体经济组织仍然存在成员股东的红利税问题。其一，根据现阶段发展农村集体经济需求制定具有过渡性质的税收政策，以帮助农村集体经济实现顺利转型。其二，制定促进农村经济长期发展的税费标准，以逐步实现农村经济与市场经济的对接。三是加强农村金融体系创新力度。产权制度改革虽已恢复农村集体经济组织地位，但其职能和市场法人地位仍需进一步明确，造成农村集体经组织在贷款、投保等方面受到限制。因此，可制定"订制的"贷款政策以及农业政策性保险政策，一方面缓解农村集体经济组织的尴尬困境，另一方面促进农村集体经济的健康持续发展。总之，通过其他相关制度改革与农村集体产权制度改革的密切配合，发挥产权制度改革本身效能的同时，也形成制度改革联合效应，促进农村地区甚至整个国家经济、政治、社会和生态环境的发展。

（5）优化原有农村集体产权制度，完善农村基本经营制度。党的十九届四中全会指出，深化农村集体产权制度改革，发展农村集体经济，完善农村集体经营制度。深化农村集体产权制度改革应以完善农村集体经营制度为前提。一是成员权是村民共享集体经济发展红利的基础，也是村民享受公平的权利。因地制宜地细化确定成员标准，使符合标准的村民均获得成员权。二是完整的权能有利于村民财产权利的顺利实现。通过产权制度改革，村民获得名义上的六项权能，但受到现行管理制度的约束，部分权能尚未真正实现。这在一定程度上限制了农村资产的保值增值，并损害了村民的权益。三是合理的股权设置可减少集体经济壮大后的隐患。集体股问题仍是股权设置的关键问题。建议已经设置集体股的地区，将集体股按照原有标准重新转化为个人股转为，分配给原有成员；对未开展产权制度改革的地区，不设置集体股。因为集体经济规模扩大后，集体股价值增加，若继续保留，村干部管理，村民不信任；若分配，怎么分配，谁有资格，容易产生新矛盾。因此，保留集体股存在较大的隐患。四是静态股权管理模式与现代企业制度契合。部分地区采用动态股权管理模式，存在多种隐患，且破坏了产权制度改革的公平和效率原则。建议转变为"生不增、死不减、入不增、出不减"的静态管理模式。逐渐向现代企业制度靠拢，实现起点公平的基础上提高效率。五是发挥农村集体经济组织"统"的作用。家庭联产承包责任制时期将我国农村基本经营制度中的"分"落实到位，忽略了"统"。而产权制度改革建立起农村集体经济组织，发挥了农村集体经济组织的社会组织功能，将"统"逐步落实。这与市场经济、规模经营发展趋势相契合。总之，深化农村集体产权制度改革与完善农村集体经营制度息息相关。

参 考 文 献

［1］［美］A. A. 阿尔钦. 产权：一个经典注释 ［A］// 科斯，阿尔钦，诺斯，等. 财产权利与制度变迁——产权学派与新制度经济学派译文集 ［C］. 刘守英等，译. 上海三联出版社，上海人民出版社，2014：166 – 178.

［2］［美］艾瑞克·G. 菲吕博腾，斯维托扎尔·平乔维奇. 产权与经济理论：近期文献的一个综述 ［A］// 科斯，阿尔钦，诺斯等. 财产权利与制度变迁——产权学派与新制度经济学派译文集 ［C］. 刘守英等，译. 上海三联出版社，上海人民出版社，2014：204.

［3］［美］奥尔森. 集体行动的逻辑 ［M］. 陈郁等，译. 格致出版社，上海人民出版社，2014.

［4］［美］奥斯特罗姆·爱莉诺. 公共事务的治理之道 ［M］. 余逊达，陈旭东，译. 上海译文出版社，2000.

［5］［意］彼得罗·彭梵得. 罗马法教科书. 修订版 ［M］. 黄风，译. 中国政法大学出版社，2005.

［6］蔡昉. 乡镇企业产权制度改革的逻辑与成功的条件——兼与国有企业改革比较 ［J］. 经济研究，1995（10）：35 – 40 + 69.

［7］陈华彬. "三变" 视域下农村集体产权制度改革研究——内在机理、运行机制和实证分析 ［J］. 重庆理工大学学报（社会科学版），2017，31（11）：50 – 58.

［8］陈建平. 新常态下农村集体经济面临的发展问题与对策 ［J］. 河北农机，2020（12）：27 – 28.

［9］陈军亚. 产权改革：集体经济有效实现形式的内生动力 ［J］. 华中师范大学学报（人文社会科学版），2015，54（1）：9 – 14.

［10］陈全. "三变" 改革助推精准扶贫的理论逻辑和制度创新 ［J］. 改革，2017（11）：43 – 46.

[11] 陈荣卓，刘亚楠．农村集体产权改革与农村社区腐败治理机制建构［J］．华中农业大学学报（社会科学版），2017（3）：76－81＋152．

[12] 陈天宝．北京郊区农村集体产权制度调查［J］．北京农业职业学院学报，2005（3）：35－39．

[13] 陈伟，罗来明，林进．现代产权理论与国有企业改革［J］．经济体制改革，2002（4）：62－63．

[14] 陈锡文．中国农村改革回顾与展望［M］．北京：知识产权出版社，2020．

[15] 陈小嫦，毛宗福．农村集体产权治理困局亟待破解［J］．人民论坛，2018（11）：90－91．

[16] 程春丽．农村集体产权制度改革的路径探析［J］．人民论坛，2018（33）：84－85．

[17] 崔超．农村集体经济组织发展的内部困境及其治理［J］．山东社会科学，2019（4）：148－153．

[18] 代辉，蔡元臻．论农民集体成员资格的认定标准［J］．江南大学学报（人文社会科学版），2016，15（6）：28－35．

[19] 戴碧涛，张景．农村集体产权制度改革与扶贫工作中的精英俘获成因及治理［J］．农业经济，2018（7）：40－42．

[20] 戴威．农村集体经济组织成员资格制度研究［J］．法商研究，2016，33（6）：83－94．

[21] ［美］戴维斯，诺斯．制度变迁的理论：概念与原因［A］//科斯，阿尔钦，诺斯，等．财产权利与制度变迁——产权学派与新制度经济学派译文集［C］．刘守英等，译．上海三联出版社，上海人民出版社，2014：266－294．

[22] 党国印．论农村集体产权［J］．中国农村观察，1998（4）：3－11＋24．

[23] 党国英．农村产权改革：认知冲突与操作难题［J］．学术月刊，2014，46（8）：18－25．

[24] ［美］道格拉斯·C.诺斯．财产权利与制度变迁［M］．刘守英等，译．上海三联出版社，上海人民出版社，2014：206－228．

参考文献

[25]［美］道格拉斯·C. 诺斯. 经济史中的结构与变迁［M］. 陈郁等，译. 三联书店上海分店，1991.

[26]［美］道格拉斯·C. 诺斯. 制度、制度变迁与经济绩效［M］. 上海格致出版社，上海三联出版社，上海人民出版社，1990.

[27] 丁利. 从均衡到均衡：制度变迁的主观博弈框架［J］. 制度经济学研究，2005（3）：12 – 30.

[28] 丁忠兵. 农村集体经济组织与农民专业合作社协同扶贫模式创新：重庆例证［J］. 改革，2020（5）：150 – 159.

[29] 董江爱，张毅. 集体产权与制度治理——农村集体资产资源的治理之道［J］. 山西大学学报（哲学社会科学版），2016，39（1）：100 – 104.

[30] 窦祥铭，魏刚. 农村集体资产股份合作制改革的探索与启示——以安徽省天长市为例［J］. 陕西行政学院学报，2018，32（3）：83 – 88.

[31] 杜志雄，苑鹏，包宗顺. 乡镇企业产权改革、所有制结构及职工参与问题研究［J］. 管理世界，2004（1）：82 – 95 + 106 – 156.

[32]［美］凡勃仑. 有闲阶级论［M］. 蔡受百，译. 商务印书馆，1964.

[33] 樊纲. 渐进之路：对经济改革的经济学分析［M］. 中国社会科学出版社，1993.

[34] 范从来. 苏南模式的发展与乡镇企业的产权改革［J］. 管理世界，1995（4）：156 – 162.

[35] 方桂堂. 农村集体产权制度改革的多重影响研究——来自北京市昌平区的实证调查［J］. 中国政法大学学报，2019（1）：5 – 19 + 206.

[36] 方桂堂. 农村集体产权制度改革的困境摆脱：自京郊观察［J］. 改革，2017（8）：115 – 121.

[37] 方志权. 农村集体经济组织产权制度改革若干问题［J］. 中国农村经济，2014（7）：4 – 14.

[38] 房绍坤，林广会. 农村集体产权制度改革的法治困境与出路［J］. 苏州大学学报（哲学社会科学版），2019，40（1）：31 – 41.

[39]［英］弗里德利希·冯·哈耶克. 通往奴役之路［M］. 王明毅等，译. 中国社会科学出版社，1997.

农村集体产权制度改革逻辑与创新发展研究

［40］［美］弗农·W. 拉坦. 诱致性制度变迁理论［A］//科斯，阿尔钦，诺斯，等. 财产权利与制度变迁——产权学派与新制度经济学派译文集［C］. 刘守英等，译. 上海三联出版社，上海人民出版社，2014：229-259.

［41］傅晨. 社区型农村股份合作制产权制度研究［J］. 改革，2001（5）：100-109.

［42］傅夏仙. 农业产业化经营中的问题与制度创新［J］. 浙江大学学报（人文社会科学版），2004（5）：6-13.

［43］甘伯愚. 东升镇集体产权制度改革的实践与启示［J］. 前线，2017（7）：110-113.

［44］高建中. 科层视角下的中国林权改革［J］. 陕西农业科学，2009，55（2）：138-140.

［45］高鸣，芦千文. 中国农村集体经济：70年发展历程与启示［J］. 中国农村经济，2019（10）：19-39.

［46］［法］古斯塔夫·勒庞. 乌合之众大众心理研究［M］. 中央编译出版社，2014.

［47］关锐捷，黎阳，郑有贵. 新时期发展壮大农村集体经济组织的实践与探索［J］. 毛泽东邓小平理论研究，2011（5）：28-34+84.

［48］关锐捷，李伟毅. 以农村土地确权促进集体产权制度改革［J］. 毛泽东邓小平理论研究，2015（1）：1-3+90.

［49］管兵. 农村集体产权的脱嵌治理与双重嵌入——以珠三角地区40年的经验为例［J］. 社会学研究，2019，34（6）：164-187+245.

［50］管洪彦. 农村集体产权改革中的资产量化范围和股权设置［J］. 人民法治，2019（14）：44-47.

［51］桂华. 产权秩序与农村基层治理：类型与比较——农村集体产权制度改革的政治分析［J］. 开放时代，2019（2）：36-52+6.

［52］郭强. 农村集体产权制度的创新过程解析与发展路径研究［D］. 中国农业大学，2014.

［53］郭强. 中国农村集体产权的形成、演变与发展展望［J］. 现代经济探讨，2014（4）：38-42.

［54］郭晓鸣，廖祖君．从还权到赋能：实现农村产权的合法有序流动——一个"两股一改"的温江样本［J］．中国农村观察，2013（3）：2－9＋18＋90．

［55］郭晓鸣，王蕾．农村集体经济股权分配制度变迁及绩效评价［J］．华南农业大学学报（社会科学版），2019，18（1）：1－8．

［56］郭晓鸣，张耀文，马少春．农村集体经济联营制：创新集体经济发展路径的新探索——基于四川省彭州市的试验分析［J］．农村经济，2019（4）：1－9．

［57］郭晓鸣，周小娟，虞洪．当前农村集体产权制度改革中的新问题［J］．四川省情，2018（4）：32－33．

［58］郭于华．"道义经济"还是"理性小农"重读农民学经典论题［J］．读书，2002（5）：104－110．

［59］郭玉锦．身份制与中国人的观念结构［J］．哲学动态，2002（8）：29－32．

［60］郭志勤．基于科层视角的集体林权改革研究［D］．西北农林科技大学，2011．

［61］［美］哈罗德·登姆塞茨．关于产权的理论［A］//科斯，阿尔钦，诺斯，等．财产权利与制度变迁——产权学派与新制度经济学派译文集［C］．刘守英等，译．上海三联出版社，上海人民出版社，2014：96－113．

［62］韩长赋．辉煌"十二五"系列报告会——农业改革发展成就报告［J］．休闲农业与美丽乡村，2015（12）：8－23．

［63］韩俊，赵鲲，陈春良，余葵，高鸣．创新农村集体经济运行机制切实保护农民集体资产权益——关于江苏、浙江农村集体产权制度改革情况的督查［J］．农村经营管理，2019（3）：18－20．

［64］韩松．论农村集体经济内涵的法律界定［J］．暨南学报（哲学社会科学版），2011，33（5）：54－64．

［65］韩文龙，祝顺莲．农村居民收入分配制度的演变与启示［J］．四川省情，2018（12）：28－29．

［66］韩志国．产权交易：中国走向市场经济的催化剂［J］．改革，1994（4）：34－42．

［67］贺雪峰．农村集体产权制度改革与乌坎事件的教训［J］．行政论坛，2017，24（3）：12－17.

［68］洪燕．乡村振兴战略背景下农村集体经济组织的职能重构［J］.农村经济，2019（9）：42－49.

［69］胡东莉．破解农村集体产权制度改革难题的若干思考［J］．农业经济，2017（1）：15－17.

［70］胡建．农地流转风险规避研究［D］．河北农业大学，2014.

［71］胡振光．农村集体产权股份合作制改革的逻辑、进程及意义——基于广东省佛山市南海区的案例分析［J］．安徽理工大学学报（社会科学版），2018，20（5）：82－89.

［72］黄桂田，张启春．有限理性与制度变迁的渐进逻辑——对中国改革路径的一种理论认识［J］．学习与探索，1999（4）：4－10.

［73］黄季焜，李康立，王晓兵，丁雅文．农村集体经营性资产产权改革：现状、进程及影响［J］．农村经济，2019（12）：1－10.

［74］黄少安．关于制度变迁的三个假说及其验证［J］．中国社会科学，2000（4）：37－49＋205.

［75］黄延信．让集体经济组织成员民主决定资产股权设置［J］．农村经营管理，2018（8）：13－16.

［76］黄振华．能人带动：集体经济有效实现形式的重要条件［J］.华中师范大学学报（人文社会科学版），2015，54（1）：15－20.

［77］惠建利．农村集体产权制度改革中的妇女权益保障——基于女性主义经济学的视角［J］．中国农村观察，2018（6）：73－88.

［78］江泽全．农地产权科层的形成及选择［D］．华南农业大学，2015.

［79］姜长云．乡镇企业产权改革的逻辑［J］．经济研究，2000（10）：23－29.

［80］蒋红军，肖滨．重构乡村治理创新的经济基础——广东农村产权改革的一个理论解释［J］．四川大学学报（哲学社会科学版），2017（4）：13－21.

［81］蒋励．股份合作制：农村土地制度改革的最优选择［J］．农业

经济问题，1994（12）：30－34.

[82] 焦富民.《民法总则》视域下农村集体经济组织制度研究 [J].
江海学刊，2019（5）：240－246.

[83] 孔祥智，高强. 改革开放以来我国农村集体经济的变迁与当前
亟需解决的问题 [J]. 理论探索，2017（1）：116－122.

[84] 孔祥智，穆娜娜. 农村集体产权制度改革对农民增收的影响研
究——以六盘水市的"三变"改革为例 [J]. 新疆农垦经济，2016（6）：
1－11.

[85] 孔祥智. 农村社区股份合作社的股权设置及权能研究 [J]. 理
论探索，2017（3）：5－10.

[86] 孔祥智. 农民收入是一系列指标的综合 [J]. 农村工作通讯，
2017（2）：13－15.

[87] 孔有利. 农村城镇化进程中农村集体经济组织产权制度变迁
[D]. 南京农业大学，2004.

[88] [美] 兰斯·E. 戴维斯，道格拉斯·C. 诺斯. 制度变迁的理论：
概念与原因 [A] // 科斯，阿尔钦，诺斯，等. 财产权利与制度变迁——产
权学派与新制度经济学派译文集 [C]. 刘守英等，译. 上海三联出版社，
上海人民出版社，2014：206－228.

[89] 雷昌林. 以农村集体产权制度改革为突破口深入推进"三变"
改革 [J]. 农技服务，2017，34（12）：188－189.

[90] 李稻葵. 转型经济中的模糊产权理论 [J]. 经济研究，1995
（4）：42－50.

[91] 李华胤. 管理引领：集体经济有效实现形式的运行基础 [J].
江汉学术，2017，36（6）：78－84.

[92] 李军林，李世银. 制度、制度演进与博弈均衡 [J]. 教学与研
究，2001（10）：44－50.

[93] 李英杰. 论农地股份合作制 [J]. 同济大学学报（社会科学
版），1999（4）：98－102.

[94] 李增元，李洪强. 封闭集体产权到开放集体产权：治理现代化
中的农民自由及权利保障 [J]. 南京农业大学学报（社会科学版），2016，

16（2）：1-14+152.

[95] 李增元，尹延君．新时代城郊地区集体产权改革：实践做法、问题及走向——基于 R 市 B 县 X 城郊村的调查 [J]．山东科技大学学报（社会科学版），2018，20（5）：80-91.

[96] 梁春梅，李晓楠．农村集体产权制度改革的减贫机制研究 [J]．理论学刊，2018（4）：55-61.

[97] 梁昊．中国农村集体经济发展：问题及对策 [J]．财政研究，2016（3）：68-76.

[98] 林冬生．农村集体产权制度改革相关财税和金融政策供需分析 [J]．农村经济，2016（7）：96-99.

[99] 林星，吴春梅．农村股份经济合作社治理结构、机制与模式 [J]．农业现代化研究，2017，38（6）：1052-1058.

[100] 林雪霏，孙华．集体产权制度改革中的赋权实践逻辑——基于晋江市华洲村与围头村的案例研究 [J]．中国农村观察，2021（1）：2-21.

[101] 林毅夫．1989．关于制度变迁的经济学理论：诱致性变迁与强制性变迁 [A] //科斯，阿尔钦，诺斯，等．财产权利与制度变迁——产权学派与新制度经济学派译文集 [C]．刘守英等，译．上海三联出版社，上海人民出版社，2014：371-409.

[102] 林毅夫．制度、技术与中国农业发展 [M]．上海格致出版社，上海三联出版社，上海人民出版社，2014.

[103] 刘安凤．我国农村集体产权制度改革方向研究 [J]．学术论坛，2016，39（10）：92-96.

[104] 刘彬彬，崔菲菲，史清华．劳动力流动与村庄离婚率 [J]．中国农村经济，2018（10）：71-92.

[105] 刘合光．优化农村集体产权制度改革推进乡村治理现代化 [J]．国家治理，2021（Z3）：29-33.

[106] 刘金海．从农村合作化运动看国家构造中的集体及集体产权 [J]．当代中国史研究，2003（6）：104-108+128.

[107] 刘竞元．农村集体经济组织成员资格界定的私法规范路径 [J]．华东政法大学学报，2019，22（6）：151-162.

[108] 刘凌波. 我国政府行为的博弈分析 [J]. 数量经济技术经济研究，2003（1）：26 - 30.

[109] 刘琴，周真刚. "三变"改革股权架构的现实困境与路径选择——基于贵州省六盘水市的调查 [J]. 北方民族大学学报（哲学社会科学版），2018（3）：37 - 42.

[110] 刘诗白. 产权新论 [M]. 西南财经大学出版社，1993.

[111] 刘守英. 新一轮农村改革样本：黔省三地例证 [J]. 改革，2017（8）：16 - 25.

[112] 刘现伟，李红娟. 加快构建有效保护产权的体制机制 [J]. 宏观经济研究，2017（10）：182 - 191.

[113] 刘小红. 农村集体经济组织法律地位的重构 [J]. 农村经济，2012（7）：122 - 126.

[114] 刘义圣，陈昌健，张梦玉. 我国农村集体经济未来发展的隐忧和改革路径 [J]. 经济问题，2019（11）：81 - 88.

[115] 刘远坤. 农村"三变"改革的探索与实践 [J]. 行政管理改革，2016（1）：29 - 32.

[116] 卢现祥. 西方新制度经济学（修订版）[M]. 中国发展出版社，2003.

[117] 罗猛. 村民委员会与集体经济组织的性质定位与职能重构 [J]. 学术交流，2005（5）：51 - 55.

[118] 罗琦，唐超，罗明忠. 村治能人推进农村集体产权改革：逻辑分析与案例剖析——基于安徽省夏刘寨村的调查 [J]. 华中农业大学学报（社会科学版），2018（6）：86 - 92 + 155.

[119] 罗世强. 突破旧有土地制度、深化农村改革——浅议南海市"以土地为中心"农村股份合作制 [J]. 南方经济，1994（10）：61 - 62.

[120] 马池春，马华. 农村集体产权制度改革的三重维度与秩序均衡——一个政治经济学的分析框架 [J]. 农业经济问题，2018（2）：4 - 11.

[121] 马寒. 论农村集体资产界定与股权分配 [J]. 理论导刊，2019（6）：61 - 68.

[122] 马克思恩格斯全集：第3卷 [M]. 人民出版社，1956.

［123］马克思恩格斯选集：第2卷［M］．人民出版社，1995．

［124］马蕊．活了经济富了农民——榆阳区农村集体产权制度改革工作综述［EB/OL］，榆林日报，2018－07－19．

［125］马永伟．农村集体资产产权制度改革：温州的实践［J］．福建论坛（人文社会科学版），2013（6）：20－25．

［126］［英］梅因．古代法［M］．沈景一，译．商务印书馆，2009．

［127］闵师，王晓兵，项诚，黄季焜．农村集体资产产权制度改革：进程、模式与挑战［J］．农业经济问题，2019（5）：19－29．

［128］农业部课题组．强化农业财政支持保护政策评析与建议［J］．农村工作通讯，2009（5）：52－54．

［129］农业部经管司课题组．对农村集体产权制度改革若干问题的思考［J］．农业经济问题，2014，35（4）：8－14．

［130］齐只森．着力推进农村集体产权制度改革［J］．农业经济，2013（12）：79－80＋118．

［131］秦晖．十字路口看乡企——清华大学乡镇企业转制问题调查研究报告（上）［J］．改革，1997（6）：104－114．

［132］秦晖．十字路口看乡企——清华大学乡镇企业转制调查报告之研究（下）［J］．改革，1998（1）：98－109．

［133］［日］青木昌彦．沿着均衡点演进的制度变迁［A］//科斯，诺思，威廉姆森，等．制度、契约与组织——从新制度经济学角度的透视［C］．刘刚等，译．经济科学出版社：1998，19－45．

［134］屈茂辉．农村集体经济组织法人制度研究［J］．政法论坛，2018，36（2）：28－40．

［135］桑瑜．六盘水"三变"改革的经济学逻辑［J］．改革，2017（7）：70－77．

［136］宋洪远，高强．农村集体产权制度改革轨迹及其困境摆脱［J］．改革，2015（2）：108－114．

［137］孙飞，齐珊．马克思产权理论的当代价值［J］．当代经济研究，2010（3）：14－17．

［138］孙希芳．一个制度变迁的动态博弈模型［J］．经济学动态，

2001 （12）：26 - 29.

[139] 孙小龙，郜亮亮，钱龙，郭沛. 产权稳定性对农户农田基本建设投资行为的影响 [J]. 中国土地科学，2019，33 （4）：59 - 66.

[140] 谭秋成. 农村集体经济的特征、存在的问题及改革 [J]. 北京大学学报 （哲学社会科学版），2018，55 （3）：94 - 103.

[141] 汤艳红. 农村土地股份合作制效用分析 [J]. 中国农学通报，2005 （4）：373 - 375 + 378.

[142] 唐振宇. 村干部的积极性在哪里？[J]. 调研世界，2001 （10）：44 - 45.

[143] 唐金培. 近年来村干部腐败现象透析 [J]. 中州学刊，2013 （11）：19 - 25.

[144] 田国强. 中国国营企业改革与经济体制平稳转轨的方式和步骤——中国经济改革的三阶段论 [J]. 经济研究，1994 （11）：3 - 9.

[145] 田国强. 中国乡镇企业的产权结构及其改革 [J]. 经济研究，1995 （3）：35 - 39 + 13.

[146] 仝志辉，陈淑龙. 改革开放 40 年来农村集体经济的变迁和未来发展 [J]. 中国农业大学学报 （社会科学版），2018，35 （6）：15 - 23.

[147] 仝志辉，韦潇竹. 通过集体产权制度改革理解乡村治理：文献评述与研究建议 [J]. 四川大学学报 （哲学社会科学版），2019 （1）：148 - 158.

[148] 王宾，刘祥琪. 农村集体产权制度股份化改革的政策效果：北京证据 [J]. 改革，2014 （6）：138 - 147.

[149] 王春娟. 科层制的涵义及结构特征分析——兼评韦伯的科层制理论 [J]. 学术交流，2006 （5）：56 - 60.

[150] 张晓山，杜吟棠，王代. 初论乡村集体企业的产权界定——对山东淄博市周村区股份合作制试验的思考 [J]. 中国农村经济，1992 （2）：16 - 23.

[151] 王东京，王佳宁. "三变"改革的现实背景、核心要义与推广价值 [J]. 改革，2017 （8）：5 - 15.

[152] 王洪平. 农村集体产权制度改革的"物权法底线" [J]. 苏州

大学学报（哲学社会科学版），2019，40（1）：42 - 50.

[153] 王敬尧，李晓鹏. 城乡统筹进程中的农村集体产权改革——以温州"三分三改"为蓝本 [J]. 求是学刊，2012，39（6）：68 - 75.

[154] 王静. 渐进性农村股份合作制改革的路径分析 [J]. 农业经济问题，2017，38（4）：23 - 29 + 110.

[155] 王利明，周友军. 论我国农村土地权利制度的完善 [J]. 中国法学，2012（1）：45 - 54.

[156] 王利明. 物权法研究. 上卷 [M]. 中国人民大学出版社，2014.

[157] 王懋. 我国农村集体经济组织法人制度研究 [D]. 云南大学，2019.

[158] 王菁，徐小琴，孙元欣. 政府补贴体现了"竞争中立"吗——基于模糊集的定性比较分析 [J]. 当代经济科学，2016，38（2）：49 - 60 + 125 - 126.

[159] 王晓睿，曾雅婷. 集体产权制度改革中的农村妇女土地权益的保护——基于5个县（市、区）的调研观察 [J]. 农村经济，2019（9）：65 - 74.

[160] 王亚华. 经济学视野的水权理论研究——《水权解释》概要及相关思路 [J]. 水利发展研究，2006（10）：11 - 15.

[161] 王永平，周丕东. 农村产权制度改革的创新探索——基于六盘水市农村"三变"改革实践的调研 [J]. 农业经济问题，2018（1）：27 - 35.

[162] 王文彬. 农村集体经济的现状扫描与优化路径研究——基于要素回归视角 [J]. 西南民族大学学报（人文社科版），2018，39（4）：192 - 198.

[163] 魏人山. "三变改革"的内涵研究 [J]. 全国商情，2016（23）：105.

[164] 魏宪朝，于学强. 发展我国农村集体经济组织的几点思考 [J]. 当代世界与社会主义，2008（5）：150 - 154.

[165] 吴凤余. 论我国科层制的建设 [J]. 求实，2003（S2）：29 - 30.

[166] 吴钢. 农村"三变"改革与集体产权制度改革的相互关系 [J]. 甘肃农业，2019（2）：69 - 70.

参考文献

[167] 吴红宇. 农村基层组织主导的混合型制度变迁模式——南岭村制度变迁案例研究 [J]. 中国农村观察, 2004 (2): 68-74+81.

[168] 吴宣恭. 产权理论比较:；马克思主义与西方现代产权学派 [M]. 经济科学出版社, 2000: 2.

[169] 吴雄. 从"见物"到"见人":农村集体经济组织利益协调初探 [J]. 四川师范大学学报 (社会科学版), 2018, 45 (1): 89-97.

[170] 吴毅. 双重边缘化:村干部角色与行为的类型学分析 [J]. 管理世界, 2002 (11): 78-85+155-156.

[171] 伍开群. 制度变迁:从家庭承包到家庭农场 [J]. 当代经济研究, 2014 (1): 37-44+96.

[172] 吴易风. 不能让西方产权理论误导我国国有企业产权改革 [J]. 内蒙古财经学院学报, 2005 (1): 3-8.

[173] 夏英, 钟桂荔, 曲颂, 郭君平. 我国农村集体产权制度改革试点:做法、成效及推进对策 [J]. 农业经济问题, 2018 (4): 36-42.

[174] 夏柱智. 农村集体经济发展与乡村振兴的重点 [J]. 南京农业大学学报 (社会科学版), 2021, 21 (2): 22-30.

[175] 谢治菊. "三变"改革助推精准扶贫的机理、模式及调适 [J]. 甘肃社会科学, 2018 (4): 48-55.

[176] 熊彩云. 政府扶持:集体经济有效实现形式的外部推力 [J]. 华中师范大学学报 (人文社会科学版), 2015, 54 (1): 21-27.

[177] 徐美银, 钱忠好. 我国农地产权科层分析 [J]. 华南农业大学学报 (社会科学版), 2007 (4): 24-29.

[178] 许惠渊. 保护农民权益的关键在于深化农村集体产权改革——兼谈农村产权改革的具体形式 [J]. 调研世界, 2004 (12): 12-14.

[179] 许经勇. 农村集体产权不完善之症结与破解路径 [J]. 福建论坛 (人文社会科学版), 2019 (2): 27-33.

[180] 许中缘, 崔雪炜. "三权分置"视域下的农村集体经济组织法人 [J]. 当代法学, 2018, 32 (1): 83-92.

[181] 杨慧莲, 郑风田, 韩旭东, 孔玮. 如何唤醒"沉睡资源"助力村庄发展——贵州省六盘水舍烹村"三变"案例观察 [J]. 贵州社会科

农村集体产权制度改革逻辑与创新发展研究

学，2017（12）：140 - 148.

[182] 杨杰，于鸳隆. 我国村级集体经济组织股权结构及其影响的实证研究——基于北京市村级层面的经验证据 [J]. 中国软科学，2015（3）：127 - 134.

[183] 杨秋宝. 马克思的产权理论论纲 [J]. 马克思主义研究，1998（3）：9.

[184] 杨瑞龙. 论制度供给 [J]. 经济研究，1993（8）：45 - 52.

[185] 杨瑞龙. 我国制度变迁方式转换的三阶段论——兼论地方政府的制度创新行为 [J]. 经济研究，1998（1）：5 - 12.

[186] 杨瑞龙，杨其静. 阶梯式的渐进制度变迁模型——再论地方政府在我国制度变迁中的作用 [J]. 经济研究，2000（3）：24 - 31 + 80.

[187] 杨一介. 我们需要什么样的农村集体经济组织？[J]. 中国农村观察，2015（5）：11 - 18 + 30.

[188] 姚洋. 中国农地制度：一个分析框架 [J]. 中国社会科学，2000（2）：54 - 65 + 206.

[189] 叶兴庆. 农村改革的历史脉络与未来趋势 [J]. 山西农经，2018（21）：2 + 129.

[190] 叶兴庆，周旭英. 农村集体产权结构开放性的历史演变与未来走向 [J]. 中国农业资源与区划，2019，40（4）：1 - 8.

[191] 印子. 农村集体产权变迁的政治逻辑 [J]. 北京社会科学，2018（11）：115 - 122.

[192] 于福波，张应良. "三变"：何以从一种模式上升为制度变革？——兼论"三变"改革的制度缺陷与实践问题 [J]. 农林经济管理学报，2019，18（3）：293 - 301.

[193] 袁方成. 治理集体产权：农村社区建设中的政府与农民 [J]. 华中师范大学学报（人文社会科学版），2013，52（2）：1 - 17.

[194][以] 约拉姆·巴泽尔. 产权的经济分析（第二版）[M]. 费方域，段毅才，钱敏，译. 格致出版社，上海三联书店，上海人民出版社，2017.

[195] 苑鹏，陆雷. 俄国村社制度变迁及其对我国农村集体产权制度

改革的启示 [J]. 东岳论丛, 2018, 39 (7): 125-131.

[196] 曾祥炎, 林木西. 中国产权制度与经济绩效关系研究述评 [J]. 经济评论, 2011 (6): 145-150.

[197] 翟峰. 农村集体产权制度改革试点中的八个问题和建议——基于四川省改革试点实践的调研思考 [J]. 西部论坛, 2017, 27 (6): 27-32+41.

[198] 占一熙. 农村股份经济合作社建设发展现状分析 [J]. 中国农业会计, 2017 (5): 18-20.

[199] 张浩, 冯淑怡, 曲福田. "权释"农村集体产权制度改革: 理论逻辑和案例证据 [J]. 管理世界, 2021, 37 (2): 81-94+106+7.

[200] 张斌. 新时代深化农村集体产权制度改革的思考 [J]. 中州学刊, 2019 (9): 48-53.

[201] 张洪波. 论农村集体资产股份合作中的折股量化 [J]. 苏州大学学报 (哲学社会科学版), 2019, 40 (2): 46-53.

[202] 张红宇, 胡振通, 胡凌啸. 农村集体产权制度改革的实践探索: 基于4省份24个村 (社区) 的调查 [J]. 改革, 2020a (8): 5-17.

[203] 张红宇, 胡振通, 胡凌啸. 农村改革的第二次飞跃——将农村集体产权制度改革引向深入 [J]. 农村工作通讯, 2020b (9): 19-26.

[204] 张红宇. 深入推进农村集体产权制度改革 [J]. 农村工作通讯, 2020a (4): 18-20.

[205] 张红宇. 中国农村改革的未来方向 [J]. 农业经济问题, 2020b (2): 107-114.

[206] 张红宇. 关于农村集体产权制度改革的若干问题 [J]. 农村经营管理, 2015 (8): 6-10.

[207] 张红宇, 王刚. 关于农村集体产权制度改革相关问题的思考 [J]. 农村工作通讯, 2014 (15): 35-38.

[208] 张军. 现代产权经济学 [M]. 生活·读书·新知三联书店, 上海人民出版社, 1991.

[209] 张佩国, 徐晶. 乡村产权实践与基层治理困境——基于沪郊农村调查的反思 [J]. 探索与争鸣, 2014 (5): 43-47.

[210] 张萍芬. 关于韦伯的科层制理论 [J]. 河北理工大学学报（社会科学版），2011，11（6）：22－23＋26.

[211] 张瑞涛，夏英. 农村集体资源性资产产权制度改革实践观察——以陕西榆林市榆阳区为例 [J]. 农业展望，2020a，16（2）：9－13＋20.

[212] 张瑞涛，夏英. 我国农村集体资产产权科层分析 [J]. 农业经济问题，2020b（11）：8－15.

[213] 张瑞涛，夏英. 农村集体资源性资产产权制度改革实践观察——以陕西榆林市榆阳区为例 [J]. 农业展望，2020c，16（2）：9－13＋20.

[214] 张文律. 新型城镇化进程中的农村集体产权制度改革——"三分三改"的温州样本 [J]. 农村经济，2015（6）：25－28.

[215] 张五常. 经济解释：张五常经济论文选 [M]. 中信出版社，2012.

[216] 张晓山. 乡镇企业的产权改革 [J]. 读书，2003（9）：141－148.

[217] 张晓山. 乡村集体企业改制后引发的几个问题 [J]. 浙江社会科学，1999（5）：22－28.

[218] 张晓山. 明晰农村土地产权的当务之急 [J]. 上海农村经济，2013（3）：37－40.

[219] 张晓山. 关于农村集体产权制度改革的几个理论与政策问题 [J]. 中国农村经济，2015（2）：4－12＋37.

[220] 张晓山，苑鹏，国鲁来，潘劲. 农村股份合作企业产权制度研究 [J]. 中国社会科学，1998（2）：15－31.

[221] 张笑寒. 农村土地股份合作制的制度解析与实证研究 [D]. 南京农业大学，2007.

[222] 张旭，隋筱童. 我国农村集体经济发展的理论逻辑、历史脉络与改革方向 [J]. 当代经济研究，2018（2）：26－36.

[223] 张绪清. 农村"三变"改革助推精准扶贫的政治经济学解析——基于六盘水的地方性实践 [J]. 贵州师范大学学报（社会科学版），2017（1）：89－99.

[224] 张应良，徐亚东. 农村"三变"改革与集体经济增长：理论逻辑与实践启示 [J]. 农业经济问题，2019（5）：8－18.

［225］张占耕．农村集体产权制度改革的重点、路径与方向［J］．区域经济评论，2016（3）：105－112．

［226］张忠利，刘春兰．韦伯科层制理论及其蕴含的管理思想［J］．河北工业大学学报（社会科学版），2009，1（4）：27－31．

［227］赵家如．集体资产股权的形成、内涵及产权建设——以北京市农村社区股份合作制改革为例［J］．农业经济问题，2014，35（4）：15－20．

［228］赵新龙．农村集体资产股份量化纠纷的司法实践研究——基于681份裁判文书的整理［J］．农业经济问题，2019（5）：30－45．

［229］折晓叶，陈婴婴．产权怎样界定——一份集体产权私化的社会文本［J］．社会学研究，2005（4）：1－43＋243．

［230］郑风田，程郁，阮荣平．从"村庄型公司"到"公司型村庄"：后乡镇企业时代的村企边界及效率分析［J］．中国农村观察，2011（6）：31－45＋94－95．

［231］郑有贵．由脱贫向振兴转变的实现路径及制度选择［J］．宁夏社会科学，2018（1）：87－91．

［232］志新．城市化中的农村集体产权制度改革——以江苏无锡为个案［J］．求索，2006（5）：76－78．

［233］钟桂荔，夏英．农村集体资产产权制度改革——以云南大理市8个试点村为例［J］．西北农林科技大学学报（社会科学版），2017，17（6）：109－117．

［234］周村农村改革试验区办公室．乡镇企业产权制度改革的突破——周村农村改革试验区1987—1995年改革试验报告［J］．中国农村经济，1995（8）：19－26．

［235］周立，奚云霄，马荟，方平．资源匮乏型村庄如何发展新型集体经济？——基于公共治理说的陕西袁家村案例分析［J］．中国农村经济，2021（1）：91－111．

［236］周茂清．产权定义探析［J］．产权导刊，2004（6）：9－11．

［237］周密．推进农村集体产权制度改革的实践探索［J］．中国党政干部论坛，2018（6）：89－92．

［238］周其仁．产权与制度变迁：中国改革的经验研究［M］．北京

大学出版社，2004.

[239] 周望. 如何"由点到面"？——"试点—推广"的发生机制与过程模式 [J]. 中国行政管理，2016（10）：111－115.

[240] 周望. 政策试点是如何进行的？——对于试点一般过程的描述性分析 [J]. 当代中国政治研究报告，2013a：83－97.

[241] 周望. 如何"先试先行"？——央地互动视角下的政策试点启动机制 [J]. 北京行政学院学报，2013b（5）：20－24.

[242] 周雪光. "关系产权"：产权制度的一个社会学解释 [J]. 社会学研究，2005（2）：1－31＋243.

[243] 周延飞. 农村集体经济研究若干问题探讨 [J]. 区域经济评论，2018（6）：114－123.

[244] 周业安. 中国制度变迁的演进论解释 [J]. 经济研究，2000（5）：3－11＋79.

[245] 朱大威，朱方林. 江苏省农村集体产权制度改革的探索与实践——基于江苏省太仓市的调研 [J]. 农业科技管理，2018，37（4）：59－62.

[246] ASH R F. The evolution of agricultural policy [J]. The China Quarterly, 1988（116）：529－555.

[247] BEKKUM O F V A. Innovations in cooperative ownership：Converted and hybrid listed cooperatives [C] // International Conference on Management in Agrifood Chains & Networks, 2006.

[248] BHUYAN S, ROYER J S. Agricultural cooperatives and vertical integration：a theoretical analysis [J]. American cooperation（USA），1994：179－186.

[249] BIJMAN W. Governance structures in the Dutch fresh produce industry [C] // Springer. Springer, 2006.

[250] BLUMER. HERBERT. Elementary collective behavior [J]. New Outline of the Principles of Sociology, 1946, 170－177.

[251] CHADDAD F R, COOK M L. Understanding new cooperative models：an ownership-control rights typology [J]. Appl. Econ. Perspect. Pol, 2004, 26（3）：348－360.

参考文献

[252] CHALLEN RAY. Institutions, transaction costs and environmental policy: institutional reform for water resources [M]. Cheltenham: Edward Elgar Publishing, 2000.

[253] COASE R H. The nature of the firm [J]. Economica, 1937, 4 (16): 386 –405.

[254] DEVIJLDER, N, KOEN SCHOORS. Local financial development and industrial activity: Evidence from flanders (nineteenth-early twentieth century) [J]. Cliometrica, 2020: 1 –51.

[255] DIXIT A K. The making of economic policy: a transaction-cost politics perspective [M]. MIT Press, 1998.

[256] EISINGER, PETER, K. Report on the round table conference on urban politics, university of essex, may 24—5 [J]. Policy & Politics, 1973, 2 (1): 87.

[257] FARIS R, TURNER R H, KILLIAN L M. Collective behavior [J]. American Sociological Review, 1958, 23 (1): 105.

[258] GOULD, R V. Collection action and network structure [J]. American Sociological Review, 1993, 58 (2): 182 –196.

[259] GREIF, A. Economic history and game theory [J]. Handbook of Game Theory with Economic Applications, 2002, 3 (2): 1989 –2024.

[260] GURR TED ROBERT. Why men rebel [M]. Taylor and Francis, 2015 –11 –17.

[261] GUSTAVE LE BON. The Crowd: a study of the popular mind [M]. Marietta: Georgia, Larlin, 1982.

[262] JAMES, KAI –SING, KUNG. Common property rights and land re-allocations in rural china: evidence from a village survey [J]. World Development, 2000, 28 (4): 701 –719.

[263] JOHN D MCCARTHY, MAYER N ZALD. The trend of social movement in America: professionalization and resource mobilization [J]. General Learning Corporation, 1973: 1 –30.

[264] KORNHAUSER, M W. The politics of despair [J]. Public Opin-

ion Quarterly, 1959, 23 (3): 457 –458.

[265] LIANG Q, HENDRIKSE G. Cooperative CEO identity and efficient governance: member or outside CEO? [J]. Agribusiness, 2013, 29 (1): 23 –38.

[266] LIN YIFU. An economic theory of institutional change: induced and imposed change [J]. Cato Journal, 1989 (9).

[267] MACIEL A P B, SEIBERT R M, SILVA R C F D, et al. Governança em cooperativas: aplicação em uma cooperativa agropecuária [J]. Revista de Administração Contemporânea, 2018, 22 (4): 600 –619.

[268] MANCUR OLSON. The logic of collective action [M]. Cambridge, Mass: Cambridge University Press, 1965.

[269] MCADAM D . The political process and the development of black insurgency [J]. University of Chicago Press, 1982.

[270] MILGROM P. Game theory and the spectrum auctions [J]. European Economic Review, 1998, 42 (3 –5): 771 –778.

[271] MILGROM PAUL, NANCY STOKEY. Information, trade and common knowledge [J]. Journal of Economic Theory, 1982, 26 (1): 17 –27.

[272] NILSSON J. Inertia in cooperative remodeling [J]. Journal of Cooperatives, 1997, 12 (1142 –2016 –92732): 62 –73.

[273] NORTH D C T R. The rise of the western world: a new economic history [M]. New York: Cambridge University Press, 1973.

[274] PETER K. EISINGER. The conditions of protest behavior in American cities [J]. American Political Science Review, 1973, 67 (1): 11 –28.

[275] PIVEN, C. The labor of women: work and family hidden protest: The channeling of female innovation and resistance [J]. Signs, 1979, 4 (4): 651 –669.

[276] POKHAREL K P, ARCHER D W, FEATHERSTONE A M. The Impact of size and specialization on the financial performance of agricultural cooperatives [J]. Journal of Co – operative Organization and Management, 2020, 8 (2): 100 –108.

参考文献

［277］ POKHAREL K P. Measuring the efficiency and productivity of agricultural cooperatives ［M］. Manhattan: Kansas State University, 2016.

［278］ QU R, WU Y, CHEN J, et al. Effects of agricultural cooperative society on farmers' technical efficiency: evidence from stochastic frontier analysis ［J］. Sustainability, 2020, 12 （19）: 81 – 94.

［279］ RAY C. Institutions, transaction costs and environmental policy: institutional reform for water resources ［M］. Cheltenham: Edward Elgar Publishing, 2000.

［280］ ROBERT Y. Transition costs in secessions, with a brief application to Scotland ［J］. Oxford Review of Economic Policy, 2014 （2）: 392 – 405.

［281］ SCHOTTER A. Social institutions and game theory ［M］. //The Elgar Companion to Austrian Economics. Edward Elgar Publishing, 1994.

［282］ SEXTON R J, ISKOW J. Factors critical to the success or failure of emerging agricultural cooperatives ［M］. Davis: Division of Agriculture and Natural Resources, University of California, 1988.

［283］ TAJFEL, H. Hum an groups and social categories ［M］. Cambridge: Cambridge University Press, 1981.

［284］ TARROW SIDNEY. Power in movement ［M］. New York: Cambridge University Press, 1994.

［285］ TILLY, C, Shorter, E. Studies in social discontinuity ［J］. Migration Kinship & Community, 1975: vi.

［286］ TOYNBEE A. Lectures on the industrial revolution of the 18th century in england ［M］. London: Waterloo Place, 1894.

［287］ WEITZMAN, M L, XU, C. Chinese township – village enterprises as vaguely defined cooperatives ［J］. Journal of Comparative Economics, 1994, 18 （2）: 121 – 145.

［288］ YIN R K. Case study research: design and methods ［M］. Hoboken: John Wiley & Sons, Ltd, 2009.

农村集体产权制度改革逻辑与创新发展研究

后 记

在书稿付梓之际，感慨万千。本书是在博士毕业论文的基础上整合博士期间相关研究内容整理而得。自知天资愚笨终不敢松懈，在各位领导、老师和朋友的帮助下，书稿得以顺利完成。本书是对以往学习工作的小结，也是对未来工作的鞭策与鼓励，更是对给予我帮助和关心的各位老师最诚挚的谢意。

2018年，第一次跟随夏英老师出差接触农村集体产权制度改革相关情况，便对农村集体产权制度改革产生了"好感"，觉得是件很有意思的事情。恰好夏老师已有多年研究农村集体产权制度改革的经验，最后决定了博士期间的研究方向。博士期间得益于农业农村部多个全国农村集体产权制度改革中期与终期调研评估课题的支持，为我的研究提供了大量一手数据和资料，也为我的理论研究提供了实践经验之活水。最终使本书既有制度经济学理论又有实践案例支撑，内容较为丰富。

为此，由衷感谢中国农业科学院农业经济与发展研究所夏英研究员，在博士论文整个写作过程中给予我的悉心指导。夏老师治学严谨、待人谦逊，是我学习的楷模。同时感谢陕西省榆林市榆阳区农工委、榆阳区农业农村局、天津市农委、安徽省滁州市来安县农业农村局、繁昌县农业与农村委员会、天津市农业与农村委员会，以及山东省农业农村厅政策与改革处和章丘区农经站等多位老师在农村集体产权制度改革试点调研中给予我的极大帮助，他们丰富的实践经验和知识储备为调研工作提供了极大的便利，同时感谢每一位填写调研问卷并接受访谈的村民。最后感谢河北省社会科学院对本书出版给予的资助。

农村集体产权制度改革已基本完成，未来促进农村集体经济可持续发展是一项重大课题。本书仅选择了一个视角——制度经济学研究了农村集体产权制度改革，由于本人学识粗浅，书中难免有一些不妥之处，恳请读者不吝指教。随着农村集体产权制度改革的不断深化，我也必将以更加饱满的热情、严谨的科研态度继续投身农村制度改革研究工作，为农村改革发展添砖加瓦，助力乡村全面振兴。

张瑞涛

2022 年 9 月

农村集体产权制度改革逻辑与创新发展研究

图书在版编目（CIP）数据

农村集体产权制度改革逻辑与创新发展研究/张瑞涛著.
—北京：经济科学出版社，2022.8
ISBN 978 – 7 – 5218 – 3900 – 5

Ⅰ.①农…　Ⅱ.①张…　Ⅲ.①农村 – 集体财产 – 产权
制度改革 – 研究 – 中国　Ⅳ.①F321.32

中国版本图书馆 CIP 数据核字（2022）第 136420 号

责任编辑：赵　蕾　初少磊
责任校对：杨　海
责任印制：范　艳

农村集体产权制度改革逻辑与创新发展研究
张瑞涛　著
经济科学出版社出版、发行　新华书店经销
社址：北京市海淀区阜成路甲 28 号　邮编：100142
总编部电话：010 – 88191217　发行部电话：010 – 88191522
网址：www.esp.com.cn
电子邮箱：esp@esp.com.cn
天猫网店：经济科学出版社旗舰店
网址：http://jjkxcbs.tmall.com
北京季蜂印刷有限公司印装
710 × 1000　16 开　15.5 印张　249000 字
2022 年 12 月第 1 版　2022 年 12 月第 1 次印刷
ISBN 978 – 7 – 5218 – 3900 – 5　定价：77.00 元
（图书出现印装问题，本社负责调换。电话：010 – 88191510）
（版权所有　侵权必究　打击盗版　举报热线：010 – 88191661
QQ：2242791300　营销中心电话：010 – 88191537
电子邮箱：dbts@esp.com.cn）